Prof. Dr. Milan Rýzl studierte an der Universität Prag Physik und Chemie. Er arbeitete in Prag als Parapsychologe. Seine Forschungs- und Lehrtätigkeit führte ihn durch die ganze Welt. 1963 gewann er den »McDougall Award for Disinguished Work in Parapsychology«. 1967 ließ er sich in San José, Kalifornien, nieder. Als einer der großen Pionierforscher der Parapsychologie ist er heute als Professor an der John F. Kennedy University in Orinda, Kalifornien, tätig. Sein parapsychologisches Schrifttum wurde in aller Welt veröffentlicht.

W0072696

Von Prof. Dr. Milan Rýzl ist außerdem als Knaur-Taschenbuch
erhältlich:

»Parapsychologie« (Band 4106)

Vollständige Taschenbuchausgabe 1990
Droemersche Verlagsanstalt Th. Knaur Nachf., München
Lizenzausgabe mit freundlicher Genehmigung des Ariston Verlags, Genf
Das Werk wurde nach dem in amerikanischer Sprache verfaßten
Manuskript ins Deutsche übertragen von Helga Künzel
Copyright © 1985 by Ariston Verlag, Genf
Umschlaggestaltung Adolf Bachmann
Umschlagfoto Zefa/Orion Press
Druck und Bindung brodard & taupin
Printed in France   5   4   3   2   1
ISBN 3-426-04006-9

Prof. Dr. Milan Rýzl:

Nutzen Sie Ihre phänomenale
Geisteskraft

Inhaltsverzeichnis

Einführung

Immer wieder hören wir, daß der Mensch unserer Zeit nur einen Bruchteil seiner Fähigkeiten nutzt, daß er die Möglichkeiten, die sein Gehirn ihm bietet, bei weitem nicht ausschöpft.

Die Aktivierung neuer Begabungen und verborgener Fähigkeiten des menschlichen Geistes ist ganz gewiß eine wichtige Aufgabe für uns und unsere Nachfahren. Wir leben in einer Zeit umwälzender Erfolge auf vielen Gebieten menschlichen Forschens und Strebens, in einer Zeit, da der beschleunigte Fortschritt in allen Wissensbereichen uns geradezu überwältigt, da die Bemühungen, Leistungen und Verdienste des einzelnen infolge übertriebener Lebenshast, neuer Technologien und der Wirtschaftsform der Massenproduktion weitgehend untergehen. Diese unsere Zeit erfordert die *Mobilisierung des ganzen geistigen Potentials* und zielführende konkrete Maßnahmen, die es dem schöpferischen Menschen ermöglichen, das lawinenartig anwachsende Wissen zu verarbeiten und auf wirksamste Weise zu nutzen – nicht zuletzt für sein persönliches Wachstum und für seine individuelle Erfüllung.

Die Thematik dieses Buches ist fraglos umwälzend und bietet nützliche Hilfen, denn es zeigt grundlegende Wege zur Befriedigung der Bedürfnisse unserer Zeit auf. Es vermittelt, ohne die von der Naturwissenschaft erarbeiteten Methoden und deren praktische Konsequenzen außer acht zu lassen, *entscheidende neue Einblicke*. Diese Einblicke, deren Begründung breiten Raum einnehmen wird, werden Ihnen neue Horizonte und neue Möglichkeiten erschließen.

Die völlig neuartigen Erkenntnisse und die zu deren Nutzung geeigneten praktischen Schritte, die Gegenstand des vorliegenden Buches sind, sollten nicht als Ersatz für überkommene Formen der Auseinandersetzung mit der Welt, sondern als wichtige Ergänzung zu ihnen verstanden werden.

Wir wenden uns also *grundsätzlich Neuem* zu: Möglichkeiten, die über das hinausgehen, was uns die Technologie über Datenbanken, Komputer und andere technische Errungenschaften bereits gegeben hat. Unser Augenmerk richtet sich auf die Entwicklung neuer Fähigkeiten, die jedem einzelnen von uns innewohnen. Und es wird festzustellen sein, daß diese neuen Fähigkeiten uns allen nicht nur mehr Leistungsfähigkeit, Gesundheit und Glück, sondern auch ein erfüllteres und reicheres Leben bescheren können.

Bei der Verfolgung dieses Ziels gerät man jedoch in eine etwas paradoxe Lage: Betrachtungs- und Vorgehensweise, die ich Ihnen nahelege, basieren zwar strikt auf der Logik wissenschaftlicher Methodik und empirischen Beweismaterials; dennoch werde ich Ihnen bei vielen Gelegenheiten eine sehr intuitive Art der Problemlösung empfehlen. Außerdem möchte ich bisher unübliche, alternative Heilmethoden sowie die Wirksamkeit geeigneter Suggestionstechniken darlegen und ihre die herkömmliche Medizin und Psychologie erweiternden Möglichkeiten erläutern.

Paradox ist auch die gewaltige Diskrepanz zwischen der geringen Fülle des wissenschaftlich gesicherten Materials über die *außersinnliche Wahrnehmung (ASW)* und ihren – für Experten unbestrittenen – immensen praktischen Möglichkeiten.

In mehr als einer Hinsicht befinden sich die Forscher auf diesem Gebiet in einer ähnlichen Situation wie vor rund zwei Jahrhunderten die Pioniere auf dem Gebiet der Elektrizität, die damals noch gar nicht ahnen konnten, was ihre Forschungen einmal bewirken und daß deren Ergebnisse einmal unsere Zivilisation entscheidend umprägen sollten. Unsere Situation läßt sich auch mit jener vergleichen, in der sich vor einigen Jahrzehnten die Begründer der Halbleiterindustrie befanden oder wie sie heute für die Pionierforscher auf dem Gebiet der Genetik besteht. Niemand kann mit Sicherheit sagen, wohin ihre Forschungen führen werden, doch jedermann erwartet wichtige Entdeckungen, und viele Menschen kaufen deshalb die Aktien der Unternehmen, die auf diesem Feld wissenschaftlich arbeiten.

Für die Entfaltung bislang brachliegender und insofern neuer menschlicher Fähigkeiten spielen aber auch die Faktoren Begeisterung, Selbstvertrauen und Erfolgsglaube eine entscheidende Rolle, das heißt jene *dynamische, optimistische Einstellung, die man als positives Denken bezeichnet*. Doch möchte ich noch einen Schritt über das hinausgehen, was in der Fachliteratur oder gemeinhin mit dem Begriff positiven Denkens verknüpft wird.

Wer sich auf den Weg zur Verwirklichung des aufgezeigten Anliegens begibt, wird immer wieder auf die große *Bedeutung der Entspannung und veränderter Bewußtseinszustände* stoßen. Mein Hauptanliegen ist es daher, die Vorteile veränderter Bewußtseinszustände zu verdeutlichen. Die große Mehrheit hat gewiß eine Vorstellung davon, was ich meine, wenn ich von »neuen« Fähigkeiten des menschlichen Geistes spreche. Das vorliegende Buch dient der Absicht, solche verborgenen Fähigkeiten aufzuspüren und zu benennen und Möglichkeiten und Wege ihrer Entfaltung und praktischen Nutzung auf jedem Gebiet menschlichen Bemühens aufzuzeigen.

Die *aus der Entfaltung unserer geistigen und seelischen Fähigkeiten erwachsenden Vorteile* lassen sich in drei Gruppen einteilen. Diese sind:

1. Die psychologischen Vorteile: Dazu gehören die seelischen Auswirkungen des positiven Denkens und der Suggestion (Autosuggestion), das heißt Begeisterung, Motivation, Selbstvertrauen. Diese wiederum führen zu gesteigerter Konzentration, einem besseren Gedächtnis und höherer Leistung sowie einer größeren Widerstandsfähigkeit gegen Schmerz. Und, was sehr wichtig ist, sie ermöglichen eine bewußte Entwicklung erwünschter Charakterzüge.

2. Der psychophysiologische (psychosomatische) Nutzen: Er zeigt sich in objektiven Veränderungen im Körper und in den physiologischen Funktionen als Folge der veränderten Denkweise. Die Heilwirkung ist dabei vor allem der Kraft positiver Suggestionen zu verdanken.

3. Vorteile aufgrund der Entwicklung paranormaler oder parapsychischer Kräfte. Diese treten in zwei Formen auf:
   a) als außersinnliche Wahrnehmung (ASW), die ungewöhnliche, neue Kanäle zur Erlangung und Verarbeitung von Informationen eröffnet; und
   b) als psychoenergetische Effekte, die – aufgrund des Phäno-

mens der Psychokinese (PK) – neue, kraft Geistes aktivierte
Energiequellen erschließen. Derzeit werden diese Effekte am
deutlichsten in den immer noch sehr selten vorkommenden Fällen sogenannter »wunderbarer«, das heißt psychischer oder
spiritueller Heilungen sichtbar.

Die ersten beiden der vorstehend genannten positiven Auswirkungen (die psychologischen und psychophysiologischen Vorteile)
werden von der Wissenschaft und Gesellschaft im allgemeinen akzeptiert, wenn auch keineswegs ganz verstanden; doch die paranormalen Phänomene stehen noch immer in dem Geruch, zumindest »ungewöhnlich« zu sein. Sie bedürfen daher der gründlichsten
Erklärung, bieten jedoch auch die lohnendsten Vorteile. Deshalb
geht das vorliegende Buch ausführlich auf sie ein.

Wer sich mit paranormalen Phänomenen befaßt, wird feststellen: Einerseits gibt es noch immer sehr viele Menschen (unter ihnen hervorragende Wissenschaftler und Führungspersönlichkeiten
des öffentlichen Lebens), die diesen Phänomenen gegenüber skeptisch sind, die diese als faulen Zauber ansehen und sie deshalb keiner ernsthaften Beachtung für wert erachten; andererseits gibt es
jedoch eine wachsende Zahl von Menschen (unter ihnen ebenfalls
hervorragende Wissenschaftler und Führungspersönlichkeiten des
öffentlichen Lebens), die nicht nur die Echtheit solcher Phänomene akzeptieren, sondern sie in ihrem Leben bereits nutzen – sei
es bewußt, sei es unbewußt. Da beide »Lager« fest davon überzeugt sind, recht zu haben, kommt es zwischen ihnen oft zu lei-
denschaftlichen Auseinandersetzungen, gelegentlich aber auch, infolge des psychologischen Mechanismus der Verdrängung, zur
völligen Meidung des unbequemen Themas.

Allein schon diese Situation macht vorweg einige Erklärungen
notwendig. Ich müßte eigentlich die *wissenschaftliche Beschäftigung mit den paranormalen Phänomenen* als »Parapsychologie«
bezeichnen; doch zögere ich, diesen Terminus zu verwenden, und
zwar aus der Besorgnis heraus, meine Absichten könnten mißver-
standen werden. Viele aufrichtige Parapsychologen sind unglücklich über diese gängige Bezeichnung ihres Fachgebietes, denn die
Parapsychologie ist vielerorts in Mißkredit geraten. Daraus resultieren auch die Versuche, sie in »Psychotronik«, »Bioenergetik«,

»Bioinformatik« und dergleichen mehr umzubenennen. Als Parapsychologen bezeichnen sich nämlich heutzutage nicht nur mit wissenschaftlichen Methoden arbeitende Erforscher der paranormalen Phänomene, sondern zu Unrecht auch vielschillernde »Medien«, Pseudohellseher, Fanatiker, Spekulanten und Scharlatane; darum wird in vielen Ländern heutzutage unter Parapsychologie günstigstenfalls eine Art »besserer« Okkultismus verstanden.

In diesem Zusammenhang möchte ich daher noch einmal nachdrücklich darauf hinweisen, daß die paranormalen Phänomene ein *legitimer Gegenstand wissenschaftlicher Forschung* sind. Es handelt sich dabei um gesetzmäßig auftretende Phänomene, das heißt um nichts Übernatürliches, also nicht um Aktivitäten von Geistern der Toten oder irgendwelcher übernatürlicher Wesen. Paranormale Erscheinungen stellen vielmehr einen weißen Fleck auf der Landkarte der Wissenschaft dar und sind nichts anderes als neue, bislang kaum erforschte Fähigkeiten lebender, ganz normaler Menschen. Das bedeutet, daß jeder Mensch in größerem oder geringerem Grade über diese Fähigkeiten verfügt.

Warum herrschen dann in bezug auf die Echtheit paranormaler Phänomene noch immer soviel Mißtrauen und Ungewißheit? Dafür gibt es mehrere Gründe.

Der vielleicht wichtigste Grund für die verbreiteten Zweifel ist die Fremdartigkeit der paranormalen Phänomene, deren Existenz vielen Menschen im Widerspruch zu den wissenschaftlichen Kenntnissen und Erkenntnissen der Gegenwart zu stehen scheint. Tatsächlich verhalten sich diese Phänomene anders als alle bekannten Erscheinungen des physikalischen Universums. Denken wir nur an die Tatsache, daß die außersinnliche Wahrnehmung durch materielle Abschirmungen nicht blockiert werden kann, daß sie unabhängig ist von Entfernungen im Raum und – was noch erstaunlicher ist – in der Zeit (wie das zum Beispiel im Fall der Präkognition zutrifft), wogegen ansonsten keine uns bekannte physikalische Energie die Zeitschranke zu überwinden vermag. Das sind natürlich drastische Abweichungen von den Gesetzen der Physik, wie wir sie heute kennen.

Doch die Entdeckung der Radioaktivität, die Einführung der

Quantentheorie und der Relativitätstheorie bedeuteten seinerzeit
ebenfalls eine drastische Abweichung von den bis dahin akzeptierten Gesetzen traditioneller Physik. Dennoch stehen diese relativ
neuen Entdeckungen in keinem wirklichen Widerspruch zur orthodoxen Physik. ALBERT EINSTEINS Relativitätstheorie widerlegt
die Physik ISAAC NEWTONS keineswegs; sie macht sie nicht ungültig, sondern ergänzt sie nur. Sie ermöglicht eine angemessenere Beschreibung der Wirkungsweise der Naturgesetze unter ganz bestimmten Bedingungen (wie beispielsweise bei übergroßen Ge-
schwindigkeiten oder unter dem Einfluß starker Gravitationsfelder), welche die alte Theorie nicht darzustellen vermochte. Infolge
der präzisen Beschreibung der Bedingungen, unter denen die Naturgesetze walten, führte sie letztlich zu Entdeckungen, die auch
heute noch ungeheure praktische Folgen haben und vom Standpunkt der orthodoxen Physik aus unmöglich gewesen wären.

Genausowenig setzt der Nachweis der Wirksamkeit paranormaler Phänomene irgendeines der etablierten Gesetze der Physik außer Kraft. Diese Gesetze behalten unverändert ihre Gültigkeit. Behauptet wird lediglich, daß unter bestimmten, stark eingegrenzten
Bedingungen – die mit der Aktivität des Nervensystems und mit
bestimmten Formen intensiven bewußten Erlebens verbunden sind
– eine neue Gruppe von Gesetzmäßigkeiten sichtbar wird. Diese
neuen Gesetzmäßigkeiten müssen Berücksichtigung finden, wenn
wir das Geschehen, das unter den genannten besonderen Bedingungen stattfindet, zufriedenstellend erklären wollen.

In der Terminologie der Physik könnten wir sagen, daß im Fall
von paranormalen Erscheinungen *ein System, das normalerweise
physikalisch geschlossen zu sein scheint, infolge des besonderen Be-
wußtseinszustandes für zusätzliche Einflüsse offen wird,* die in einer Elementaranalyse berücksichtigt werden müssen. Das ist natürlich eine ungewöhnlich anmutende Behauptung; doch sind die
paranormalen Phänomene – so seltsam sie auch sein mögen – unter
diesem Blickwinkel betrachtet bestimmt nicht seltsamer als beispielsweise die Elektrizität, die Schwerkraft oder das Bewußtsein.
Wir müssen nur lernen, das gegenwärtige Erscheinungsbild der
physikalischen Welt so umzuformulieren, daß die paranormalen
Phänomene in ihm ihren Platz finden können.

Der zweite Grund für das verbreitete Mißtrauen gegenüber paranormalen Erscheinungen liegt in dem *Fehlen einer allgemeingültigen, verständlichen Theorie,* durch die sich solche Phänomene erklären und in das naturwissenschaftliche Weltbild eingliedern ließen. Die früher durch die vorwissenschaftliche Strömung des Spiritismus forcierte spiritistische Erklärung – man glaubte, die Phänomene würden von den Geistern Verstorbener hervorgerufen – könnte man zwar als eine derartige umfassende, allgemeinverständliche Deutung ansehen; doch sie weist leider einen entscheidenden Fehler auf: sie stimmt nicht. Wir wissen heute, daß über paranormale Fähigkeiten jeder lebende Mensch verfügt: doch weil es keine allgemein akzeptierte Erklärung gibt, erscheint die Parapsychologie als Wissenschaft vielen noch suspekt. Ich werde daher an anderer Stelle (Kapitel 5) versuchen, eine umfassende Theorie der paranormalen Phänomene aufzustellen, und aufzeigen, wie man sie in unser wissenschaftliches Weltbild integrieren kann.

Im übrigen betreiben die Pioniere der seriösen Parapsychologie – wie es im allgemeinen auf alle noch jungen Wissenszweige zutrifft – vor allem eine zunächst *wenig spektakuläre Grundlagenforschung.* Sie werden nicht von der Aussicht auf materiellen Lohn angelockt, sondern ihre Motive sind die wissenschaftlichen Interesses und persönlicher Entdeckerfreude. Die Parapsychologen gleichen damit den alten Seefahrern, die unerforschten Meeren ihre Entdeckungen abrangen und noch unbekannte Länder mit eigenen Augen sehen wollten.

In ähnlicher Weise möchten auch die heutigen Parapsychologen »etwas sehen« und geben sich daher nicht gerne damit zufrieden, die methodischen Grundlagen zu schaffen, auf denen Forscher künftiger Generationen aufbauen können. Ihr Gegenstand ist zu faszinierend. Sie möchten wenigstens einige Antworten auf die vielen noch offenen Fragen finden, und zwar jetzt. Zugleich ist es jedoch wegen der chronischen Knappheit an finanziellen Mitteln schwierig, wenn nicht gar unmöglich, alle sich aufdrängenden Untersuchungen so gründlich und auf so breiter Basis durchzuführen, wie es zu wünschen wäre.

Als Folge davon besteht bei einzelnen Parapsychologen die Neigung, verfrüht Theorien aufzustellen, die nur unzureichend durch einwandfrei bewiesene Tatsachen untermauert sind. Solche »Theorien« stellen selbstverständlich kaum mehr als Arbeitshypothesen dar. Natürlich sind sie wichtig und richtungweisend für die künftige Forschung; aber man sollte sie nicht als erwiesenes definitives Wissen mißverstehen. Daß sich allerdings derartige Mißverständnisse keineswegs auf die Parapsychologie beschränken – wie man vielen Theorien auf dem Gebiet etwa der Biologie oder der Psychologie entnehmen kann –, ist nur ein geringer Trost.

Ein weiterer Grund für die verbreitete Skepsis und manchmal sogar Feindseligkeit gegenüber der parapsychologischen Forschung liegt darin, *daß paranormale Phänomene nicht oder auf Verlangen nur unter großen Schwierigkeiten wiederholbar sind.* Eine der wichtigsten Voraussetzungen wissenschaftlicher Arbeit ist schließlich, daß Experimente, die ein oder mehrere Forscher angestellt haben, von anderen Wissenschaftlern unabhängig wiederholbar sind.

Bei der Erforschung paranormaler Phänomene wurde dieses Ziel noch nicht erreicht. Aber diese Feststellung, die generell zutrifft, gilt heute nicht mehr unbedingt. Mit zunehmender Verfeinerung der Methoden gelingt es immer häufiger, charakteristische Merkmale paranormaler Phänomene wiederholt zu produzieren und zu beobachten. Auch sind Experimente mit Versuchspersonen nachgewiesen, die fähig waren, auf Verlangen wiederholt ihre ASW-Fähigkeiten zu demonstrieren. Eine solche Versuchsperson ist PAVEL STEPANEK, dessen ASW ich trainiert und in zahlreichen Experimenten getestet und unter Beweis gestellt habe[36].*

Andererseits muß zugegeben werden, daß die Forderung nach experimenteller Wiederholbarkeit die Erforscher paranormaler Phänomene noch immer vor große Probleme stellt. Wir sollten uns jedoch darüber im klaren sein, daß die fehlende Wiederholbarkeit kein Zeichen der Launenhaftigkeit einer Versuchsperson oder der Ungesetzmäßigkeit dieser Phänomene ist. Dieser Mangel ist lediglich Ausdruck beschränkten Wissens.

---

* Die hochgestellten Zahlen verweisen auf das Literaturverzeichnis am Ende des Buches, einem Strichpunkt folgende Zahlen geben die Seite der zitierten Quelle an.

Das Auftreten paranormaler Phänomene hängt von einer Anzahl äußerst komplizierter Faktoren ab, von denen einige noch nicht hinlänglich bekannt sind, wogegen die bekannten nicht unbedingt gewährleisten, daß sich die Phänomene auf Verlangen einstellen, weil es sich um Faktoren psychologischer Natur wie die jeweilige Stimmung, die Gefühlsverfassung, die Erwartungshaltung der Versuchsperson handelt. Wenn Sie deprimiert sind, wird es Ihnen kaum gelingen, in sich die notwendige Begeisterung und den unerläßlichen Optimismus hervorzurufen, die für eine erfolgreiche ASW-Leistung wichtig sind.

Die mangelhafte experimentelle Wiederholbarkeit paranormaler Phänomene ist vergleichbar mit unbefriedigend verlaufenden Experimenten auf dem Gebiet der Chemie (wenn wir beispielsweise chemische Substanzen von ungenügender Reinheit verwenden), der Biologie (wenn wir versäumen, genetisch reines Material zu benützen), der Medizin (weil ein verabreichtes Medikament bei verschiedenen Patienten verschieden wirkt) oder der Psychologie (weil bestimmte Charakteristika im Denken und Fühlen einer Person ihr Verhalten vielleicht stärker beeinflussen als die untersuchten Parameter). Genau wie in anderen Wissenschaftsbereichen auch wird daher zweifellos die gründlichere Kenntnis der paranormalen Phänomene ihre Wiederholbarkeit unter experimentellen Bedingungen verbessern.

Es dürfte jedoch schwerfallen, je eine vollkommene Wiederholbarkeit zu erreichen, und zwar wegen eines spezifischen Merkmals, das allen parapsychologischen Experimenten anhaftet. In anderen Wissenschaftsbereichen empfindet sich der Wissenschaftler gewöhnlich als unbeteiligter Beobachter des Experiments – als schaue er es sich aus der Ferne oder durch eine Glasscheibe an –, und er versucht, jedes persönliche Eingreifen zu vermeiden. In der Parapsychologie beeinflußt der Experimentator, auch wenn er es gar nicht will, dennoch das Experiment, und eine Versuchsperson wird, wenn verschiedene Versuchsleiter getrennt mit ihr experimentieren, meist sehr unterschiedliche Leistungen erbringen. Auch in der Psychologie wird ein Mensch unterschiedlich reagieren, je nachdem ob der Beobachter zum Beispiel beruhigend auf ihn wirkt oder ihn nervös macht.

In der Parapsychologie ist nun aber der Einfluß des Versuchsleiters grundsätzlich weitaus stärker und die Auswirkung seines Einflusses sehr vielschichtig. Er kann die Versuchsperson in Form von Worten, Gesten, Körpersprache, darüber hinaus aber auch telepathisch beeinflussen (siehe Seite 42).

Der letzte Grund für das Mißtrauen gegenüber paranormalen Phänomenen ist ethischer Natur. Die paranormalen Phänomene haben von jeher Enthusiasten und Schwärmer, Scharlatane und Betrüger besonders fasziniert, nur allzuoft Menschen, die ihre leichtgläubigen Kunden mit der falschen Behauptung hereinlegten, »Wunderkräfte« zu besitzen. Paranormale Fähigkeiten wurden und werden – das sei hier klar festgestellt – *oft betrügerisch vorgegeben, sensationell aufgebauscht und hemmungslos kommerziell ausgewertet.*

Die Parapsychologie mit ihren vielen Unbekannten befindet sich in der gleichen ungünstigen Position wie andere Wissenschaften vor ihr, die so manchen Abenteurer zu Betrug und Scharlatanerie verlockt haben. Immer lag es an einem Mangel gesicherten Wissens, der solche Betrügereien ermöglichte.

Aber nicht nur Scharlatane und Betrüger haben dem Ansehen der Parapsychologie schweren Schaden zugefügt, 1974 kam es selbst im berühmten Institute for Parapsychology in Durham, North Carolina, das von dem verstorbenen »Altvater« der amerikanischen Parapsychologie, Professor JOSEPH BANKS RHINE, begründet worden war, zu einem großen Skandal: Man ertappte den Direktor des Universitätsinstitutes Dr. WALTER J. LEVY bei der Fälschung von Versuchsdaten. Er wurde von Institutskollegen entlarvt und mußte seinen Hut nehmen.

In dieser Hinsicht sind jedoch die Parapsychologen nicht schlechter als die Wissenschaftler anderer Gebiete, vielleicht sogar ein bißchen besser. So überraschte man beispielsweise 1981 Dr. JOHN R. DARSEE von der medizinischen Fakultät der Harvard-Universität bei der Fälschung von Daten. Während jedoch Levys Betrug sofort von Parapsychologen an die Öffentlichkeit gebracht wurde, durfte Darsee weiterforschen, als sei alles in bester Ordnung.

Ich möchte noch an einen Betrugsfall erinnern, der sich im glei-

chen Jahr (1974) zutrug wie jener Levys: Dr. WILLIAM T. SUM-
MERLIN, ein bekannter Krebsforscher an dem berühmten Sloan-
Ketterin Institute for Cancer Research, schwärzte das Fell weißer
Mäuse mit Tusche, um vorzutäuschen, daß bestimmte Hautver-
pflanzungen gelungen seien. Seine Vorgesetzten gelangten zu dem
Schluß, daß er streßbedingt an einer vorübergehenden Gemütsstö-
rung gelitten habe, und gewährten ihm ein Jahr Krankenurlaub bei
vollen Bezügen, damit er sich ausruhen und erholen könne. Und
VIJAY SOMAN von der Yale-Universität wurde gar beschuldigt, Patienten erfunden zu haben, um ihm genehme Daten für eine Insu-
linuntersuchung vorlegen zu können[6]. Die Liste solcher Fälle
ließe sich endlos fortsetzen.

Außerhalb der Sphäre akademischer Forschung könnte man
zahllose Fälle von Konsumentenbetrug anführen und beispielsweise auf neue Medikamente und Wirkstoffe hinweisen, die von
der Werbung der Hersteller massivst angepriesen und in vielen
Ländern verkauft wurden, ja sogar immer noch verkauft werden,
obwohl ihre schädlichen Nebenwirkungen nachweislich bekannt
sind.

Betrug in der Wissenschaft ist keine moderne »Erfindung«.
Schon immer tendierten Wissenschaftler dazu, ihre Daten so zu
»frisieren«, daß sie zu ihren Theorien paßten. Sie lassen sich beispielsweise dazu verleiten, nur die »besten« Daten auszuwählen,
damit ihr Erfolg überzeugender wirkt. In manchen Fällen handelt
es sich um weniger offensichtliche und weniger schädliche Schwin-
deleien, in anderen hingegen um bewußten Betrug. Die halbher-
zige Entschuldigung lautet dann häufig, daß ein Wissenschaftler,
der von der Richtigkeit seiner Ergebnisse leidenschaftlich überzeugt sei, seinen Bericht nur ein wenig eindrucksvoller gestaltet
habe, um auch andere zu überzeugen. Dennoch, das Anschönen
von Ergebnissen ist und bleibt unehrlich und anzuprangern, wo
solches entdeckt wird.

Der große Astronom PTOLEMÄUS, der im zweiten nachchristli-
chen Jahrhundert lebte, beeinflußte dank seiner Autorität alle
nachfolgenden Astronomengenerationen: sie hegten an der Richtigkeit des geozentrischen Weltbildes keinen Zweifel. Als seine
Daten in neuerer Zeit einmal überprüft wurden, erhob sich der

zwingende Verdacht, daß er seine Beobachtungen gefälscht hatte, um seine Theorie zu stützen.

Auch GREGOR MENDEL, der Entdecker der grundlegenden Vererbungsgesetze, ist nicht ohne Makel geblieben. Als Statistiker seine Zahlen neu analysierten, stellten sie fest, daß deren genaue Übereinstimmung mit seiner Theorie statistisch unwahrscheinlich war. Die Wahrscheinlichkeit solch »stimmiger« Zahlen betrug eins zu zehntausend. Viele weitere berühmte Wissenschaftler könnten hier noch angeführt werden, unter ihnen ISAAC NEWTON, der Entdecker der Schwerkraft, und GALILEI GALILEO, der Begründer der wissenschaftlichen Methodik, die ihre veröffentlichten Daten ebenfalls »verbessert« haben.

Fassen wir zusammen: Es gibt überall gute und schlechte Menschen. Es gibt gute und schlechte Installateure, Sekretärinnen, Ärzte, Rechtsanwälte, Automechaniker ... und Parapsychologen. Diese – ob gut oder schlecht – haben im Gegensatz zu den meisten anderen Berufsgruppen damit zu kämpfen, daß auf ihrem Gebiet die finanzielle Unterstützung kläglich gering ist und daß es für sie kaum berufliche Sicherheit gibt. Deshalb lockt heutzutage die Parapsychologie vor allem Enthusiasten mit Pioniergeist an, während viele begabte, aber karrierebewußte Wissenschaftler sich lieber anderen, besser dotierten Bereichen zuwenden.

Jeder der oben angeführten Gründe des Mißtrauens ist, für sich genommen, verständlich. Insgesamt erzeugten sie jedoch für die parapsychologische Forschungsarbeit eine behindernde Atmosphäre der Unsicherheit und des Zweifels. Rechnet man dann noch die in unser aller Unterbewußtsein vorhandenen Überreste abergläubischer Angst hinzu, dann verwundert die Tatsache nicht, daß unsere Gesellschaft dazu neigt, einen Gegenstand, den sie ablehnt oder als intellektuelles und emotionales Ärgernis meidet, zu unterdrücken und zu tabuisieren.

Die gründliche Prüfung neuer Daten, bevor man sie als gültig akzeptiert, ist in der Wissenschaft ein notwendiges und lobenswertes Vorgehen. Es hilft dem Wissenschaftler, auf den festen Boden relativer Sicherheit zu gelangen. Andererseits aber sollte diese Notwendigkeit nicht dazu führen, neu entdeckte Fakten zu unterdrücken, wenn sie zu provokativ und beunruhigend für Menschen zu sein scheinen, die mit dem geistigen Status quo zufrieden sind. Der berühmte Neurologe Sir JOHN ECCLES hat einmal gesagt: »In der Wissenschaft ist es von größter Bedeutung, daß ab und zu eine kritische Überprüfung der etablierten Theorien erfolgt, besonders wenn diese die Tendenz zeigen, sich zu Dogmen zu verhärten.« [9; 96]

Wenn in dem vorliegenden Buch paranormale Phänomene erörtert werden, so möchte ich vorweg sagen, daß es nicht mein Ehrgeiz ist oder mein Anliegen sein kann, einen *absoluten Beweis* für deren Vorhandensein und Echtheit zu liefern, einen Beweis, der so zwingend wäre, daß er jedermann überzeugte. Dies ist nicht etwa eine Entschuldigung, sondern nur das Eingeständnis, daß die Haltung gegenüber solchen Phänomenen in der Regel stärker von Emotionen als von rationalem Denken geprägt ist – was sowohl für kritische, in ihrem eigenen Wissensgebiet festgefahrene Wissenschaftler als auch für die Menschen gilt, die paranormale Phänomene in dogmatischer Weise blind akzeptieren und in Übereinstimmung mit ihrem religiösen Glauben deuten. Es ist nicht opportun und aus Platzgründen auch unmöglich, hier in angemessener Ausführlichkeit alle Erörterungen und Untersuchungen zu behandeln, die ein interessierter Leser mühelos anderswo finden kann. (Ich habe diese Thematik ausführlich in den Werken *Parapsychologie* [37], *Hellsehen und andere parapsychische Phänomene in Hypnose* [36] sowie *ASW-Training* [33] behandelt.)

In diesem Zusammenhang stellt sich jedoch die Frage: Was wissen wir in der Wissenschaft überhaupt mit absoluter Sicherheit? Verhalten sich beispielsweise die Elementarteilchen wirklich vollkommen kausal (im Sinne von ALBERT EINSTEINS berühmtem Ausspruch, daß Gott mit dem Universum nicht würfelt), oder agieren sie vielmehr gemäß den Gesetzen der Statistik – wie es die von NIELS BOHR und WERNER HEISENBERG entwickelte Kopenhagensche Interpretation der Wellenmechanik postuliert, die uns vor das quälende Paradoxon eines »freien Willens« des einzelnen Elementarteilchens stellt? Wissen wir sicher, daß Jesus lebte? Milliarden Menschen glauben es. Doch einige Historiker behaupten, die Berichte über ihn seien nur ein Mythos. Oder nehmen wir den Dar-

winismus, das grundlegende Dogma der modernen Biologie. Inzwischen gibt es Biologen, die behaupten, diese Theorie umfasse
nicht das gesamte Evolutionsbild.

Tatsächlich sind alle Bestrebungen der Wissenschaft nichts anderes als das Bemühen, die Möglichkeiten des Irrtums tunlichst zu
reduzieren. Wir nähern uns also der absoluten Wahrheit nur
asymptotisch* und mit gelegentlich starken Abweichungen. Wir alle
wissen nur zu gut, daß neue wissenschaftliche Entdeckungen unsere geltenden felsenfesten Überzeugungen jederzeit erschüttern
und ungültig machen können. Das geschieht in Wissenschaft und
Technologie permanent, wo das Unmögliche von gestern häufig
das Alltägliche von morgen ist.

Da ich durch rationale Argumente nicht jedermann zu überzeugen vermag, bitte ich religiös überzeugte Leser, dieses Buch aufgeschlossen zu lesen und es als eine Möglichkeit zu werten, *in den
neuesten Entdeckungen der Wissenschaft praktische Lebenshilfen
zu finden.* Wissenschaftlich und praktisch orientierte Leser bitte
ich, dieses Buch als einen ehrlichen Versuch zu akzeptieren, sie mit
dem gegenwärtigen Stand unseres Wissens (und Nichtwissens)
über paranormale Fähigkeiten und Phänomene vertraut zu machen
und den praktischen Nutzen zu prüfen, den wir aus ihnen schöp-
fen können – im Berufs- wie im Privatleben sowie auch für die gesellschaftliche Entwicklung insgesamt.

Das vorliegende Buch ist nicht in erster Linie für Studenten der
Parapsychologie bestimmt; es wendet sich vielmehr an jeden interessierten Menschen, der aufgeschlossen ist, die auf diesem Gebiet
wissenschaftlich erarbeiteten Ergebnisse und die sich daraus ergebenden Möglichkeiten zu prüfen und zu seinem persönlichen
Wohl sowie zur Bereicherung seines Lebens zu nutzen. Dessenungeachtet werden Forscher und Studenten der noch jungen Wissenschaft, insbesondere etwa in den Kapiteln 4 und 5, interessante
neue Ideen finden.

---

* Wie eine ins Unendliche verlaufende Kurve, die sich einer Geraden nähert, ohne
sie je zu erreichen (Mathematik).

I
Leistungssteigerung kraft Konzentration, Emotion und Motivation

Im Hypnosezustand beweist der Mensch, was er zu leisten vermag

Die psychologischen und physiologischen Vorteile, die Sie sich dank gezielter Konzentration der Aufmerksamkeit zu eigen machen können, werden am leichtesten verständlich, wenn wir zunächst erörtern, was sich im Hypnosezustand abspielt und bewirken läßt.

Obwohl sich um die Hypnose viele sensationelle Geschichten ranken und zahlreiche Menschen noch immer Angst vor ihr haben, haftet ihr nichts Magisches oder gar Übernatürliches an. Der hypnotische Zustand ist genauso »normal« wie der Wachzustand eines Menschen oder der Schlafzustand. Am treffendsten kennzeichnet man ihn als Grenzzustand zwischen Wachen und Schlafen. Jeder gesunde Mensch läßt sich mehr oder weniger leicht hypnotisieren, und jeder gesunde Mensch kann auch lernen, mehr oder weniger »meisterhaft« zu hypnotisieren. Bei der Hypnose wird nicht mit einer magischen Kraft, sondern mit *gezielter psychologischer Beeinflussung* gearbeitet.

Es gibt viele Hypnosetechniken. Im wesentlichen zielen sie alle darauf ab, die Aufmerksamkeit des Hypnotisierten auf den Hypnotiseur zu lenken und ihn alles andere vergessen zu lassen: seinen Körper, seine Umgebung, sein Denken. Gewöhnlich erreicht man dies, indem man dem Hypnotisierten mit monotoner Stimme suggeriert, er sei müde, er vergesse alles und schlafe ein, wobei er aber die Stimme des Hypnotiseurs höre und dessen Anweisungen befolge.

Diese Einleitung der Hypnose versetzt den Hypnotisierten in einen Zustand, in dem seine ganze Aufmerksamkeit dem Hypnotiseur gilt und alles, was der Hypnotiseur sagt oder tut, eine ganz besondere autoritative Kraft erhält. Im Hypnosezustand vergißt er alles andere oder scheint es jedenfalls nicht zu bemerken. Er vergißt seinen eigenen Körper und die Umgebung, seine Empfindungen und Wahrnehmungen – die Sinne sind weitgehend ausgeschaltet –, und der Inhalt seines Wahrnehmens und Denkens wird auf die passive, widerspruchslose Aufnahme alles dessen reduziert, was der Hypnotiseur sagt. Er ist sich nur der Worte des Hypnotiseurs bewußt, und einzig das, was dieser zu ihm sagt oder er aus dessen Worten zu verstehen glaubt, hat für ihn Bedeutung, ist für ihn Realität. Alles andere nimmt er entweder überhaupt nicht wahr oder bestenfalls nur halbbewußt als etwas Unwirkliches, Traumhaftes, Unbedeutendes, das keine Aufmerksamkeit verdient. Ein Dritter kann den Hypnotisierten anreden, doch er bemerkt ihn nicht; er hört nur den Hypnotiseur.

So seltsam es auch klingen mag, derartige Erlebnisse sind nichts anderes als *spezielle oder vielleicht intensivere Formen von Erfahrungen, wie wir sie von Zeit zu Zeit auch im täglichen Leben machen.*

Wir lesen zum Beispiel ein interessantes Buch und sind von seinem Inhalt so gefangen, daß wir nicht hören, wenn jemand ins Zimmer kommt und uns anspricht. Sind wir in einem Zustand starker Erregung, beispielsweise in einer für uns lebensbedrohenden Situation, die unsere ganze Aufmerksamkeit erfordert, so kann es vorkommen, daß wir uns zwar verletzen, aber keine Schmerzen spüren. Erst später, wenn die Erregung abklingt, wird der Schmerz spürbar.

Wenn eine Autoritätsperson – ein Arzt, ein Lehrer, ein Mensch, den wir bewundern, weil er sehr erfolgreich ist, oder den wir lieben – etwas Bestimmtes tut oder sagt, so neigen wir dazu, einem solchen Verhalten oder Ausspruch eine weit größere Bedeutung beizumessen, als es bei einem anderen Menschen der Fall wäre, und wir sind bereit, ihm blindlings und einschränkungslos zu vertrauen, zu glauben, zu gehorchen, ohne erst lange zu prüfen, ob er es verdient oder ob er recht hat.

Die im Hypnosezustand erzielbaren Wirkungen sind auf die Einengung der Aufmerksamkeit zurückzuführen, die in eine bestimmte Richtung gelenkt wird. Sie sind die Folge dieses monoideistischen, also durch Bewußtseinseinengung gekennzeichneten Zustandes, und *dabei spielt es keine Rolle, wie dieser Zustand herbeigeführt wurde:* durch Hypnose, durch Motivation, Herausforderung, Interesse, starke Erregung oder anderes mehr.

Einem Hypnotisierten kann man beispielsweise erzählen, er spüre keinen Schmerz; dann spürt er wirklich einen ihm zugefügten Schmerz nicht. Nur so ist es übrigens erklärbar, daß sich sogar große Operationen unter hypnotischer Anästhesie durchführen lassen.

Den gleichen Effekt kann man auch beobachten, ohne daß Hypnose im Spiel ist. Wenn wir uns herausgefordert fühlen, wenn wir motiviert sind oder uns aus Scham nichts anmerken lassen wollen, wenn wir auf etwas anderes konzentriert sind oder das Mitgefühl eines geliebten Menschen spüren, ertragen wir Schmerzen viel leichter als sonst. Wir denken dann nicht an die Schmerzen, unsere Aufmerksamkeit gilt Wichtigerem.

In einem Anfall hektischer Geschäftigkeit beschloß ich einmal, eine schwere Gartenmaschine wegzuschaffen. Ich war allein und hob die Maschine unter Aufbietung all meiner Kräfte hoch, um sie in meinen Kombiwagen zu laden. Ich rutschte jedoch aus, die Maschine neigte sich gefährlich, und einen Moment lang fürchtete ich, sie würde zu Boden fallen, was ziemlichen Schaden verursacht hätte. Mit äußerster Mühe gelang es mir schließlich, die Maschine wieder ins Gleichgewicht zu bekommen und in den Wagen zu heben. Nachdem ich ein paar Kilometer gefahren war, bemerkte ich plötzlich, daß sich mein Lenkrad klebrig anfühlte, und ich entdeckte, daß es blutverschmiert war. Dann entdeckte ich auch Blut an meiner Kleidung und auf dem Boden des Wagens. Doch erst als ich die tiefe, stark blutende Schnittwunde an meiner Hand gewahrte, begann ich den Schmerz zu spüren. Beim Hochstemmen der kippenden Maschine war mir eine scharfe Kante tief ins Fleisch gedrungen, ohne daß ich es gemerkt hatte.

Die hypnotische Suggestion kann nicht nur Schmerz abblocken, sondern auch andere Sinne beeinflussen: sie kann zum Beispiel bewirken, daß wir nicht vorhandene Gegenstände sehen oder daß wir vorhandene Gegenstände, anwesende Menschen oder sich abspielende Ereignisse nicht wahrnehmen. Alle Sinne, nicht nur der Gesichtssinn, lassen sich beeinflussen, und das Spektrum der auslösbaren Wahrnehmungen und Empfindungen ist praktisch unbegrenzt und hängt eigentlich nur von der Phantasie des Hypnotiseurs ab. Er kann erreichen, daß der Hypnotisierte von ihm erfundene Blumen sieht und sogar riecht, zu nicht existierenden Menschen spricht, daß er schwitzt oder vor Kälte zittert, glücklich oder traurig ist oder einen Besenstiel in dem Glauben umarmt, er sei ein hübsches Mädchen. Der Hypnotisierte kann die Zimmerwände verschwinden sehen und statt dessen in der Ferne eine Gebirgslandschaft erblicken, eine heiße Wüstengegend, Eisberge der Polarregion oder ein Meer.

Bei Menschen, die Suggestionen bereitwillig annehmen, kann man sogar noch weiter gehen. Man vermittelt dazu dem Probanden beispielsweise den Eindruck, er befinde sich auf einem Schiff auf dem Meer. Dann kann man ihn glauben machen, er sei ein Matrose, der Kapitän des Schiffs, ein Pirat, Admiral Nelson, ein Wikingerhäuptling oder – wenn man will – der Geist des Admirals Nelson, eine spätere Inkarnation eines Wikingerhäuptlings, ein Weltraumwesen oder wer immer; der Hypnotisierte wird seine Rolle nach bestem Wissen und Vermögen spielen.

Eine solche Darbietung wirkt sehr spektakulär, ist aber im Grunde das gleiche wie das Rollenspiel eines auf der Bühne agierenden Schauspielers und ist von dem gleichen Glauben getragen wie die Überzeugung eines in psychiatrischer Behandlung befindlichen Patienten, er sei Julius Caesar, ein berühmter Erfinder oder ein Filmstar. Die Hypnose ist deshalb jedoch keineswegs etwa ein krankhafter Zustand. Aus zahlreichen Biographien wissen wir, daß berühmte Schauspieler dann am besten spielen, wenn sie das Gefühl haben, sie hätten sich wirklich in die Figur verwandelt, die sie verkörpern.

Dessenungeachtet kann der Hypnotiseur einen Hypnotisierten – trotz dessen Abhängigkeit von ihm – _nicht dazu veranlassen, etwas zu erleben oder zu tun, das dessen ethischen Grundsätzen zuwiderläuft,_ beispielsweise ein Verbrechen zu begehen. Die Abhängigkeit ist nie so vollständig, als daß ein absoluter, ein blinder Gehorsam erzwungen werden könnte.

Berichte über den Mißbrauch der Hypnose zu kriminellen Zwecken sind sensationslüsterne Übertreibungen. Natürlich können Hypnotisierte Verbrechen begehen – genau wie auch Menschen in jedem anderen Bewußtseinszustand: im Wachzustand, unter dem Einfluß von Alkohol oder Drogen, aus Erregung, Wut und so weiter. Wer allerdings im Wachzustand krimineller Handlungen fähig ist, wird leicht auch in Hypnose ein Verbrechen begehen können und, wenn er entdeckt wird, zu seiner Entschuldigung vorbringen, er sei hypnotisiert gewesen. Es gibt keine Hypnose, die einen Menschen zum Verbrecher macht, wenn er ein solcher nicht ist. Die Hypnose kann bestenfalls die Hemmschwelle etwas abbauen, wie das in ähnlicher Weise auch unter Alkoholeinfluß geschieht, wenn sich einer Mut für ein Verbrechen antrinkt. Andererseits sind Menschen normalerweise hoher ethischer Gesinnung fähig, unter dem Einfluß heftiger Erregung Verbrechen zu begehen, zum Beispiel um einen geliebten Menschen oder das eigene Leben zu retten oder im Eintreten für eine gesellschaftliche Gruppe, eine Religion oder das Vaterland.

Einer der dramatischsten Fälle scheinbaren Mißbrauchs der Hypnose trug sich vor vielen Jahren in Wien zu. Ein professioneller Hypnotiseur behandelte eine Dame, deren unglückliche Ehe bei ihr neurotische Störungen hervorgerufen hatte. Nach mehreren Behandlungen hatte der Hypnotiseur die Frau derart unter Kontrolle, daß er sie finanziell, emotional und sexuell ausbeuten konnte. Der Fall kam als Mißbrauch der Hypnose seitens eines unwürdigen Fachmannes vor Gericht. Der Hypnotiseur wurde schuldig gesprochen, was er auch verdiente.

Aber handelte es sich in diesem Fall ausschließlich um hypnotische Beeinflussung und deren Folgen? Die Frau lebte in einer gescheiterten Ehe, deshalb hatte sie ja psychologische Hilfe gesucht. Wie viele Patientinnen verlieben sich doch in einer solchen Situation in ihren Psychotherapeuten, ihren »Seelenarzt« – auch ohne Hypnose! Und wenn wir uns verlieben, sind wir fähig, für den geliebten Menschen so manches zu tun, das wir sonst kaum tun würden. Und verliebt man sich in einen skrupellosen Menschen, so läuft man Gefahr, ausgenutzt und ausgebeutet zu werden – auch ohne Hypnose.

Das Wesen des hypnotischen Zustands zeigt sehr deutlich das folgende Experiment: Die Versuchsperson wurde in einer Zimmerecke hypnotisiert und bekam suggeriert, das Zimmer sei leer, während jedoch in Wirklichkeit in der Mitte des Raumes mehrere Möbelstücke standen. Sie nahm die Suggestion an: »Das Zimmer ist leer«, sagte sie. Als man sie dann aufforderte, in die gegenüberliegende Ecke zu gehen, umrundete sie sorgfältig die Möbelstücke, die sie angeblich nicht sah. Auf die Frage, warum sie nicht geradenwegs hinübergegangen sei, erfand sie Ausreden – »Ich wollte nicht auf den Teppich treten, der in der Zimmermitte liegt!« – und behauptete weiterhin, keine Möbel zu sehen.

Diese Reaktion war nur deshalb möglich, weil die an die Versuchsperson gerichtete Aufforderung für sie nicht sonderlich von Belang war. In einem solchen Fall führt die Versuchsperson normalerweise aus, was ihr suggeriert wird. Wenn man ihr jedoch ein Verhalten suggeriert, das gegen ihre sittlichen Überzeugungen verstößt, wird sie entweder strikt ablehnen, entsprechend zu handeln (und vermutlich aus dem Hypnosezustand erwachen), oder sie wird eine einleuchtende Ausrede suchen, um nicht gehorchen zu müssen, im übrigen aber weiter mitspielen. Ein Beispiel soll das veranschaulichen. Die Suggestion lautete: »Küssen Sie diesen Herrn dort, er ist Ihr Mann« (obwohl er dies nicht war). Die Reaktion der Versuchsperson darauf war: »Nicht jetzt, er ist nicht rasiert; außerdem hat er mich wütend gemacht.«

Wenn jemand hypnotisiert ist, sorgt ein unbewußter Kontrollmechanismus dafür, daß nichts geschieht, was er nicht erlauben würde. Dieser »innere Wächter« ist Ausdruck einer Funktion, die wir auch bemühen, wenn wir uns beim Schlafengehen vornehmen, am nächsten Morgen zu einer bestimmten Zeit aufzuwachen – sagen wir, um einen Frühzug zu erreichen. In der Regel erwachen wir tatsächlich zur festgesetzten Zeit. Etwas anders – doch es ist das gleiche Prinzip am Werk – erlebt es die Mutter eines Neugeborenen. Sie braucht Ruhe, geht zu Bett und fällt in einen gesunden Schlaf. Wenn ihr Mann heimkommt und Lärm macht, so hört sie ihn nicht. Doch beim leisesten unbehaglichen Jammerlaut ihres

Kindes ist sie sofort hellwach und steht auf, um für dessen Wohl zu sorgen.

Aus dem bisher Gesagten ersehen wir, daß die Hypnose ein natürlicher und ungefährlicher Vorgang ist. Sie vermag jedoch einen länger anhaltenden Einfluß auszuüben. Dieser kann nützlich sein, wenn zum Beispiel hilfreiche und heilende Suggestionen gegeben werden; er kann aber auch schädlich sein. Eine Schädigung kann zum Beispiel eintreten, wenn ein Hypnotherapeut durch eine intensive Suggestion psychische Anomalien der Patienten aktiviert, wenn er beispielsweise einer an Platzangst leidenden Patientin sozusagen versehentlich suggeriert, sie befinde sich in einem geschlossenen kleinen Raum. Aus diesem Grund sollte die Hypnose nur von Fachleuten mit ausreichender Erfahrung und gründlichen psychologischen Kenntnissen angewandt werden.

Wenden wir uns nun den *weiterreichenden Wirkungen der Hypnose* zu. Sie kann nicht nur unsere Wahrnehmungen und Empfindungen, sondern auch die Funktion der Organe unseres Körpers beeinflussen. Beispielsweise kann sie dazu beitragen, die Muskelkraft und -leistung zu steigern. Eines der Experimente, mit deren Hilfe sich dies zeigen läßt, bezeichnet man als kataleptische Brücke: Einer stehenden Versuchsperson wird suggeriert, ihre Muskeln seien steif. Danach bringt man ihren Körper in eine horizontale Lage und stützt ihn unter den Fersen und dem Kopf ab. Der Körper wird unter solchen Bedingungen steif bleiben und nicht in der Mitte durchsacken. Natürlich übersteigt die suggerierte Kraftsteigerung niemals die Grenzen, die durch Knochen- und Muskelstärke des Körpers gesetzt sind. Einer zerbrechlichen alten Dame kann man suggerieren, sie sei ein Schwergewichtsboxer; zwar wird sie unter diesem Einfluß härter zuschlagen, als sie es sonst tun würde, aber dennoch bestimmt keine den Gegner zerschmetternde Gerade landen können.

Doch auch hier gilt wieder die schon erwähnte Tatsache: eine solche Kraftsteigerung läßt sich auch ohne Hypnose erreichen. Denken Sie nur an die Kraft und Ausdauer, die ein Mensch aufzubringen vermag, wenn er in Lebensgefahr gerät. In den kalifornischen Regionalzeitungen wurde vor kurzem folgender Vorfall berichtet: Ein Mann reparierte am Boden liegend sein Auto. Dieses rutschte vom Wagenheber und fiel dem Mann auf die Brust. Sein vierzehnjähriger Sohn sah voll Entsetzen, daß der Vater erdrückt zu werden drohte, und hob den Wagen gerade so lange hoch, daß der Mann hervorschlüpfen konnte. Dies gelang dem Jungen nur in einem Zustand überwältigender Erschütterung. Im Bewußtseinszustand seines Alltagslebens hätte er eine solche Leistung unmöglich erbringen können; der Wagen hatte ein Gewicht von mehr als einer Tonne.

Wir haben uns bereits Rechenschaft von der Tatsache gegeben, daß in Hypnose – oder *in jedem anderen Zustand zielgerichteter Konzentration, starker Emotion oder Motivation* – die Leistungsfähigkeit eines Menschen erheblich gesteigert ist. Diese Wirkung der Hypnose beschränkt sich keinesweg auf willentlich gesteuerte Aktivitäten; auch autonome Funktionen, die sich nicht vom Willen steuern lassen, können beeinflußt werden.

Aufgrund einer geeigneten hypnotischen Suggestion ist es möglich, den Herzschlag zu beeinflussen; die Suggestion einer angstmachenden Situation oder einer anstrengenden Tätigkeit vermag ihn zu beschleunigen. Ebenso kann die Blutzusammensetzung beeinflußt werden; die Suggestion, der Patient habe viel Zucker gegessen, steigert den Zuckergehalt des Blutes. Und um die Nierentätigkeit zu beeinflussen, braucht man einem Patienten nur zu suggerieren, er habe zuviel getrunken, das steigert die Harnausscheidung. Alle Körperfunktionen lassen sich auf diese Weise beeinflussen.

Die erstaunlichen Wechselwirkungen zwischen Geist und Körper

Es sei noch einmal darauf hingewiesen, daß alles, was mittels Hypnose erreicht werden kann, auch ohne sie möglich ist. Die Funktionsweise unseres Nervensystems läßt sich unter anderem anhand der sogenannten *bedingten Reflexe* demonstrieren, die von dem berühmten russischen Physiologen I. P. PAWLOW entdeckt und beschrieben wurden. Er stellte fest, daß bei Hunden angesichts eines Stücks Fleisch die Speichelabsonderung zunimmt. Daher kombinierte er die Fütterung seiner Versuchstiere mit dem Ertönen eines Klingelzeichens. Nach einer gewissen Zeit nahm die Speichelsekretion der Tiere auch dann zu, wenn nur das Klingelzeichen ertönte, ohne daß die Hunde etwas zu fressen bekamen. Man nennt dieses Phänomen Konditionierung.

Pawlows Nachfolger K. M. BYKOW wies nach, daß auf analoge Weise verschiedene innere Organe wie Nieren, Leber und Milz, aber auch beispielsweise die Zusammensetzung der Verdauungssäfte durch Nervenreize beeinflußt werden können. NEIL MILLER und LEO DI CARA von der Rockefeller-Universität entwickelten eine neue Technik zur Untersuchung der bedingten Reflexe: Es wurden Ratten in bestimmte Zonen des Gehirns (in die »Vergnügungszentren«) Elektroden implantiert. Elektrische Stimulation dieser Zentren lieferte in der Folge »Belohnungen« für erfolgreiche Leistungen. Auf diese Weise ließ sich eine Reihe autonomer Funktionen beeinflussen: Blutdruck, Zusammensetzung der Verdauungssäfte, Funktion der Nieren. Selbst die normalerweise ausgewogene Versorgung symmetrisch angeordneter Funktionen mit Blut ließ sich so verändern: der zunehmenden Blutversorgung des einen Ohrs stand die abnehmende Versorgung des anderen gegenüber.

Außerdem haben Wissenschaftler festgestellt, daß Jogis, die regelmäßig meditieren, willentlich ihren Pulsschlag beschleunigen, die Temperatur ihrer Haut verändern und andere Körperfunktionen beeinflussen können. Von solchen Beobachtungen berichten beispielsweise ELMER GREEN von der in Topeka, Kansas, etablierten Meninger Foundation wie auch der russische Psychologe A. R. LAURIA.

Aus alledem dürfen wir folgern: Unser Geist – oder, wenn man so will, unser Nervensystem – übt einen weitreichenden direkten Einfluß auf die Organe unseres Körpers aus. Zeugen dieses Einflusses werden wir oft im Alltagsleben. Beispielsweise haben wir alle schon einen Menschen vor Verlegenheit erröten sehen. In einem solchen Fall bewirkt der Geistes- beziehungsweise der Gefühlszustand dieses Menschen, daß sich winzige Blutkapillaren in der Haut erweitern, und wir sehen den erhöhten Blutgehalt makroskopisch als Röte.

Eine wichtige medizinische Schlußfolgerung aus solchen Beobachtungen lautet, daß man durch entsprechende Suggestionen viele Verhaltens- und Funktionsstörungen (wie Stottern, Impotenz usw.) lindern kann, infolge deren gesunde Organe nicht richtig arbeiten, weil ein Defekt in der seelisch-geistigen Einstellung oder in der nervlichen Kontrolle des betreffenden Prozesses vorliegt.

Doch lassen sich physiologische Funktionen auf diese Weise nicht nur kurzfristig beeinflussen; mittels Suggestion kann man auch *dauerhafte objektive Veränderungen im Körper* hervorrufen. Mit sehr sensiblen Versuchspersonen ist folgendes Experiment möglich. Sie geben der Versuchsperson einen kleinen Gegenstand in die Hand und suggerieren ihr: »Die Muskeln Ihrer Hand sind steif, Sie können die Hand nicht mehr öffnen. Der Gegenstand wird heiß und verbrennt Ihre Haut.«

Nach einiger Zeit heben Sie die Suggestion auf, die Versuchsperson öffnet die Hand, und ein roter Fleck oder sogar eine Blase zeigt sich an der Stelle, wo die Haut mit dem Gegenstand in Berührung war. In solchen Fällen ruft die hypnotische Suggestion eine objektive Veränderung im Körper hervor. Mit Hilfe der Hypnose lassen sich auch so manche Hautkrankheiten wie zum Beispiel Warzen erfolgreich behandeln.

Der gleiche Effekt läßt sich aber auch ohne Hypnose erzielen. So sagt ein Arzt zu einem Patienten zum Beispiel: »Aus medizinischen Gründen trage ich Ihnen jetzt eine Salbe auf die Haut auf. Es ist eine Reizsalbe, und ich erwarte, daß in ein paar Tagen an der so behandelten Stelle eine Entzündung entsteht.« Der Arzt streicht dann eine wirkungslose Placebosalbe auf den Arm des Patienten, verbindet den Arm unter suggestiven Reden – und nach einigen Tagen entwickelt sich, einzig aufgrund der Suggestion, tatsächlich eine Entzündung.

Auf ähnliche Weise entstehen Stigmatisierungen: Besonders sensible Personen entwickeln, indem sie unter starker innerer Anteilnahme die Leiden Jesu betrachten, blutende Wunden in den Handflächen. Der autosuggestive Ursprung dieser Stigmatisierungen wird auch durch die Tatsache belegt, daß die Wunden ausgerechnet an den Händen erscheinen, wo sie bei Christus-Darstellungen zu sehen sind, nicht aber an den Handgelenken, wo in früherer Zeit bei Kreuzigungen – wie historisches Beweismaterial dokumentiert – die Nägel tatsächlich eingeschlagen wurden.

Diese Erkenntnis erhellt auch den *Ursprung psychosomatischer Leiden.* Es gibt viele somatische, also körperliche Krankheiten, die durch Streß, nervöse Spannungen, innere Konflikte und andere seelisch-geistige negative Faktoren verursacht oder verschlimmert werden: beispielsweise Magengeschwüre, bestimmte Herzkrankheiten, Bluthochdruck, Verdauungsstörungen, Bronchialasthma, Migräne; eine erschöpfende Aufzählung nähme kein Ende. Viele Ärzte behaupten sogar, daß der überwiegenden Mehrheit aller Krankheiten psychogene Ursachen zugrunde liegen und daß alle Krankheiten, aber auch etwa die Immunität gegen Infektionskrankheiten durch die Geistesverfassung beziehungsweise den Gemütszustand beeinflußt werden.

Die genaue Wirkungsweise der Suggestion ist in diesem Zusammenhang noch nicht erklärt, dennoch zeitigen Suggestionen unabweislich somatische Effekte. Offenbar erzeugt die geistige Vorstellung Nervenimpulse, die zu den jeweiligen Organen gelangen und deren Funktion beeinflussen. Oder vielleicht sind die erst vor kurzem entdeckten hormonähnlichen Substanzen für die Wirkung verantwortlich, die sogenannten Endorphine, die anscheinend vom Gehirn produziert werden und eine wichtige Rolle für die Gesundheit spielen. Endorphine sind sogenannte »Neurotransmitter«, die für die Übertragung von Nervenimpulsen an den Synapsen, also den Schaltstellen im Nervensystem verantwortlich sind.

Seelisch-geistige Faktoren spielen sogar eine gewisse, noch nicht ausreichend erforschte Rolle bei der Entstehung von Krebs. Wiederholt wurde beobachtet, daß psychische Zustände der Hilflosigkeit, schmerzlicher Verlust, Depressionen oder der Verlust der Kontrolle über streßerzeugende Situationen mit dem gehäuften Auftreten von bösartigen Geschwulsten verknüpft sind. Und eine Änderung der Geistes- und Gefühlshaltung kann offenbar sogar hier in solchen Fällen zur Linderung der Schmerzen beziehungsweise zur Gesundung führen.

Der amerikanische Arzt O. Carl Simonton[41] berichtet von einer Untersuchung an Krebspatienten im Endstadium: Um seine Patienten zu beschäftigen und ihnen wenigstens einen Funken

Hoffnung zu geben, lehrte er sie zu meditieren. Er trug ihnen auf, sich ein- oder zweimal täglich vorzustellen, daß die Abwehrmechanismen ihres Körpers den Krebs bekämpfen und ihre weißen Blutkörperchen den Tumor wie eine Armee angreifen und auffressen würden. Simonton berichtet von einer überraschend hohen Zahl an Besserungen und sogar von Fällen völliger Remission (Rückgang der Krankheit), besonders bei Patienten, die von den Meditationsübungen begeistert waren.

Simontons Daten basieren auf klinischen Beobachtungen. Der Einfluß psychischer Faktoren auf den Gesundheitszustand des Menschen wurde aber auch experimentell bestätigt. Besonders interessant ist in diesem Zusammenhang ein Experiment, das drei Psychologen der Universität von Pennsylvania durchgeführt haben.[47]

Die Wissenschaftler injizierten einer Anzahl von Ratten Krebszellen und teilten die Tiere dann in drei Gruppen auf: Eine Gruppe der Ratten erhielt Elektroschocks, die sie durch das Herunterdrücken einer Stange beenden konnten. Die zweite Gruppe wurde unter Elektroschocks gesetzt, und zwar ohne die Möglichkeit, diese zu beenden. Die dritte Gruppe schließlich erhielt überhaupt keine Schocks. Die Ratten mit den unvermeidbaren Schocks waren nur etwa halb so resistent gegen die injizierten Krebszellen wie die Tiere in den beiden anderen Gruppen. Diese Feststellung zeigt, daß Gefühle der Hilflosigkeit in einer Streßsituation das Immunsystem zu beeinträchtigen scheinen – das andernfalls die Tumorzellen vernichten würde. Interessanterweise widerstanden jene Ratten, die den Schocks durch Drücken einer Stange ein Ende machen konnten, dem Krebs sogar noch besser als ihre Artgenossen, die keine Schocks erhielten. Dieses Ergebnis führt zu dem ermutigenden Schluß, daß der Kampf gegen Widrigkeiten und ihre Überwindung den Gesundheitszustand sogar verbessern können.

In einem ähnlichen Experiment injizierten Forscher der Pacific Northwest Research Foundation zwei Gruppen von Mäusen krebsverursachende Zellen. Eine der beiden Gruppen wurde davon in ein Gerät gesperrt, das auf unvorhersehbare Weise rotierte. Zwei Drittel dieser Mäuse starben an Krebs, im Vergleich zu weniger als einem Zehntel der unter »normalen« Bedingungen gehaltenen Tiere. Auch ROBERT ADER von der Universität Rochester [1] stellte fest, daß das Immunsystem von Ratten durch bedingte Reflexe infolge von Reizen beeinflußt werden kann, ähnlich wie es I. P. PAWLOW anhand seiner schon erörterten Experimente mit Hunden demonstriert hat.

Auf der Wechselwirkung zwischen Geist und Körper beruhen die Erfolge der Geistheilung

Wenn seelisch-geistige Faktoren den Ausbruch einer Krankheit verursachen können, dann liegt es natürlich nahe, daß eine Änderung der Geistes- und Gefühlshaltung auch eine Heilung zustandezubringen vermag. In dieser Richtung beeinflussen unkonventionelle Heiler – Geistheiler – gewöhnlich ihre Patienten. Eine Besserung kann eintreten, wenn es solchen Heilern mittels geschickter »Manipulation« des Denkens und Fühlens ihrer Patienten gelingt, in diesen den festen Glauben an die Möglichkeit einer Heilung sowie einen starken Lebenswunsch zu wecken. Dies kann mit Hilfe direkter Suggestion, des persönlichen Charmes, der Autorität oder eines überzeugenden Eindrucks des Heilers auf die Patienten bewirkt werden.

Der Heiler hat diesbezüglich gegenüber dem durchschnittlichen Arzt in der Regel einen wesentlichen Vorteil. Die moderne Medizin ist in den industrialisierten Ländern unpersönlich geworden und von kaltem Professionalismus geprägt. Doch das ganze fortschrittliche Wissen des Arztes und die raffinierte Technologie der ihn umgebenden Chromnickelstahlgeräte vermögen den für den Patienten notwendigen emotionalen Kontakt und die Wärme menschlichen Mitgefühls nicht zu ersetzen. Genau dieses für jede Heilung wichtige Element findet der Patient bei einem hingebungsvollen Heiler, der wesentlich kraft Liebe heilt.

Der suggestive Effekt kann sich auf psychologische Wirkungen beschränken, etwa indem ein gesteigertes Wohlbefinden des Patienten erzielt wird; bei besonders empfänglichen oder gläubigen Patienten kann jedoch sogar eine objektive Besserung des Zustands herbeigeführt werden. Diesen Effekt kennen natürlich nicht nur

Geistheiler. Jeder gute Arzt weiß, wie wichtig es ist, den Patienten zu ermutigen, seine »Moral« zu heben und ihn für die Mitarbeit bei der Bekämpfung der Krankheit zu gewinnen.

Die drei *wichtigsten Faktoren erfolgreichen Geistheilens* sind:

1. Die psychologische Beeinflussung: durch geeignete Suggestionen können Symptome und Schmerzen beseitigt werden;
2. die psychosomatische Wirkung: durch geeignete Suggestionen können objektive Veränderungen im Körper herbeigeführt werden;
3. die psychokinetische Wirkung, die manchmal – nicht immer – im Spiel ist: dabei handelt es sich um einen direkten paranormalen Einfluß, den der Heiler vermöge seiner Geisteskraft auf den Patienten ausübt, wobei der Patient nicht einmal wissen muß, daß eine Heilung versucht wird.

Das allein schon vermittelt einen Begriff von der *Bedeutung geeigneter Suggestionstechniken* für das allgemeine Wohlbefinden des Menschen. Doch die nützlichen Bewirkungen, die mittels Suggestion, insbesondere auch durch Autosuggestion, erzielt werden können, gehen weit über den Bereich medizinischer Hilfe hinaus. Mit Hilfe geeigneter Suggestionen kann viel Leid gelindert werden, beispielsweise können so Phobien oder die Nachwirkungen früherer traumatischer Erlebnisse beseitigt oder Schuldgefühle und Minderwertigkeitskomplexe überwunden werden. Es läßt sich auf diese Weise sogar bewußt eine »neue« Persönlichkeit herausbilden und entfalten. Autosuggestion ermöglicht uns, unerwünschte Gewohnheiten abzulegen und erwünschte zu entwickeln und zu stärken, das Konzentrationsvermögen und das Gedächtnis zu verbessern, die persönliche Antriebskraft und Motivation zu steigern und vieles andere mehr. Sie vermag folglich dem menschlichen Leben jene Elemente zu verleihen, die zu größerem Glück, wirklicher Erfüllung und einer erfolgreichen beruflichen Entfaltung führen.

Jedermann kann sich geeigneter Suggestionstechniken bedienen

Es gibt eine Reihe von Techniken, die uns helfen können, diese Ziele zu erreichen. Neben der Fremdhypnose kommt den verschiedenen Formen der Selbsthypnose große Bedeutung zu, aber auch Meditation, autogenes Training und das Gebet sind autosuggestive Techniken, deren Wirksamkeit außer Zweifel steht.

Regelmäßig zielen solche Suggestionstechniken darauf ab, im Menschen, um den es geht, einerseits den tiefen Wunsch beziehungsweise den festen Willen zu wecken, geheilt zu werden oder die angestrebte Veränderung bewerkstelligen zu können, und andererseits den unerschütterlichen Glauben einzupflanzen, daß dies auch wirklich geschehen wird.

Um dies zu erreichen, wird mit Suggestionsformeln gearbeitet. Dabei kommt es erstens auf die Wiederholung des auf eine affirmative Kurzformel gebrachten Wunsches beziehungsweise Zieles an. Ein Kranker suggeriert sich: »Ich bin gesund«, ein Angestellter: »Ich leite meine eigene Firma.« Dazu kommt zweitens die bildhafte Vergegenwärtigung des Gewünschten als bereits bestehende Realität. Der Kranke sieht sich zum Beispiel im Meer schwimmen, der Angestellte am Schreibtisch im Chefbüro arbeiten. Die Suggestionsformeln können, wie man sieht, sehr einfach sein.

Der französische Apotheker und Psychotherapeut ÉMILE COUÉ zum Beispiel empfahl eine Art Generalformel positiver Suggestion, die man sich immer wieder vorsagen soll: »Es geht mir von Tag zu Tag in jeder Hinsicht immer besser und besser.« Es kommen jedoch auch sehr komplizierte Suggestionstechniken zur Anwendung, insbesondere in therapeutischen Verfahren auf tiefenpsychologischer oder psychopathologischer Grundlage. Diese brauche ich hier nicht zu erörtern.

Psychologisch günstig wirkt sich bei solchen Suggestionstechniken die Überzeugung aus, daß auch auf von außen kommende Hilfe gebaut werden kann. Am deutlichsten tritt dies zutage, wenn ein Mensch von tiefem Gottvertrauen erfüllt ist. Aber auch das Vertrauen in den Arzt, den Psychotherapeuten, Seelsorger oder sonst eine Hilfe bietende Autoritätsperson wirkt sich förderlich aus. Es mindert das Streß erzeugende Gefühl, allein dazustehen, und es zerstreut etwa bestehende Zweifel, daß die eigenen Kräfte nicht ausreichen.

Interessant ist, daß sich die Religionen zu allen Zeiten dieser psychologischen Prinzipien bedient haben, insbesondere der suggestiven Wirkung von Wiederholungen, zum Beispiel in Gebeten, wie etwa im Rosenkranz oder in den Mantras, verbunden mit dem Glauben, daß eine höhere Macht oder eine höhere Intelligenz (Gott) und nicht die Kraft des Betenden oder Meditierenden für das Endergebnis verantwortlich ist.

Welche Suggestionstechniken auch immer angewandt werden, immer besteht die *Tendenz, die unbewußten Schichten der Persönlichkeit zu beeinflussen,* wobei die Wirkung vorwiegend auf der emotionalen, nicht auf der rationalen Ebene hergestellt wird. Durch die Umgehung der rationalen Sphäre läßt sich erreichen, daß das Individuum keinen psychologisch bedingten inneren Widerstand gegen das Erreichen des Ziels aufbaut. Nicht selten ist die Angst vor einer Veränderung nicht weniger stark als der Wunsch nach dieser, oder der bestehende Zustand dient im Leben eines Menschen einem unbewußt verfolgten Zweck. Es kommt vor, daß jemand durch Krankheit die Aufmerksamkeit und Zuwendung der Umwelt erzwingen will. Solche Barrieren müssen erkannt und abgebaut oder umgangen werden.

Wenn wir Suggestionstechniken anwenden, führen wir einen Reklamefeldzug, der auf die Beeinflussung unseres Unterbewußtseins gerichtet ist und das Ziel hat, in uns den unerschütterlichen Wunsch und die feste Überzeugung zu wecken, daß mit uns eine Veränderung vorgehen wird: daß wir gesund werden oder das, was wir anstreben, eintritt.

Der Vergleich mit der Werbung zeigt aber auch schon die Schwierigkeit unseres Vorhabens. Werbung ist eine ziemlich komplizierte Wissenschaft. Sie bedient sich aller möglichen suggestiven Techniken und Mittel zur Beeinflussung und Überzeugung potentieller Kunden. Doch genau wie in der Werbung hängt auch bei der Beeinflussung des Unterbewußtseins das Ergebnis oft *von individuell variablen psychologischen Faktoren* ab. Vorgegebene Vorstellungen wecken unterschiedliche Assoziationen; Argumente wirken in ihrer Überzeugungskraft unterschiedlich; und sehr verschiedene Beweggründe liegen auch einem etwaigen Widerstand eines Individuums zugrunde. Wie in der Werbung wird auch bei der Selbstbeeinflussung durch Autosuggestion der Erfolg von unserem Geschick abhängen, die wirksamsten Methoden und Argumente zur Annäherung an unser Zielobjekt – das in diesem Fall wir selbst sind – und zu dessen Beeinflussung zu finden.

Nur selten setzt bei den erwähnten Suggestionstechniken die Wirkung sofort ein. Oft ist eine langdauernde Beeinflussung nötig, um zu optimalen Ergebnissen zu gelangen. Dabei darf man nie vergessen, daß die psychologische Struktur, die Assoziationen, Erinnerungen, Wünsche und Ängste der Menschen verschieden sind. Dies wird schon ersichtlich, wenn wir uns die verschiedenen Beweggründe vergegenwärtigen, die das menschliche Verhalten bestimmend beeinflussen. Der eine kann aufgrund seines Pflichtgefühls motiviert sein, beste Leistungen zu erbringen; ein anderer gibt sein Äußerstes, weil man es ihm befohlen oder ihn unter Androhung von Strafen dazu gezwungen hat. Ein dritter steht unter übermäßigem Einfluß der Tradition; wieder andere erstreben Anerkennung, Reichtum, Macht, sexuelle Befriedigung, die Durchsetzung eines Rechtes, persönliche Sicherheit oder das Glück ihrer Angehörigen. Meist sind mehrere Beweggründe im Spiel, die einander ergänzen und bei verschiedenen Menschen auch verschieden stark wirken.

Darum müssen Suggestionstechniken, wenn sie optimal wirken sollen, immer auf die Psyche des einzelnen abgestimmt sein. Im Fall der Fremdsuggestion ist es eine schöpferische Aufgabe, eher eine Kunst als eine Wissenschaft, die beste Technik zur positiven Beeinflussung eines bestimmten Menschen oder einer bestimmten Menschengruppe zu finden. Sehr viel hängt von der Persönlichkeit und der schöpferischen Begabung der beeinflussenden Persönlichkeit – sei es ein Lehrer oder sei es ein Heiler – und von ihrem Vermögen ab, für jeden einzelnen Menschen den wirksamsten, individuell geeignetsten Weg zu finden. Die Übermittlung des Inhalts der Suggestion muß in möglichst eindringlicher und glaubhafter Weise erfolgen, damit das Unterbewußtsein des Hilfe suchenden Menschen möglichst unmittelbar angesprochen wird.

Auch Meditation ist eine Form der Selbstsuggestion

In unserer hektischen Zeit, in der Lebenszwänge und berufliche Anforderungen einen jeden von uns unter Druck setzen, ist es mehr denn je wichtig, daß wir etwas tun, um Spannungszustände, Nervosität und Streß abzubauen.

Die *Selbstsuggestion von Ruhe, Entspannung und Seelenfrieden,* die mit der Abstandnahme von den Sorgen und der Hast des täglichen Lebens verbunden ist, diese einfache Art des Meditierens hat eine in vieler Hinsicht wohltuende Wirkung. Zahlreichen Menschen, auch Managern und Führungspersönlichkeiten, ist heutzutage klargeworden, daß sich ihr Gefühl des Wohlbefindens und ihre beruflichen Leistungen steigern lassen, wenn sie sich täglich ein paar Augenblicke der Ruhe gönnen, indem sie den Strom ihres hektischen Denkens abschalten, sich entspannen, ein paarmal tief einatmen und sich selbst gewissermaßen gut zureden: »Ich schaffe es, ich fühle mich stark.« Oder: »Ich bin immer ruhig und gelassen, ich überwinde alle Hindernisse; mein Leben ist von Glück und Erfolg getragen.« Schon einige kurze Minuten derartiger Selbstbesinnung täglich sind von Nutzen.

Es gibt eine große Zahl von Meditationstechniken. Sie unterscheiden sich zwar in den Einzelheiten, sind in den wesentlichen Elementen und in der Wirkung jedoch gleich. Einige Techniken wie Joga, Zen oder die transzendentale Meditation sind ein deutlicher Ausdruck ihres kulturellen oder religiösen Ursprungs. So ist zum Beispiel auch jedes christliche Gebet eine Art der Meditation. Alles, was wir zum Lob Gottes sagen, übt eine autosuggestive Wirkung auf uns aus. Andere Formen der Meditation sind weltlicher beziehungsweise rein praktisch ausgerichtet. Sie sind unter Bezeichnungen wie Geistkontrolle, Psycho- oder Alphatraining, Methode des Biofeedbacks und dergleichen mehr bekannt.

Alle diese Praktiken haben geistige Entspannung (Leere des Geistes) zum Ziel, einen Zustand, in dem jegliches Denken aufhört. Doch es ist nicht so leicht, wie es vielleicht klingt, sich in diesen Zustand zu versetzen. Im »normalen« Zustand des Wachbewußtseins folgt ständig ein Gedanke auf den anderen; die Meditation aber hat zum Ziel, diesen Gedankenfluß zu stoppen. Es wäre jedoch völlig unsinnig, sich einfach zu befehlen, in jeglichem Denken innezuhalten. Notwendig ist vielmehr, daß man das Denken vergißt. Und dies erreicht man leichter auf einem Umweg.

In den religiösen Traditionen – überwiegend des Fernen Ostens – werden zur Ablenkung der Aufmerksamkeit am häufigsten folgende Mittel angewandt: die monotone Wiederholung von Gebeten oder heiligen Silben beziehungsweise Wörtern (Mantras); das Anhören feierlicher Musik; das Betrachten von Bildern mit komplexen Mustern (Mandalas). Im Zen wird die Kette des logischen Denkens durch sogenannte Koans, das heißt paradoxe Aussagen oder Fragen, die keinen Sinn ergeben, beispielsweise durch Sätze wie »Lausche dem Klatschen einer einzelnen Hand«, gesprengt. Die daraus entstehende Verwirrung kann zu der angestrebten »Leere des Geistes« führen. Ähnlich funktioniert auch die Verwirrungstechnik, die Hypnotherapeuten anwenden.

Eine andere Zentechnik, das stille Dasitzen und stumme Betrachten einer leeren Wand, beruhigt ebenfalls den Ansturm der Sinnesreize und Gedanken und ist verwandt mit den Sinnesentzugstechniken der modernen Psychologie. Eine weitere Methode, mit deren Hilfe man ablenkende äußere Reize abschalten kann, ist die völlig desinteressierte Beobachtung des Denkprozesses oder einfach das »Nach-innen-Wenden« des Geistes.

In Ergänzung zu den traditionellen Techniken haben Psychologen unserer Zeit mehrere *neue Methoden der Entspannung* entwickelt. Am bekanntesten und wirksamsten dürfte die der Hypnose – der Fremd- und Selbsthypnose – sein, doch gibt es auch andere, beispielsweise das von J. H. SCHULTZ entwickelte autogene Training zur konzentrativen Entspannung oder E. JACOBSONS Technik der progressiven Entspannung (Anspannen und Lockern der Muskeln).

Wenn wir das Wort »Meditation« hören, denken wir fast immer an besondere Techniken, die darauf abzielen, unser rastloses Denken zu disziplinieren und den Wellengang unseres Bewußtseins zu beruhigen. Dabei übersehen wir, daß es viele ganz *natürliche Situationen* gibt, die spontan zum gleichen Ziel führen. Dazu zählt beispielsweise entspanntes, hingebungsvolles Anhören von Musik und jede länger andauernde rhythmische Betätigung, außerdem der

Genuß schöner Kunstgegenstände oder eines Schauspiels der Natur, also praktisch jede Beschäftigung, die das angespannte Denken zum Stillstand bringt. Wenn wir eine anstrengende geistige Tätigkeit unterbrechen und uns irgendeiner manuellen Arbeit widmen, einem Hobby vielleicht, führen wir die gewünschte Entspannung der zuvor überstrapazierten geistig-seelischen Funktionen herbei. In diesem Sinne ist für jene, die gern laufen, Jogging über längere Strecken eine regelrechte Meditationsübung.

Weil die Menschen verschieden sind, brauchen sie auch *verschiedene Meditationstechniken, die ihren Erwartungen, Vorlieben, individuellen Neigungen und Glaubensüberzeugungen Rechnung tragen.* Im allgemeinen versteht man unter Meditation jedoch eine innere Sammlung, die mit einem Ritual verbunden ist. Der Meditierende sitzt oder liegt in einem ruhigen, gedämpft beleuchteten Raum, der möglichst abgeschirmt ist von äußeren Sinnesreizen. Er konzentriert sich auf eine Idee – auf ein Wort, einen Ton, ein Bild, einen bewunderten Menschen, das innere Selbst oder auf Gott – und schafft es so allmählich, das Denken nur in diese eine Richtung zu lenken und alles andere zu vergessen.

Beachten Sie die Ähnlichkeit zwischen dem Zustand eines, sagen wir, auf Gott ausgerichteten Meditierenden und dem Hypnosezustand, bei dem der Hypnotiseur im Mittelpunkt der konzentrierten Aufmerksamkeit steht. Jede Meditation ist eine Art Selbsthypnose. Der Meditierende begibt sich aufgrund seiner Autosuggestionen in eine Haltung zunehmend stärker werdender Erwartung der Realisierung der von ihm angestrebten Ziele oder Wünsche.

Experimentelle und klinische Untersuchungen, die an regelmäßig meditierenden Menschen durchgeführt wurden, haben gezeigt, daß die Resultate denjenigen der Hypnose beziehungsweise Suggestion nicht unähnlich sind. Einige *Auswirkungen über einen längeren Zeitraum praktizierter Meditation* sollen an dieser Stelle aufgeführt werden, weil sie, vom praktischen Standpunkt aus gesehen, wichtig sind:

○ Positive psychologische Folgen: Linderung von Schlaflosigkeit, größere Widerstandsfähigkeit gegen Streß, bessere motorische Leistung, schnelleres Reaktionsvermögen, Verminderung neurotischer Verhaltensstörungen, größeres seelisches Gleichgewicht, bessere Kontrolle über negative Emotionen, stärkeres Konzentrationsvermögen, besseres Gedächtnis, höhere Leistung in Intelligenztests, gesteigerte Aufmerksamkeit und Wahrnehmungsfähigkeit (was bei Studenten zu besseren Leistungen führt).

O Positive physiologische Folgen: Besserung des allgemeinen Gesundheitszustands und des Wohlbefindens, Steigerung der Energie und der Lebenskraft, größere Widerstandskraft gegen Infektionskrankheiten, Rückgang von Bluthochdruck, Besserung von Bronchialasthma, Linderung von Funktionsstörungen des autonomen Nervensystems.

O Positive soziale Auswirkungen: Rückgang des Drogenmißbrauchs sowie des Konsums von Alkohol und Zigaretten, gesteigerte Arbeitsleistung, größere Ungezwungenheit bei gesellschaftlichen Kontakten, bessere zwischenmenschliche Beziehungen (zu Vorgesetzten und Mitarbeitern, offenbar infolge eines gesteigerten Wahrnehmungsvermögens für die Bedürfnisse anderer) und sogar die leichtere Wiedereingliederung von Häftlingen (gemessen an drei Kriterien: Abnahme der Angst, Verringerung von Verstößen gegen die Gefängnisordnung, Zunahme der Zeit, die mit positiven Aktivitäten zugebracht wird).

Die Vervollkommnungsmethode positiven Denkens

Kehren wir nun zu den vorteilhaften Auswirkungen der Fremd- und Selbstsuggestion (oder Selbstsuggestion in Meditationszuständen) zurück und sehen wir uns an, wie sich diese durch konkrete Bemühungen zur Entfaltung der Persönlichkeit und Verbesserung der Lebensumstände herbeiführen lassen.

Eine wichtige Vervollkommnungsmethode ist die des positiven Denkens. Sie wurde von NAPOLEON HILL entwickelt und erstmals mit seinem Buch *Denke nach und werde reich* [15] einem breiten Publikum bekanntgemacht. Der Welterfolg dieses Werkes beruht darauf, daß es aufgrund seines Inhalts und Stils eine starke suggestive Wirkung auf den Leser ausübt und ihm suggeriert, durch die Änderung seines Denkens sein Leben in der gewünschten Weise zu ändern. Eine neue Entwicklung geht dahin, daß die Autoren solcher Bücher ihre Botschaft auf Tonbandkassetten sprechen.[25, 34] Dabei wird die Überzeugungskraft des vermittelten Inhalts noch durch die sprachliche Lebendigkeit der Diktion verstärkt.

Napoleon Hill, der Begründer der Bewegung des positiven Denkens, hat Millionen Leser und auch zahlreiche Nachahmer gefunden, die seine Botschaft immer wieder neu formulieren; doch die von ihm entwickelten Prinzipien sind heute noch genauso gültig wie am Tag der Erstveröffentlichung seines Buches.

Im wesentlichen handelt es sich bei seiner Methode um eine populäre Erfolgsphilosophie für das praktische – besonders das geschäftlich-berufliche – Leben. Der Grundgedanke, der dieser Lebensphilosophie zugrunde liegt, ist sehr einfach: Wenn ich glücklich bin und Freude an meiner Arbeit und den Wunsch habe, mein Bestes zu geben, und wenn ich an meinen Erfolg glaube, so sind alle psychologischen Voraussetzungen dafür gegeben, daß ich wirklich Erfolg haben werde.

Wer ein festes Ziel hat und von seinen Fähigkeiten überzeugt ist, lenkt alle seine Bemühungen in eine einzige Richtung und neigt nicht dazu, sich durch die Suche nach ständig neuen Zielen oder die Ungewißheit seiner Lage unsicher machen zu lassen. Unter solchen Umständen macht es Freude, mehr über den eigenen Geschäfts- oder Fachbereich zu lernen; man ist aufmerksamer beim Lernen, deshalb lernt man besser und wird sich schließlich in der vorteilhaften Situation befinden, mehr von seinem Beruf oder Geschäft zu verstehen als andere. Die Freude an der Arbeit macht einen solchen Menschen wacher gegenüber den Notwendigkeiten des Berufs- und Geschäftslebens und den Bedürfnissen der Mitarbeiter und Kunden. Er denkt schneller, ist bereit zu handeln, hat größere Ausdauer und ermüdet nicht so rasch. Seine strahlende Erfülltheit, seine Zuversicht und Begeisterung wiederum spiegeln sich in verbesserten Beziehungen zu Kunden und Mitarbeitern, die sich in seiner Gegenwart glücklich fühlen und die bestehenden Geschäftsverbindungen gerne weiter pflegen wollen.

Um dieses Ziel zu erreichen, nutzt ein positiv denkender Mensch bewußt alle verfügbaren Mittel, die ihm helfen, sich zu vervollkommnen. Aufgrund seines Wissens in angewandter Psychologie stellt er fest, welches die wichtigsten, zum Ziel führenden Persönlichkeitsmerkmale und Einstellungen sind. (Tatsächlich haben das die Verfasser der Literatur über positives Denken bereits für ihn getan.) Dann hält er sich an die gegebenen Empfehlungen, suggeriert sich die gewünschten Verbesserungen und nähert sich dadurch in seinem Verhalten sowie seiner Einstellung dem gewählten Modell so weit wie möglich an. Wer das tut, wird sich auch täglich suggerieren: »Mein Lohn wird sein: Erfolg und Glück im Leben.«

Die zehn Voraussetzungen des Erfolges

Es gereicht uns nur zum Vorteil, die wesentlichen Ratschläge dieser Erfolgsphilosophie zu rekapitulieren, denn sie sind fundiert und verdienen, daß wir sie bedenken und beherzigen. Die nachstehende Darstellung basiert auf NAPOLEON HILLS klassischem Werk *Denke nach und werde reich.*[15] Die wesentlichen Voraussetzungen für ein erfolgreiches Leben sind demnach:

1. Glühendes Begehren;
2. Glaube an sich selbst;
3. positive Autosuggestion;
4. fundierte Fachkenntnisse;
5. Nutzbarmachung der Macht der »führenden Köpfe«;
6. systematische Planung;
7. Entschlußkraft;
8. Ausdauer;
9. Begeisterung;
10. »sechster Sinn«.

1. Die erste Voraussetzung für den Erfolg ist das glühende Begehren, erfolgreich zu sein.

Nur einen starken Wunsch zu haben genügt nicht – nötig ist ein wirklich überwältigendes Verlangen. Ein Kriterium dafür ist, ob man bereit ist, alle Brücken hinter sich abzubrechen und entschlossen und um jeden Preis den einmal gewählten Weg zu gehen. Wenn man das eigene Ziel nur zögernd angeht, immer nach Sicherheit strebt und sich ständig andere Möglichkeiten offenläßt, bedeutet dies, daß der Wunsch nach Erfolg nicht stark genug ist.

Zunächst einmal sollten Sie jedoch Ihre augenblickliche Situation realistisch analysieren. Beginnen Sie mit einer Selbstbeurteilung. Wo stehen Sie jetzt? Welches sind Ihre Stärken und Schwächen, Ihre Vorzüge und Nachteile? Betrachten Sie sich ehrlich, offen und realistisch. Durchdenken Sie dann Ihr Vorhaben. Überlegen Sie, welche Hindernisse und Barrieren Ihnen im Weg stehen, welcher Lohn Sie erwartet und ob der Lohn Ihnen die Mühe wert ist. Sofern Sie die letzte Frage mit einem klaren Ja beantworten können, sollten Sie nicht zögern, Ihr angestrebtes Ziel mit allem Nachdruck zu verfolgen.

Nun müssen Sie sich Klarheit über die zur Erreichung Ihres Zieles notwendigen Schritte verschaffen.

O Erster Schritt: Setzen Sie im Geiste das *genaue Ziel* fest, das Sie erreichen möchten (beispielsweise die genaue Geldsumme, über die Sie verfügen möchten). Sie müssen in jeder Hinsicht konkret und entschieden vorgehen. Vermeiden Sie bei der Festsetzung Ihres Ziels jede Unbestimmtheit. (Wünschen Sie sich Geld, so müssen Sie, wie gesagt, die genaue Summe festlegen.)

O Zweiter Schritt: Überlegen Sie nun sorgfältig, welche *Gegenleistung* Sie, wenn Ihr Ziel erreicht ist, erbringen wollen. Ihre sämtlichen Bemühungen müssen auf Wahrhaftigkeit und Gerechtigkeit basieren. Sie sollten auch bereit sein, anderen zu dienen. Planen Sie niemals etwas, das nicht allen Beteiligten zum Vorteil gereicht. Diese ehrliche Haltung ist wichtig! Erwarten Sie nicht, etwas umsonst zu bekommen. Sie werden Ihr Ziel erreichen, nicht zuletzt weil Sie auch anderen Dienste erweisen oder sich zum Nutzen anderer einsetzen. Und seien Sie bereit, dafür in jeder Hinsicht Ihr Bestes zu geben, ohne zu vergleichen oder zu denken, daß Sie vielleicht mehr geben, als Sie erhalten. Ihre Einstellung muß sein: Ich wünsche mir (formulieren Sie Ihr Ziel ...), und dafür gebe ich mein absolut Bestes, indem ich (formulieren Sie den Dienst, den Sie leisten ...).

O Dritter Schritt: Bestimmen Sie den *genauen Zeitpunkt*, zu dem Sie Ihr Ziel erreicht haben wollen.

O Vierter Schritt: Erarbeiten Sie einen *genauen Plan*, wie Ihr Ziel zu erreichen ist; legen Sie jeden Schritt in allen Einzelheiten fest. Legen Sie kurzfristig Nahziele fest, bestimmen Sie Ihre langfristigen Ziele und beginnen Sie *sofort*, ohne Aufschub, ohne Zögern oder Zaudern, Ihren Plan in die Tat umzusetzen. Sie müssen unverzüglich an die Verwirklichung Ihres Vorhabens gehen, und zwar *energisch* und mit Ihrer ganzen Kraft!

○ Fünfter Schritt: Halten Sie alles, auch die letzte Einzelheit Ihres geplanten Vorgehens *schriftlich* fest: Ihr Ziel, zum Beispiel, den gewünschten Geldbetrag, den Zeitpunkt, zu dem Sie Ihr Ziel erreicht haben wollen, und Ihren Aktionsplan. Dies wird Ihnen helfen, Ihrem Denken eine feste Form zu geben. Seien Sie präzise und verallgemeinern Sie nichts.

○ Sechster Schritt: Lesen Sie sich Ihre diesbezüglichen Notizen möglichst oft laut vor, und zwar mindestens zweimal täglich, morgens nach dem Erwachen und abends vor dem Schlafengehen. Stellen Sie sich während des Lesens zutiefst überzeugt und *bildhaft am Ziel* vor, sehen Sie sich selbst am Ziel (wie Sie bereits im Besitz der gewünschten Geldsumme sind – spüren Sie das Geld in Ihren Händen und durchleben Sie, was Sie mit dem Geld tun). Empfinden Sie lebhaft die Freude, die Ihnen die Erfüllung Ihres Wunsches bringt.

2. Bestärken Sie sich im Glauben an sich selbst.

Sofern Sie nicht schon über genügend Selbstvertrauen verfügen, bedienen Sie sich der Autosuggestion. Wiederholen Sie laut die folgende Suggestionsformel: »Ich habe mein Ziel schriftlich fixiert, und ich werde meinen Plan beharrlich und entschlossen durchführen. Der Gedanke an den Plan beherrscht mein ganzes Denken, und dieser allesbeherrschende Gedanke wird sich verwirklichen. Ich weiß, daß ich fähig bin, mein Ziel zu erreichen, ich verlange von mir selbst, daß ich es beharrlich verfolge, und ich verspreche mir, mit allen meinen Kräften und Fähigkeiten das zu tun, was mich zu meinem Ziel führen wird.«

3. Geben Sie sich positive Autosuggestionen.

Suchen Sie zu diesem Zweck einen ruhigen Ort auf, schließen Sie die Augen und sagen Sie sich immer wieder laut Ihr gewünschtes

Ziel vor, das Zieldatum und die Dienste, die Sie bereit sind zu leisten. Tun Sie das am Morgen, am Abend und tagsüber bei jeder passenden Gelegenheit. Wecken Sie in sich die Überzeugung, daß die Erfüllung Ihres Wunsches sichergestellt ist, daß Sie – Sie sehen es bildhaft – tatsächlich Ihr Ziel schon erreicht haben und sich das Gewünschte verwirklicht hat. Legen Sie Ihren schriftlich niedergelegten Aktionsplan an eine Stelle, wo Sie ihn ständig sehen können, damit er Sie immer wieder an Ihren Entschluß und Ihr Ziel erinnert.

Indem Sie sich bewußt suggerieren, was Sie sich wünschen, sichern Sie sich die Hilfe Ihres Unterbewußtseins, das Sie dann in Ihren bewußten Bemühungen unterstützen und mit diesen nicht in Konflikt stehen wird. Pflanzen Sie Ihrem Unterbewußtsein Ihren Wunsch ein und die innere Überzeugung, daß seine Erfüllung eine Realität ist. Suggerieren Sie sich jene positiven Charaktereigenschaften und Fähigkeiten, die Ihnen bei Ihren künftigen Bemühungen von Nutzen sein werden.

4. Tun Sie alles, um sich auf Ihrem Gebiet fundierte Fachkenntnisse anzueignen.

Damit Sie bessere Dienste leisten können als andere, müssen Sie natürlich – zusätzlich zu Ihren aufrichtigen Bemühungen um Ihre Persönlichkeitsvervollkommnung – Ihren Fachbereich besser kennen als andere. Versuchen Sie deshalb, Ihr Wissen auszuweiten. Lesen Sie Fachliteratur, besuchen Sie Kurse, schauen Sie sich nach intelligenten, erfolgreichen Menschen um, von denen Sie Ratschläge bekommen können. Aber denken Sie daran: Wissen ist nur dann Macht, wenn es in eine eindeutig festgelegte Tat umgesetzt wird. Deshalb zählt letztlich nur Ihre Tat.

5. Sichern Sie sich die Macht der »führenden Köpfe«.

Mit diesem Ausdruck ist die Zusammenfassung der Kenntnisse und Kräfte vieler Menschen gemeint, von denen jeder seinen Beitrag zu einer Art »Gehirntrust« leistet. Das heißt, suchen Sie die Gesellschaft von Menschen, die Ihnen bei der Verfolgung Ihres Zieles helfen können.

Um Ihr Ziel zu erreichen, müssen Sie sich vielleicht mit anderen zusammentun, deren Spezialwissen, Fähigkeiten und Erfahrung Sie brauchen. Dies bedeutet nicht, daß andere für Sie denken oder die Arbeit für Sie tun sollen. Es bedeutet vielmehr, daß Sie Ihre Geisteskraft durch die Verbindung mit der anderer Menschen stimulieren sollen. Die Macht der Gruppe, in der jeder einzelne seinen speziellen Beitrag leistet, steigert auch die Macht dieses einzelnen.

Wenn die Zeit kommt, da Sie mit anderen zusammenarbeiten müssen, sollten Sie größte Sorgfalt darauf verwenden, die richtigen Mitarbeiter zu wählen. Diese müssen über die Fähigkeiten und Qualitäten verfügen, die Sie brauchen, vor allem aber müssen sie von gleicher Gesinnung sein und Begeisterung für die gemeinsame Sache haben.

6. Entscheidend für das Gelingen Ihres Unternehmens ist systematische Planung.

Wenn Sie bei der Verwirklichung Ihres Vorhabens die Mitarbeit anderer Menschen brauchen, ist ein genauer Plan für Ihr Vorgehen unerläßlich. Wählen Sie Ihre »Bundesgenossen« sorgfältig aus, verbinden Sie sich nur mit solchen, die mit Ihnen aufgrund ihrer Fähigkeiten, ihrer Intelligenz und ihrer positiven Einstellung am gleichen Strang ziehen können und mit Ihnen eindeutig auf das gemeinsame Ziel ausgerichtet sind.

Überlegen Sie sich genau, was Sie diesen Menschen als Gegenleistung für ihre Mitarbeit bieten können, denn Sie dürfen nicht erwarten, daß Sie jemand auf Dauer unterstützt, ohne einen angemessenen »Lohn« zu erhalten. Bei Lohn denken wir gewöhnlich an finanzielle Honorierung, doch es gibt auch viele andere Formen der Entlohnung, und Sie sollten Ihre Gegenleistung auf das abstimmen, was Ihr Partner, Ihr Mitarbeiter erstrebt. Treffen Sie sich regelmäßig mit Ihren Führungskräften, mindestens zweimal wöchentlich, und vervollkommnen Sie gemeinsam Ihren Plan. Sorgen Sie dafür, daß zwischen Ihnen und Ihren Mitarbeitern immer ungetrübte Harmonie herrscht.

Wer andere Menschen führen will, sollte Führungsqualitäten haben oder, wenn er sie nicht hat, sich diese aneignen.

Diese sind:

○ Unerschütterlicher Mut und unerschütterliches Selbstvertrauen. Diese müssen jedoch auf einer jenseits jeder Anmaßung begründeten Selbsteinschätzung und auf gründlichen Fachkenntnissen beruhen.

○ Selbstbeherrschung. Wer sich nicht selbst zu beherrschen vermag, kann andere nicht führen.

○ Ausgeprägter Gerechtigkeitssinn. Der Umgang mit anderen muß von Fairneß gekennzeichnet sein.

○ Unbeirrbarkeit bei Entscheidungen. Wer in seinen Entscheidungen wankelmütig oder zaudernd ist, gibt Unsicherheit zu erkennen und verunsichert alle anderen, die am gleichen Strang ziehen sollten.

○ Bestimmtheit in der Planung. Pläne müssen klar sein und auf Wissen, nicht auf Vermutungen beruhen.

○ Die Angewohnheit, nicht nur das zu tun, woraus man Gewinn zieht. Man muß gewillt sein, mehr zu leisten, als man von seinen Gefolgsleuten fordern kann.

○ Eine angenehme Persönlichkeit. Erscheinung und Verhalten müssen Respekt einflößen.

○ Sympathie und Verständnis für die Probleme anderer. Wer sich darüber hinwegsetzt, wird selbst Probleme haben.

○ Sachkenntnis, Beherrschung der beruflichen Aufgaben und Geschick im Umgang mit Menschen.

○ Bereitschaft, Verantwortung zu übernehmen. Eine Führungspersönlichkeit steht auch für Fehler oder das Versagen ihrer Gefolgsleute ein.

○ Fähigkeit zur Zusammenarbeit. Der Mann oder die Frau an der Spitze muß bereit sein, anderen zu helfen, und die Mitarbeiter veranlassen, das gleiche zu tun.

○ Eine Führungspersönlichkeit muß es verstehen, ihre Mitarbeiter zu motivieren und so zu begeistern, daß sie freiwillig und freudig ihr Bestes geben. Beherzigen Sie diese Erfolgsregeln, wenn Sie als Führungskraft ein Unternehmen zum Erfolg steuern wollen. Doch sollten Sie sich auch vergegenwärtigen, wie Sie dabei nicht vorgehen sollten.

Die *Hauptursachen für ein Scheitern als Führungspersönlichkeit* sind:

○ Mangelnde Aufmerksamkeit für Details. Sie müssen bereit sein, sich auch um Einzelheiten zu kümmern, wenn ein Notfall Ihr persönliches Eingreifen erfordert. Besteht hingegen kein Notfall, sollten Sie natürlich Einzelheiten an fähige Mitarbeiter delegieren.

○ Abneigung gegen die Ausführung bescheidener Aufgaben. Seien Sie bereit, im Notfall jede Arbeit zu tun.

○ Die Erwartung, für Ihr Wissen bezahlt zu werden, anstatt für das, was Sie aus diesem Wissen machen. Man wird immer nur für das bezahlt, was man tut.

○ Furcht vor Konkurrenz. Ein dynamischer Erfolgsmensch ist nicht neidisch auf das Können und die Erfolge seiner Mitarbeiter, im Gegenteil, er motiviert sie und leitet sie an, ihr Bestes zu geben, damit er ihnen einen Teil seiner Aufgaben anvertrauen kann. Nur auf diese Weise vermag ein Vorgesetzter sich zu »vervielfältigen« und eine große Zahl von Aufgaben zu bewältigen. Ihm gelingt es, die Leistungsfähigkeit anderer durch sein Wissen und den Charme seiner Persönlichkeit beträchtlich zu steigern.

○ Mangel an Phantasie. Das zeigt sich zum Beispiel, wenn es gilt, mit Notfällen fertig zu werden.

○ Selbstsucht. Ein Vorgesetzter, der das Verdienst seiner Leute für sich in Anspruch nimmt, setzt sich ins Unrecht und verliert deren Achtung. Ein guter Chef ist froh und zufrieden, wenn seine Leute gelobt oder geehrt werden. Er weiß, daß solche Anerkennung sie anspornt, noch Besseres zu leisten.

○ Unmäßigkeit und Unbeherrschtheit. Übertreibungen dieser Art sind Stolpersteine auf dem Weg zum Erfolg.

○ Mangel an Loyalität. Sie sollten gegenüber Vorgesetzten wie auch gegenüber Untergebenen loyal sein; das ist nicht ganz einfach, aber nötig.

○ Betonung der »Autorität« der eigenen Person. Versuchen Sie

nicht, unter tyrannischem Druck zu führen, sondern beeindruk-
ken Sie Ihre Leute durch Ihr Wissen, Ihre Hilfsbereitschaft,
durch Verständnis und Fairneß.

○ Titelsucht. Zwanglose Beziehungen und die Betonung des Persönlichen schaffen auf dem Weg zum Erfolg die Bande, die sich
auch in vorübergehenden Engpaßsituationen bewähren.

*7. Unbedingt erforderlich für erfolgreiches Handeln ist Entschluß-
kraft.*

Bei vielen Menschen ist saumselige Unentschiedenheit eine der
Hauptursachen für das Ausbleiben von Erfolgen. Befreien Sie sich
davon. Fassen Sie Ihre Entschlüsse rasch und setzen Sie sie dann
unverzüglich in die Tat um. Überlegen Sie demgegenüber gut, bevor Sie einmal gefaßte Entschlüsse ändern. Wenn Sie sich für etwas
entschieden haben, sollten Sie dabei bleiben. Ändern Sie einen Entschluß oder Plan nur, wenn unvorhergesehene Umstände dies absolut notwendig machen.

Wenn Sie Pläne schmieden, sollten Sie nur Menschen Ihres Ver-
trauens, die an dem Vorhaben beteiligt sind, ins Vertrauen ziehen.
Vertrauen Sie sich weder Freunden noch Verwandten an. Diese
würden Ihnen wahrscheinlich zu helfen versuchen, neigen aber
immer dazu, Ihren Entschluß zu unterminieren, indem sie mit anderen Meinungen aufwarten. Außerdem könnten sie durch die
Äußerung von Zweifeln oder Kritik Ihr Selbstvertrauen negativ
beeinflussen. Prahlen Sie nicht mit Ihren Plänen oder Vorhaben;
besser ist Schweigen, und bescheidener ist es auch. Wenn Sie zu offen über Ihre Pläne reden, könnte es im übrigen passieren, daß jemand anderer Ihnen zuvorkommt. Machen Sie es sich zur Regel,
durch Taten zu sprechen. Ihre Taten werden zählen, nicht Ihre
Worte.

*8. Eine weitere entscheidende Voraussetzung Ihres Erfolges ist die
Ausdauer.*

Überwinden Sie Unentschlossenheit, Zweifel und Furcht. Bestärken Sie sich in der zähen Entschlossenheit, Ihren Plan zu verwirklichen, ungeachtet aller Umstände, Kritik, Hindernisse und all
dessen, was andere Leute sagen, denken oder tun. Haben Sie keine

Angst vor Kritik, erfinden Sie keine Ausreden als Entschuldigung für Saumseligkeiten oder Fehlschläge.

Die wesentlichen Faktoren, die Ihre Beharrlichkeit im Handeln stärken, sind:

○ Zielstrebigkeit: Um zu erreichen, was Sie wollen, müssen Sie genau wissen, was Sie wollen.

○ Heißes Begehren: Dieser Gefühlsfaktor hält sie auf dem erwählten Kurs.

○ Selbstvertrauen: Der Glaube an Ihre Fähigkeiten feit Sie gegenüber Zweifeln und Kritik.

○ Klare Planung: Sie können sich nicht in Nebensächlichkeiten verlieren.

○ Umfassende Kenntnisse: Nur sie können Sie in der Sicherheit bestärken, daß Ihre Pläne gut und durchsetzbar sind.

○ Fähigkeit zur Zusammenarbeit: Sie fühlen sich Ihrer Mitarbeiter, Partner und Kunden sicher.

○ Verläßlichkeit: Denken Sie daran: Ein Drückeberger siegt nie, und ein Sieger drückt sich nie!

9. Fördern Sie Ihre Begeisterung.

Dieser wichtige Aspekt Ihrer Einstellung zu dem, was Sie unternehmen, bedarf keiner langen Erklärung. Optimismus, gesunder Schwung, Freude an der Durchführung Ihrer Pläne und der Überwindung von Hindernissen sind entscheidende Komponenten des Erfolges. Begeisterung erleichtert Ihnen die Arbeit, und Ihre Begeisterung wirkt auch ansteckend auf Ihre Mitarbeiter, Ihre Partner, Ihre Kunden.

10. Entwickeln Sie Ihren »sechsten Sinn«.

Interessant ist, daß NAPOLEON HILL auch die große Rolle der paranormalen Phänomene bereits vorausahnte, die wir erst jetzt in ihrer ganzen Bedeutung erfassen. Das begrenzte Wissen seiner Zeit erlaubte es ihm noch nicht, ihre Bedeutung im Licht überzeugender Beweise darzustellen. Doch gelangte er zu erstaunlich scharfsichtigen Erkenntnissen in seinen Ausführungen über die Rolle der schöpferischen Phantasie, die man durch Meditation stimulieren kann und die eine entscheidende Voraussetzung für jede außerordentliche schöpferische oder kreative Leistung ist.

Hill fand sogar eine hervorragende Technik zur Stimulierung der außersinnlichen Wahrnehmung (ASW) bei der intuitiven Lösung von Problemen, eine Technik, deren Wirkungsweise man erst heute im Lichte des neuen Wissens über die paranormalen Fähigkeiten des Menschen richtig versteht: Wenn Sie Rat brauchen, stellen Sie sich bildhaft vor, daß Sie sich in Gesellschaft eines besonders klugen Menschen befinden. Sobald Sie die lebendige Gegenwart dieses Menschen spüren, stellen Sie ihm Ihre Frage und warten dann auf seine Antwort.

Den großen, fast prophetischen Weitblick, den NAPOLEON HILL hinsichtlich der ASW bewiesen hat, verdeutlichen am besten seine eigenen Worte. Die höchste Stufe seiner Erfolgsphilosophie, sagt er, »ist mit jener Einsicht erreicht, die zu Ihrem Selbstverständnis sowie zum Verständnis Ihrer Mitmenschen, zum Verständnis der Naturgesetze wie zur Erkenntnis und zum Verständnis des wahren Glücks führt ... Diese Erleuchtung wird aber nur dem zuteil, der das Prinzip des sechsten Sinns erfaßt hat und es anzuwenden weiß.«[15; 215]

Die Funktionsweise, Kontrolle und praktische Nutzung paranormaler Kräfte werde ich in den folgenden Kapiteln ausführlich besprechen. Sie werden dabei feststellen, daß viele Elemente des positiven Denkens, beispielsweise konzentrierte Aufmerksamkeit, Begeisterung und Selbstvertrauen, die nach den Erkenntnissen der angewandten Psychologie grundlegend zum Erfolg eines Menschen beitragen, auch für die erfolgreiche Nutzung der in jedem Menschen schlummernden paranormalen Fähigkeiten und Kräfte ausschlaggebend sind. Zu den vielen Vorteilen, die aus positivem Denken resultieren, gehört folglich auch die Entwicklung der paranormalen Kräfte. Es handelt sich dabei um ein jedenfalls höchst wichtiges Element jeglichen Erfolges. Diese Kräfte bedeuten allerdings, wie ich bereits festgestellt habe, einen Schritt über das positive Denken hinaus.

In der Literatur über positives Denken unterstreichen die Autoren besonders seine Wirkung in bezug auf die Erfüllung materieller Wünsche im Geschäfts- oder Berufsleben. Man darf jedoch, wenn man da hört, wie Reichtümer zu erwerben sind, nicht vergessen, daß mit »Reichtümern« nicht unbedingt nur »materieller Gewinn« gemeint sein muß. Es gibt im Leben viele Reichtümer: materielle, ethische, ästhetische, emotionale; und es hängt von den persönlichen Neigungen sowie von der Motivation ab, was wir am höchsten einschätzen.

Die für den geschäftlichen Erfolg entwickelten Prinzipien lassen sich leicht abwandeln, so daß sie auch in anderen Bereichen zum Erfolg führen, das heißt dort, wo wir es uns am meisten wünschen: in unseren persönlichen Beziehungen zu geliebten Menschen, im Familienleben, das glücklicher gestaltet werden soll, hinsichtlich aller nichtmateriellen Bestrebungen; beim Erwerb von Wissen, bei der Suche nach höheren Werten und nach einem Sinn des Lebens, hinsichtlich der Gestaltung eines positiveren Verhältnisses zu Ihren Mitmenschen, bezüglich Ihrer Fähigkeit, Schönheit zu genießen, bei der Verfolgung persönlicher Interessen und Hobbys, bei der Schaffung von Kunstwerken, bei der Anbahnung von Freundschaften – also bei allem, was wir sehnlich zu erreichen wünschen.

Die Bedeutung des Selbstbildes für ein erfülltes Leben

Neuere Entwicklungen der Konzeption des positiven Denkens schließen wichtige zusätzliche Prinzipien psychologischer oder eher psychohygienischer Natur mit ein. Sie dienen dem Ziel, eine ausgewogene Persönlichkeit heranzubilden oder deren Entwicklung zu fördern, das heißt eine Persönlichkeit, die sich selbst achtet, die immun ist gegen nervös machende Einflüsse und vor allem über die lebensbejahende Fähigkeit verfügt, ein glückliches und erfülltes Leben zu führen. Als Beispiel für diese Entwicklung kann die sogenannte *Psychokybernetik* dienen, die ein Facharzt für plastische Chirurgie entwickelt hat, weil er feststellte, daß sich mit dem Aussehen seiner Patienten auch deren Persönlichkeit veränderte. Er unterstreicht in seinem gleichnamigen Buch [20] die Bedeutung des Selbstbildes für das Selbstbewußtsein eines jeden Individuums. Das Selbstbild wird durch vergangene Erfahrungen des Menschen geprägt, durch seine Erfolge oder Mißerfolge, durch Erfolgserfahrungen oder Demütigungen, und zwar besonders in der frühen Kindheit. Fehlschläge, Abschreckungen, ungerechte Kritik (wie »Du bist ein Nichtsnutz« oder »Da hast du wieder einen schönen Blödsinn angestellt«) oder destruktive erzieherische Einflüsse (wie »Sex ist schlecht und unanständig« oder »Wenn du deinen Eltern nicht gehorchst, wirst du bestraft«) können sich auf die Ausprägung der Persönlichkeit nachteilig auswirken und später zu Mißgeschicken oder schlechter Anpassung an die Umwelt führen.

Psychologen haben herausgefunden, daß es einerseits Erfolgspersönlichkeiten und andererseits Versagertypen gibt; ebenso gibt es Menschen, die das Glück beziehungsweise eben das Unglück geradezu anziehen, Menschen, die gegen Krankheiten gefeit zu sein scheinen, und andere, die in auffallender Weise krankheitsanfällig sind. Zahlreiche Untersuchungen haben eindeutig erwiesen, daß auch das Auftreten sehr ernster Krankheiten, etwa von Herz- oder Krebserkrankungen, an bestimmte Persönlichkeitstypen gebunden ist.

Wenn Sie sich selbst als einen kranken, erfolg- und glücklosen Menschen sehen, so wächst die Wahrscheinlichkeit, daß Sie tatsächlich erkranken und Ihnen Erfolg und Glück versagt bleiben. Es liegt jedoch in Ihrer Hand, das Selbstbildnis, das Sie von sich haben, in für Sie vorteilhafter Weise zu verändern. Eine solche Änderung ist allerdings nur auf dem Weg neuer und positiver Erfahrungen zu erreichen, und dies wiederum setzt voraus, daß Sie zu einem tiefverwurzelten Glauben an sich selbst finden. Einer Persönlichkeit, die von der Basis unerschütterlichen Selbstvertrauens aus handelt, fallen Erfolg und Glück beinahe zwangsläufig zu. Mit Hilfe der geschilderten Techniken wirksamer Autosuggestion kann jedermann sein Selbstbild ändern und somit sein Leben erfolgreich und glücklich gestalten.

Die entscheidende *Grundlage ist eine positive Geistes- und Gefühlshaltung.* Diese Tatsache betonen alle Vertreter der Schulen positiven Denkens. Hervorragende Vertreter dieser Lebensphilosophie sind in neuerer Zeit zum Beispiel WAYNE W. DYER, Verfasser des in den USA vielgelesenen Buches *The sky's the limit* [8], oder

Dr. JOSEPH MURPHY, dessen Bücher[23-25] auch in deutscher Sprache von Millionen gelesen wurden, insbesondere *Die Macht Ihres Unterbewußtseins*[24]. Ein anderer, wesentlich von der angewandten Psychologie William James' herkommender Verfechter positiven Denkens ist M. R. KOPMEYER, der in Büchern wie *Persönlichkeitsbildung*[19] oder *Lebenserfolg*[18] stark auch die wirtschaftliche Seite des Lebens berücksichtigt und den Zyklus seines Schrifttums »Schlüsselwerk bewährter Erfolgsmethoden« nennt, oder Dr. ROBERT H. SCHULLER, der mit seinem Buch *Harte Zeiten – Sie stehen sie durch!*[40] und anderen Sachbüchern positiven Denkens und praktizierten Christentums jahrelang in den ersten Rängen der US-Bestsellerliste rangierte.

Die revolutionäre Lehr- und Lernmethode der Suggestopädie

Die Suggestopädie wurde von dem bulgarischen Psychiater Dr. GEORGI LOSANOW an seinem in Sofia etablierten Institut für Suggestologie entwickelt und von ihm weltweit als revolutionäre Lehrmethode bekanntgemacht. Die Suggestologie ist eine Wissenschaft, die die Auswirkungen suggestiver Einflüsse (Fremd- und Autosuggestion) untersucht. In Form der Suggestopädie wird eine der vielen Anwendungsmöglichkeiten dieser Wissenschaft praktisch genutzt. *Die Suggestopädie bedient sich wirksamer Suggestionstechniken* im Rahmen thematisch unterschiedlicher Lehrgänge für ganze Gruppen, insbesondere im Fremdsprachenunterricht.

Die Erfolge dieser Lehr- und Lernmethode haben manche Berichterstatter zu Übertreibungen verführt. Sie ist kein »Wundertrichter«, mit dem man eine Flut neuen Wissens mühelos in die Köpfe der Schüler leiten könnte; auch sie hat ihre Grenzen. Tatsächlich sitzen allerdings die Schüler entspannt oder halb schlafend in bequemen Sesseln, während der Lehrer vor dem Hintergrund klassischer Musik den Lehrstoff in lebendigem Vortrag einprägsam darlegt. Diese Form des Unterrichts verbessert zweifellos enorm die Leistung der Schüler, und der einzelne empfindet den Lernprozeß als sehr angenehm, und zwar obwohl der Lernprozeß nicht völlig mühelos abläuft. Diese Methode des Lehrens und Lernens eignet sich am besten für Unterrichtssituationen, die auf eine *gesteigerte Gedächtnisspeicherung in Form mechanischen Lernens* abzielen, wie dies zum Beispiel bei der Aneignung von Vokabeln und Ausspracheregeln in Fremdsprachenkursen notwendig ist. Die Grammatik jedoch und auch anderer Stoff, der verstanden werden muß, werden aber auch in solchen Kursen auf die übliche Weise gelehrt und gelernt.

Dr. G. Losanows Erfahrungen zufolge läßt sich mit Hilfe der von ihm entwickelten neuen Methode der Lernprozeß mindestens um das Fünffache beschleunigen, in Idealfällen sogar bis zum Fünfzigfachen. Andere Lehrer der Suggestopädie erreichen ihren Aussagen zufolge mit Sicherheit eine drei- bis fünffache Beschleunigung, was zweifellos immer noch beeindruckend ist. Solche Steigerungen der Leistungen sind natürlich auch abhängig von sozusagen klassischen Voraussetzungen: daß der Stoff vom Lehrer gründlich vorbereitet und ausgearbeitet wurde und daß diese Lehrer motiviert und begeistert ihr Bestes geben.

Tatsächlich ist die Suggestopädie mehr als eine Lehr- und Lernmethode. Sie ist eine regelrechte Lehr- und Lernphilosophie, eine neue Auffassung vom Unterrichten, die in der Theorie sehr einfach erscheint, in der Praxis aber äußerst kompliziert ist, weil sie eine volle Kontaktaufnahme des Lehrers mit den Schülern erfordert, und zwar auf vielen Ebenen.

Wir alle haben eine gewisse Vorstellung davon, was wir sind und was wir leisten können. Diese Vorstellung haben wir unter dem suggestiven Einfluß unserer sozialen Umwelt und der täglichen Erfahrungen im Alltagsleben entwickelt. Unsere sozial bestimmte Vorstellung von dem, was »normal« ist, bezieht sich auf alle nur denkbaren Lebensaspekte: die Gesundheit, die Lebenserwartung, die Lernfähigkeit, das berufliche Leistungsvermögen und dergleichen mehr.

Diese Vorstellung von der »Norm« schränkt jedoch unsere Möglichkeiten erheblich ein. Sie wurde uns nur durch die Macht der Fremdsuggestion eingeprägt und versklavt uns jetzt, weil sie die Überzeugung beinhaltet, daß mehr oder Besseres unmöglich sei. Wir sind somit in einer gesellschaftlichen Umgebung gefangen, die bestimmt, was möglich und was unmöglich ist. Diesen Bann müssen wir brechen – mit allen Mitteln, über die wir verfügen: durch Motivation, Begeisterung, positive Selbstsuggestion. Das Problem besteht einzig darin, den besten Weg zur Bewältigung dieses Problems ausfindig zu machen.

Den einschränkenden Einfluß unserer sozial bedingten Überzeugungen auf unsere Leistung kann man sehr gut an der Entwicklung von Weltrekorden im Sport veranschaulichen. Es war beispielsweise ein lange akzeptiertes »Dogma«, daß kein Läufer die Meile unter vier Minuten laufen könne. Diese Zeit hielt man für die Grenze menschlicher Möglichkeiten schlechthin. Immer wieder näherten sich Läufer der magischen Vierminutengrenze an, aber keiner vermochte sie zu unterbieten. 1954 dann, als ROGER BANNISTER es endlich schaffte, die Meile in 3.59,4 Minuten zu laufen, tauchten plötzlich gleich mehrere Läufer auf, die ebenfalls unter vier Minuten blieben.

Den Einfluß der Suggestion auf die Arbeitsleistung veranschaulicht auch der sogenannte *Hawthorne-Effekt* (benannt nach einem Experiment, das während der zwanziger Jahre im Hawthorne-Werk der Western Electric Company in Cicero, Illinois, durchgeführt wurde). Ziel der Firma war es, den Fabrikationsausstoß der im Unternehmen hergestellten Telefonanlagen zu steigern, um mit der wachsenden Nachfrage Schritt zu halten. Zunächst beschloß man daher, die Beleuchtung in den Montagehallen zu verbessern. Das hellere Licht erbrachte, so schien es, eine Produktionssteigerung. Nachfolgende Experimente, besonders mit einer Gruppe von Arbeiterinnen, die die Schalter montierten, zeigten dann, daß die gesteigerte Produktivität in Wirklichkeit auf eine veränderte Einstellung der Gruppe zur Firma zurückzuführen war.

Die bessere Beleuchtung und andere Verbesserungen der Arbeitsbedingungen wurden von den Arbeitnehmern als *Zeichen der positiven Einstellung* der Firmenleitung ihnen gegenüber gewertet. Die Leistungssteigerung resultierte daraus, daß die Arbeitnehmer bewußt oder unbewußt das Gefühl hatten, die Verbesserungen (worin immer sie bestanden) seien aus Sorge um sie eingeführt worden und nicht mit dem Ziel einer kalkulierten Steigerung der Produktivität. Die Mitarbeiter gewannen deshalb einen positiveren Eindruck von ihrer Firma und waren folglich motiviert, auch mehr zu leisten.

Die Bedeutung der Einstellung zur Arbeit zeigt sich immer wieder. Daher ist es offenkundig, daß geschicktes Management zu einem großen Teil *in der Fähigkeit begründet liegt, Menschen zu motivieren*. Aus diesem Grund ist es wichtig, daß eine Führungskraft über ein möglichst umfassendes spezifisches Wissen über die in diesem Zusammenhang maßgebenden Suggestionsfaktoren verfügt und dieses Wissen dazu einsetzt, eine Atmosphäre zu schaffen, die es den unter ihrer Leitung arbeitenden Menschen ermöglicht, bei der Erfüllung ihrer Aufgaben ihre Fähigkeiten voll zu entfalten. Natürlich verleiht der »Status« in sozialen Beziehungen einen suggestiven Vorteil: dem Manager gegenüber dem Arbeitnehmer, aber auch dem Arzt gegenüber dem Patienten oder dem Lehrer gegenüber dem Schüler.

Die *Hauptfaktoren der Verstärkung des suggestiven Einflusses* lassen sich wie folgt zusammenfassen:

1. *Soziale Überlegenheit* – sie kommt zur Geltung, wenn jemand
   - älter ist, wie zum Beispiel der Vater oder der Lehrer eines Kindes;
   - eine höhere berufliche Stellung einnimmt;
   - von anderen als »Autorität« anerkannt wird;
   - im Leben erfolgreicher, geschickter oder mehr vom Glück begünstigt ist – und sei es auch nur scheinbar;
   - eine geliebte oder bewunderte Persönlichkeit ist.
2. *Persönliche Überlegenheit* – sie kommt zum Ausdruck, wenn jemand
   - durch Intelligenz, Bildung oder gutes Aussehen (möglicherweise nur aufgrund seiner Körpergröße oder besserer Kleidung) hervorsticht;
   - größere geistige Wachheit beziehungsweise eine gesteigerte Aktivität an den Tag legt;
   - ein gewinnendes, selbstsicheres oder gelassenes Verhalten aufweist oder eine faszinierende Ausstrahlung hat;

○ psychologisches Geschick im Umgang mit Menschen und Selbstsicherheit in verwirrenden oder peinlichen Situationen beweist.

3. *Mehrheitsmeinungen* – sie machen sich als die etablierten Meinungen der Gesellschaft oder der Mehrheit gleichgestellter Menschen geltend und beeinflussen das Selbstbild des Individuums und seine Ansichten darüber,

○ was möglich ist,
○ was sich schickt oder
○ was erwartet wird.

Die Mehrheitsmeinung bewirkt, wie bereits erwähnt, daß das Individuum sich den akzeptierten Normen unterordnet.

Auf dem Gebiet des Lernens wurde uns die Überzeugung eingeimpft, jedwedes Lernen sei harte Arbeit. Von dieser Meinung müssen wir uns lösen, und die Suggestopädie liefert uns das nötige Werkzeug dafür in Form *geschickter Konditionierung und einer ganzen Reihe klug angelegter Techniken,* die das Lernen zu einem Vergnügen machen und die Motivation sowie die Erfolgserwartung des Schülers steigern.

Hat die in unserer Gesellschaft vorherrschende Suggestion den Schüler davon überzeugt, daß Lernen harte Arbeit ist, so genügt es nicht, ihm lediglich zu suggerieren: »Lernen ist einfach«, sondern man muß ihn dann auch mittels wirksamer Techniken davon überzeugen, daß es wirklich einfach ist. Dazu bedarf es einer besonderen Atmosphäre, um den Schüler stärker zu motivieren und seine Begeisterung, positive Erwartung und seinen Glauben zu stärken, daß die Sache bei ihm wirklich klappen wird.

Deshalb arbeitet die Suggestopädie mit *subtilen suggestiven Beeinflussungen:* Die Schüler sitzen in bequemen Sesseln. Manchmal bereiten sie sich auch mit Hilfe entspannender Atemübungen auf den Unterricht vor. Der Lehrer wendet sich zu Beginn des Unterrichts mit den Worten an sie: »Bitte entspannen Sie sich und denken Sie an nichts. Lassen Sie Ihren Geist einfach umherwandern.« Diese Suggestion verschafft dem Schüler unmittelbar das Gefühl, daß er sich in einer völlig neuen Lernsituation befindet, in der die von Lehrern üblicherweise suggerierten Einschränkungen nicht gelten. In einer »normalen« Lernsituation würde der Lehrer zu aktiver Mitarbeit und konzentrierter Aufmerksamkeit auffordern.

Weitere suggestive *Faktoren, die mit den Prinzipien des positiven Denkens im Einklang sind,* werden gleich anfangs ins Spiel gebracht. Dazu gehören aufmunternde Autosuggestionen wie »Das Lernen fällt mir immer leichter«, »Ich werde es schaffen«, »Ich werde Erfolg haben« und dergleichen mehr. Auch überläßt sich der Schüler einer sogenannten »Lernfreude-Erinnerung«; dabei handelt es sich um die Wiederbelebung und das nochmalige Durchleben von Erinnerungen an eine freudige Erfahrung, die dem Schüler aufgrund seines Lernerfolges Befriedigung und Freude vermittelte. Des weiteren vergegenwärtigt sich der Schüler die Situation, wie sie nach dem Erreichen seines Zieles sein wird. Es wird also das Prinzip voll genutzt, das bereits ÉMILE COUÉ entdeckt hat: »Wenn die Phantasie und der Wille oder die Vernunft miteinander im Konflikt liegen, siegt unweigerlich die Phantasie.« Deshalb wird in der Suggestopädie die Kraft der Phantasie zur Unterstützung des Lernvorgangs eingesetzt, indem sich der Schüler im Geiste am Ziel sieht.

In manchen Kursen gaben sich die Schüler sogar neue Namen – ein feiner Hinweis darauf, daß sie durch ihre frühere Persönlichkeit nicht eingeengt werden möchten und nicht verantwortlich sind für Fehler, die ihr »altes« Ich möglicherweise während des Lernens macht. Außerdem sind die Lehrer angewiesen, Fehler in konstruktiver Weise zu korrigieren und jeden Anschein von Kritik zu vermeiden.

Während nun die Schüler entspannt dasitzen, unterstreicht der eindringliche, abwechslungsreiche Vortrag des Lehrers bei seiner Vermittlung des Lehrstoffs die unterschwellige Suggestion, daß hier unkonventionelle, neue Lehrgesetze gelten. Einige Teile des Lehrstoffs werden mit normaler Stimme vorgetragen, andere mit lauter oder leiser Stimme. Einige Teile werden schnell gesprochen, andere langsam. Der Wechsel in Intonation, Sprechgeschwindigkeit und Lautstärke stimuliert die Aufmerksamkeit der Schüler. *Beruhigende, getragene Hintergrundmusik* – bevorzugt wird Barockmusik etwa von JOHANN SEBASTIAN BACH, GEORG FRIEDRICH HAENDEL oder ANTONIO VIVALDI – schafft eine emotional geladene Atmosphäre und stärkt auf seiten der Schüler ebenfalls die Überzeugung, daß sich die hier angewandte Lehr- und Lernmethode vollkommen von allem Üblichen unterscheidet.

Wenn Sie aufgefordert werden, sich zu entspannen, mit anderen Worten: sich während des Lernens auszuruhen, so erwarten Sie nicht, müde zu werden (wie die normale Klassenzimmersituation suggeriert). Tatsächlich sind die Schüler nach einer suggestopädischen Unterrichtsstunde nicht müde, und sogar nervöse Schüler werden ruhiger – was deutlich die vorteilhaften Nebenwirkungen der Unterrichtsmethode sichtbar macht.

Im allgemeinen ist alles, was die Motivation und die Erfolgserwartung steigern hilft, einen Versuch wert. Dr. GEORGI LOSANOW hielt beispielsweise anfangs die Klassen bewußt klein, so daß nicht alle Bewerber aufgenommen werden konnten. Lange Wartelisten entstanden, und viele Schüler warteten monatelang auf die Aufnahme in einen seiner Kurse. Während dieser Zeit wurden die Aspiranten immer wieder aufgefordert, mit Schülern zu sprechen, die bereits an dem Unterrichtsprogramm teilnahmen. Auf diese Weise kamen ihnen immer wieder positive Kommentare und Erfolgsberichte zu Ohren, was ihre Erwartungen wiederum steigen ließ. Hinzu kam der suggestive Einfluß: Es muß sich ja um etwas Wertvolles und sehr Nützliches handeln, wenn so viele Menschen monatelang zu warten bereit sind! Auf der anderen Seite schieden wegen der langen Wartezeit automatisch jene aus, die nicht genügend motiviert waren.

Die Methoden der Suggestopädie beinhalten zahlreiche wirksame Einflüsse sublimer Art. Bevor Dr. Losanow diese Methoden praktizierte, hatte er bereits fünfzehn Jahre als Psychotherapeut gearbeitet, auch als Hypnotherapeut. In seine Lehrmethoden nahm er verschiedene bewährte psychotherapeutische Prinzipien auf. Er erklärte nachdrücklich, daß »das Suggestopädiesystem ... eine ganzheitliche Annäherung an die Persönlichkeit« darstelle.

Musik ist übrigens nicht die einzige *künstlerische Komponente* der suggestopädischen Lehrmethode. Sie umfaßt auch andere Elemente wie mimische Darstellung, Gesang, theatralisches Lesen und rhythmische Bewegung, um nur einige zu nennen.

Natürlich spielt im suggestopädischen Unterricht die *Persön-*

lichkeit des Lehrers die entscheidende Rolle. Er muß auf die Bedürfnisse der Schüler achten und vermeiden, negative Reaktionen auszulösen. Die Gesten, der Gesichtsausdruck und die Sprechweise des Lehrers oder der Lehrerin müssen ganz darauf ausgerichtet sein, die wünschenswerte Entspannung herbeizuführen. Besonders betont wird, daß die Lehrkraft aus ganzem Herzen begeistert und positiv sein und daß sie vermeiden muß, den Schülern unabsichtlich negative Suggestionen zu geben – in Worten oder durch ihr Verhalten.

Wichtig ist auch die individuelle Abwandlung der Methode durch den Lehrer, die immer der individuellen Persönlichkeit der Schüler angepaßt sein muß. Daraus ersehen wir, daß die Suggestopädie vielleicht eher eine Kunst als eine strenge Wissenschaft ist, genau wie das zum gegenwärtigen Zeitpunkt auch auf das Training der ASW zutrifft – wie Sie später noch sehen werden. Übrigens verwenden gute »normale« Lehrer in ihren Klassen oft instinktiv einzelne Elemente der suggestopädischen Methode.

Ein Element des künstlerisch Kreativen – also einer »Kunst« – haftet allen beruflichen Spitzenleistungen an. Eine durchschnittliche Leistung und Routinefähigkeiten kann man durch Lernen erwerben; doch für eine Spitzenleistung ist mehr nötig.

Um überdurchschittliche Leistungen zu erbringen, ist immer eine *Kombination folgender Faktoren* nötig:

1. Beherrschung der Routinevorgänge und eventuell notwendiger körperlicher Fertigkeiten; physische Eignung;
2. individuelles Talent, Charme und Ausstrahlung sowie eine positive, enthusiastische Einstellung, die andere »ansteckt«;
3. ein ungreifbares intuitives Element aufgrund innerer Wahrnehmung (Führung durch ASW), die tiefe Einblicke vermittelt und dazu beiträgt, daß man zur richtigen Zeit die richtigen Entscheidungen trifft.

Es steht zu hoffen, daß die Menschheit lernt, alle diese Faktoren immer besser zu verstehen und immer wirksamer anzuwenden. Wenn das geschieht, dürfen wir auch hoffen, daß alles, was heute noch weitgehend eine Kunst ist, letztendlich zu einer fortschrittlichen Technologie auf wissenschaftlicher Basis wird. Wir könnten auch von »*Bewußtseinstechnologie*« oder »*paranormalem Enginee-ring*« sprechen. In dieser Wortwahl drückt sich schon deutlich aus, welch entscheidende Rolle in Zukunft die Beherrschung der vom Wachbewußtsein abgesetzten Bewußtseinszustände sowie der paranormalen Kräfte spielen wird.

2
Wesen und Nutzung des sechsten Sinnes

Erscheinungsformen einer neuen Energie: ASW und PK

Die Wechselwirkung zwischen uns und unserer Umwelt findet gewöhnlich auf zwei Wegen statt: Wir empfangen über unsere Sinne Informationen über die Umwelt und beeinflussen diese durch unser Denken und Handeln. Dies geschieht auf der Basis allgemein bekannter physikalischer Energien, die entweder Signale zu unseren Sinnesorganen bringen oder die wir einsetzen, um in unserer Umwelt sich abspielende Vorgänge zu beeinflussen.

Parapsychologen haben nun entdeckt, daß es zusätzlich zu diesen physikalisch erklärbaren Beeinflussungen noch Wechselwirkungen anderer Art gibt, die auf einem der Physik bis heute unbekannten Faktor beruhen. Wir bezeichnen solche Effekte als Psi (= parapsychische oder paranormale Phänomene). Der für sie verantwortliche hypothetische Faktor ist zweifellos energieartig, doch verhält er sich völlig anders als die derzeit bekannten physikalischen Energien. In Ermangelung einer besseren Bezeichnung wollen wir ihn einstweilen Psi-Faktor – oder Psi-Energie – nennen, wobei wir uns aber darüber im klaren sind, daß diese Energie den uns heute bekannten physikalischen Energien nicht einzuordnen ist.

Informationen über Vorgänge in unserer Umwelt empfangen wir auch über einen »sechsten Sinn«, der außerhalb der klassischen Sinneskanäle funktioniert; die Parapsychologen nennen ihn daher *außersinnliche Wahrnehmung (ASW)*. Wir können aber auch Abläufe in unserer Umwelt durch die Kraft unseres Geistes beeinflussen; und dieses Phänomen bezeichnen die Parapsychologen als *Psychokinese (PK)*.

Im Prinzip genügt der präzis formulierte »intensive« Gedanke, daß wir eine Information erhalten oder einen Effekt verursachen wollen, damit dies geschieht.

Gewöhnlich werden zwei Formen von ASW unterschieden: *Telepathie* (ASW, die eingesetzt wird, um subjektive Erlebnisse anderer Menschen in Erfahrung zu bringen, und *Hellsehen* (ASW, die eingesetzt wird, um von objektiven Ereignissen, die in der Umwelt stattfinden, Kenntnis zu erhalten). Dies sind jedoch nur zwei verschiedene, den zwei Seiten einer Münze vergleichbare Aspekte ein und derselben Funktion – eben der ASW.

Ihre Unterteilung in zwei getrennte Funktionen ist auf eine Fehleinschätzung zurückzuführen, die ihre historischen Wurzeln hat. In den zwanziger Jahren neigte man dazu, die ASW analog dem Funkverkehr als Resultat elektromagnetischer Signale zu deuten. Diese Interpretation war jedoch falsch. Heute wissen wir, daß ASW auf Signalen basiert, die nicht elektromagnetischer Natur sind. Damals jedoch glaubten maßgebende Forscher, elektrische Prozesse im Gehirn erzeugten elektromagnetische Signale, die das Phänomen der Telepathie ermöglichen würden. Da aber in leblosen Gegenständen keine solchen Signale erzeugt werden, hielten viele Experten zwar die Telepathie für möglich, das Hellsehen dagegen (irrtümlicherweise) für unmöglich oder zumindest für viel schwieriger.

Im Zuge experimenteller Forschung wird heutzutage versucht, die ASW von den anderen Sinnen zu isolieren und sie getrennt von diesen zu untersuchen; doch im Alltagsleben funktioniert sie zusammen mit den anderen Sinnen und parallel zu ihnen. Wir nehmen ja auch sonst gewisse Gegenstände mit mehreren Sinnen gleichzeitig wahr; wir sehen und riechen eine Rose, wir hören, sehen und berühren eine läutende Glocke.

Die ASW kann Informationen sowohl über objektiv stattfindende Ereignisse liefern als auch über die geheimsten Gedanken anderer Menschen. Sie wird durch materielle Abschirmungen nicht behindert und durch räumliche Entfernungen nicht eingeschränkt. Nicht einmal die Zeit vermag sie zu behindern, sie kann daher direkte Informationen über vergangene und künftige Ereignisse einholen.

Das von der Zeit unabhängige Wirken der ASW ist ihr seltsamstes und am schwersten verständliches Merkmal. In diesem Zusammenhang ist der Hinweis wichtig, daß die *Retrokognition* – das heißt die in die Vergangenheit wirkende ASW – Informationen über Vergangenes nicht aus einer Art Wissensreservoir schöpft, sondern daß es sich dabei um ein direktes »Sehen« des vergangenen Ereignisses handelt. Genauso stellt die *Präkognition* – also die in die Zukunft wirkende ASW – keine kluge Berechnung künftiger Entwicklungen auf der Basis gegenwärtig erkennbarer Fakten oder Ursachen dar; sie ist vielmehr ein unmittelbares »Sehen« der Zukunft: Die Information wird direkt vom künftigen Ereignis abgelesen.

Das vierdimensionale Raumzeitkontinuum und die außersinnliche Wahrnehmung (ASW)

Um dieses Charakteristikum zu verstehen, müssen wir unsere Auffassung von der Zeit radikal ändern. Aufgrund unserer täglichen Erfahrung halten wir es für selbstverständlich, daß wir im gegenwärtigen Augenblick leben und existieren. Für uns ist der gegenwärtige Augenblick die einzige Realität, wogegen die Vergangenheit abgelaufen ist und die Zukunft sich erst aus gegenwärtigen Ursachen entwickelt, aber noch nicht existiert. Wir können uns im Raum in verschiedene Richtungen bewegen und an den Ausgangspunkt zurückkehren oder in der Folge wiederum andere Punkte aufsuchen, aber wir können uns nicht in der Zeit bewegen – in die Zukunft oder in die Vergangenheit gehen und zurückkehren. Dies erzeugt in uns das Gefühl, die Zeit sei etwas anderes als der Raum. *»Existieren« bedeutet für uns, zum gegenwärtigen Augenblick an irgendeinem Ort im Raum zu sein.*

Zunächst einmal müssen wir uns von dieser Auffassung befreien und akzeptieren, daß die drei Raumdimensionen (der Länge, Breite und Höhe) und die eine Zeitdimension in Wirklichkeit ein einziges vierdimensionales Raumzeitkontinuum bilden. Uns erscheint als durchaus natürlich und begreiflich, daß Oben und Unten, Norden und Süden gleichzeitig als die eine Realität existieren. Doch wir müssen jetzt aufgrund der zwingenden Erkenntnisse moderner Physik akzeptieren, daß – von einem höheren Standpunkt aus betrachtet – Vergangenheit, Gegenwart und Zukunft koexistierende, sich in einem vierdimensionalen Raumzeitkontinuum befindende Realitäten sind und daß wir uns infolge eines uns nicht bekannten Naturgesetzes mit unserem physischen Körper, zugleich mit der gesamten physisch-materiellen Welt, auf die Zukunft zubewegen und mit den künftigen Ereignissen zusammentreffen – was wir subjektiv als Veränderungen in der Zeit empfinden. »Existieren« muß daher der neuen Auffassung zufolge bedeuten, an irgendeinem Ort im Raum *zu irgendeinem Augenblick der Zeit* zu sein – also nicht nur zum »gegenwärtigen«, sondern zu jedem beliebigen anderen Augenblick: in der Vergangenheit, der Gegenwart oder der Zukunft. Unsere ASW kann also eine Reise in der Zeit machen, was unserem Körper versagt ist.

Diese Situation wird besser verständlich, wenn wir uns vorstellen, daß wir mit dem berühmten Orientexpreß von Istanbul nach Paris fahren. Der Zug, in dem wir sitzen, stellt unser Gefangensein in den räumlichen Dimensionen dar. Wir sind aus Istanbul abgefahren, im Zug gewissermaßen eingeschlossen und können ihn nicht verlassen. Wir bewegen uns mit dem Zug. Doch der Bahnhof in Istanbul hört deshalb nicht auf zu existieren, und der Bahnhof in Paris wird nicht etwa erst gebaut. Er steht bereits in Paris, und wir »treffen mit ihm zusammen«, wenn wir dort ankommen. Retrokognition und Präkognition würden dem Funkverkehr zwischen dem Zug und den Bahnhöfen in Istanbul beziehungsweise Paris entsprechen.

Oder stellen Sie sich vor, daß wir in einem Auto fahren. Wir können immer nur ein Teilstück der Straße einsehen. Dieses Teilstück stellt den gegenwärtigen Augenblick dar. Die Zukunft liegt vor uns, die Vergangenheit hinter uns. Während wir nun fahren, sehen wir stets neue Teilstücke der Straße ein, die Zukunft verwandelt sich in Gegenwart und später in Vergangenheit. Doch der Polizist, der in einem Hubschrauber die Gegend überfliegt, überblickt die ganze Straße. Für ihn besteht was wir subjektiv als Zukunft, Gegenwart und Vergangenheit erleben gleichzeitig.

Ziehen wir des besseren Verständnisses halber noch ein weiteres Beispiel heran. Stellen Sie sich den Ablauf eines Bühnenschauspiels vor. Mit dem Fortschreiten der Zeit läuft die Handlung ab, doch Anfang, Mitte und Ende des Stücks koexistieren von einer »höheren« Warte aus betrachtet völlig unabhängig von der konkreten, in die Zeit eingebundenen Aufführung.

Diese Beispiele verdeutlichen, daß die Zukunft bereits existiert und feststeht. Für Philosophen wirft dieses Bild die Frage nach dem freien Willen auf (siehe Kapitel 3). Im Gegensatz zur Auffassung, der zufolge es verschiedene potentielle »Zukünfte« und somit vielleicht auch verschiedene Möglichkeiten gibt, unter denen wir wählen können, legt dieses Bild nahe, daß es nur eine Zukunft gibt, nur eine einzige, die »da« ist und auf uns wartet.

An dieser Stelle scheint der Hinweis angebracht, daß dieses Bild der Zeit als einer Art zusätzlicher Dimension des Raums, wie schon angedeutet, eine Entdeckung nicht der Parapsychologie, sondern der modernen Physik darstellt, insbesondere der Relativitätstheorie. Haben wir es einmal akzeptiert, so sind Präkognition und Retrokognition relativ leicht zu verstehen.

Wenn wir etwas sehen oder hören, kommen Signale mit Informationen über das Ereignis zu unseren Sinnesorganen. Getragen von einer Energie (in diesem Fall von Licht oder von Schallwellen), reisen sie von einem Punkt im Raum zu einem anderen: von dem Ereignis zu unseren Sinnesorganen. Energiesignale können zwar frei im Raum reisen, aber es gibt keine uns heute bekannte physikalische Energie, die in der Zeit zu reisen vermag. Es ist beispielsweise nicht möglich, eine Taschenlampe zu konstruieren, mit der sich die Vergangenheit beleuchten ließe.

Psi-Signale jedoch können auch in der Zeit reisen, weil sie auf etwas anderem als einer – im heutigen Sinn des Wortes – physikalischen Energie basieren. Darum können sie auch von einem anderswo in der Zeit sich abspielenden Ereignis zu uns gelangen – ähnlich wie Licht von einem sich anderswo im Raum befindenden Gegenstand. Liegt das Ereignis in der Vergangenheit, so sprechen wir von Retrokognition. Es erreichen uns im gegenwärtigen Augenblick Signale, die uns aus der Vergangenheit zukommen. Ist das Ereignis hingegen ein zukünftiges, so laufen die Signale in der Zeit zu uns zurück, und wir sprechen von Präkognition.

Beachten Sie in diesem Zusammenhang, daß die Frage nach der

Geschwindigkeit von Psi-Signalen keinen Sinn ergibt: Geschwindigkeit hat nur Bedeutung bei der Übertragung physikalischer Signale und bezeichnet die Zeit, die nötig ist, um einen bestimmten Abstand im Raum zu überbrücken. Wenn Signale jedoch in der Zeit selbst reisen, vor und zurück, dann verliert die konventionelle Auffassung von Zeit ihre Bedeutung. Es ergibt keinen Sinn zu fragen: Welche Spanne *im Raum* ist nötig, um eine bestimmte Entfernung zurückzulegen, sagen wir einen Kilometer? Genauso sinnlos ist die Frage: Welche Spanne *in der Zeit* ist nötig, um sich, sagen wir, durch ein Jahr zu bewegen?

Wichtig ist, daß wir in der ASW nichts anderes als eine weitere Fähigkeit des lebenden Individuums sehen, die genau wie alle anderen Fähigkeiten Teil der menschlichen Persönlichkeit ist. Trotz der ungewöhnlichen Weise, auf welche ASW-Signale reisen und vom Organismus empfangen werden, verhält sich die ASW in vieler Hinsicht ähnlich wie andere psychologische beziehungsweise Sinnesfunktionen.

Jegliche Sinneswahrnehmung läuft in zwei Phasen ab. Phase eins: Signale, die von einer Energie getragen werden, treffen auf unser Sinnesorgan. Phase zwei: Diese Signale lösen in unserem Nervensystem eine Kette komplizierter elektrochemischer Prozesse aus, die letztendlich zu einem bewußten Wahrnehmungserlebnis führen. Während die erste Phase von den physikalischen Gesetzen der Fortpflanzung dieser energetischen Signale (Geschwindigkeit, Abschwächung mit zunehmender Entfernung usw.) abhängt, wird die zweite Phase von psychologischen Gesetzmäßigkeiten beeinflußt, genauer gesagt, vom Geistes- und Gefühlszustand der wahrnehmenden Person (Interesse, Aufmerksamkeit, Wunschdenken, Angst usw.).

Der *gleiche zweiphasige Prozeß läuft auch bei der ASW ab:* In der ersten Phase trifft die Information auf unseren Organismus. Für die ASW wurde zwar kein somatisches Sinnesorgan gefunden; wahrscheinlich ist jedoch, daß die ASW-Signale unserem Gehirn direkt zukommen, doch der genaue Weg, auf dem das geschieht, ist noch unbekannt. Diese Phase hängt von den Gesetzen der Fortpflanzung der Psi-Energie ab (keine meßbare Abschwächung infolge Entfernung im Raum, des weiteren die Möglichkeit, daß die

Signale auch in der Zeit reisen). In der zweiten Phase werden die Informationen vom Nervensystem verarbeitet, und diese Verarbeitung erfolgt im Prinzip nach den gleichen psychologischen Gesetzen wie die Verarbeitung anderer Sinneswahrnehmungen auch – sagen wir beispielsweise visueller. Wir werden an anderer Stelle in diesem Kapitel noch ausführlicher auf dieses Problem eingehen.

Dieser Zusammenhang erhellt auch, warum ASW zwar unabhängig von physikalischen oder biologischen Bedingungen, aber *sehr anfällig gegenüber psychologischen Störfaktoren* ist.

ASW-Signale sind gewöhnlich weit schwächer als Sinnesreize, deshalb ist die ASW auch viel weniger zuverlässig. Sie funktioniert eher nach den Gesetzen unterschwelliger Wahrnehmung als nach jenen der normalen Sinneswahrnehmung. Unterschwellige Wahrnehmung findet statt, wenn der Sinnesreiz zu schwach oder von zu kurzer Dauer ist, als daß er vollbewußt erfahren werden könnte; er hinterläßt im Organismus trotzdem seine Spuren.

In *quantitativen Experimenten* mit einer begrenzten Auswahl möglicher Zielobjekte – in denen Versuchspersonen zum Beispiel die Farbe von in undurchsichtigen Umschlägen verschlossenen Karten »erraten« müssen – funktioniert die ASW gewöhnlich nicht mit sehr großer Zuverlässigkeit. Die Leistung liegt dabei im allgemeinen nur knapp über der Zufallserwartung. Man kann diese Leistung in etwa mit der des Gesichtssinnes bei schlechter Beleuchtung vergleichen.

Stellen Sie sich beispielsweise einmal vor, Sie hätten die Aufgabe, weiße und hellgelbe Karten voneinander zu unterscheiden, und könnten sich dabei nur auf den Gesichtssinn verlassen. Bei gutem Licht läßt sich ein Trefferwert von hundert Prozent erwarten. Herrscht hingegen völlige Dunkelheit, so daß Sie gar nichts sehen können, wird Ihre Leistung der Zufallserwartung entsprechen, das heißt einem Trefferwert von fünfzig Prozent. Doch stellen Sie sich nun einmal vor, daß Sie Ihre Aufgabe bei schlechtem Licht erfüllen müssen – sagen wir, mit Hilfe einer einzigen, entfernt stehenden Kerze. Unter solchen Umständen können Sie Weiß und Gelb nur unterscheiden, wenn Sie Ihre ganze Konzentration aufwenden. Sind Sie hingegen müde oder gelangweilt, so läßt Ihre Aufmerksamkeit nach, und Sie machen Fehler. Je schlechter die Beleuchtung und je geringer Ihre Aufmerksamkeit ist, desto mehr Fehler unterlaufen Ihnen. Es kann dann sein, daß Ihre Leistung auf nur sechzig Prozent Treffer absinkt. Genau dies ist der Fall bei quantitativen ASW-Experimenten.

Beachten Sie bitte: Die ASW wirkt nicht so, daß sich im Zuge eines Experimentes die Erfolgswahrscheinlichkeit nach jedem einzelnen Versuch leicht erhöht. Sie funktioniert vielmehr nach dem Prinzip des »Alles oder nichts« und führt – sofern die Bedingungen stimmen – zu Ergebnissen oberhalb der Zufallsgrenze, während die Versuchspersonen in Phasen nachlassender Aufmerksamkeit oder unter abträglichen Bedingungen nur raten.

Bei Experimenten mit beliebigem Material als Zielobjekt – das heißt bei *qualitativen Experimenten,* bei denen es keine Einschränkung des Bereichs möglicher Zielobjekte gibt – liefert die ASW nur Bruchstücke der Gesamtinformation. Die Aufgabe eines solchen qualitativen Experimentes kann beispielsweise lauten: »Versuchen Sie, die Zeichnung zu zeichnen, die diese Person betrachtet.« Oder: »Beschreiben Sie den in diesem undurchsichtigen Behälter verwahrten Gegenstand.« In solchen Fällen gibt es keinerlei Einschränkungen des Materials, und praktisch alles kann zum Zielobjekt werden.

Bei derartigen Experimenten kommt eine ASW-Leistung zustande, die etwa der unter erschwerten Verhältnissen gewonnenen Wahrnehmung des Gesichtssinns entspricht: In dunkler Nacht erleuchtet plötzlich, nur sekundenlang, ein Blitz Ihre Umgebung. Sie haben nicht genügend Zeit, sich des Gesehenen ganz bewußt zu werden. Es ist wieder stockdunkel. Sie aber versuchen nun, die wahrgenommenen Einzelheiten zu einem Bild zusammenzufügen. Sie erinnern sich nur an Bruchstücke der Wirklichkeit, die Ihnen aus irgendeinem Grund auffielen. Einige Details lassen Sie weg, andere deuten Sie falsch, oder Ihre Phantasie fügt nicht vorhandene Einzelheiten hinzu.

Die Aktivierung der ASW setzt geeignete psychologische Bedingungen voraus

Natürlich gibt es gelegentlich auch herausragende ASW-Leistungen, die eine erstaunliche Menge ausführlicher, richtig empfangener Informationen zutage fördern. Doch diese Fälle treten nur auf, wenn die Umstände in dem betreffenden Moment für die Aktivierung der ASW besonders günstig sind.

Man kann solche Fälle mit Rekordleistungen im Sport vergleichen. Da die ASW nicht so zuverlässig funktioniert wie beispielsweise der Gesichtssinn, stellt *jede herausragende ASW-Leistung eine individuelle Spitzenleistung* dar, zu deren Erbringung – wie bei sportlichen Rekordleistungen – beste psychische Bedingungen erforderlich sind. Solche sind etwa bei starker Gemütsbewegung, großer Begeisterung oder in Fällen besonderer Herausforderung oder Motivation gegeben. Es liegt auf der Hand, daß sich ideale Bedingungen nicht unbedingt wiederherstellen lassen, wenn die gleiche Leistung ein zweites Mal versucht wird. Das gilt im Sport wie auch für die ASW.

Trotzdem sind wir auf dem Weg zur Kontrolle der ASW bereits ein gutes Stück vorangekommen. In jahrzehntelanger Forschungsarbeit ist es den Parapsychologen *gelungen, die maßgebenden Bedingungen zu ermitteln, die sich günstig oder ungünstig auf die ASW auswirken.* Es sieht so aus, als bräuchte man für die Aktivierung und Entfaltung der ASW »nur« günstige Bedingungen zu schaffen und ungünstige Bedingungen zu vermeiden. In Wirklichkeit liegt die Sache nicht so einfach. Wie gesagt sind die Bedingungen, von denen die ASW beeinflußt wird, psychologischer Natur. Einzelne Faktoren sind noch nicht erschöpfend erforscht. Doch zu unserem Leidwesen lassen sich selbst die vielen als günstig bekannten Bedingungen nicht beliebig auf Verlangen herbeiführen.

Im allgemeinen gelingt es heutzutage unter fachmännisch vorbereiteten Bedingungen schon recht gut, ASW-Leistungen wiederholt zu produzieren, freilich noch nicht so zuverlässig, daß wir einen Erfolg *erzwingen* könnten. Gegenwärtig sind wir nur in der Lage, günstige Voraussetzungen zu schaffen, so gut wir das können, und dann abzuwarten, ob die gegebenen Bedingungen für einen Erfolg ausreichen.

Erschwerend wirkt sich die Tatsache aus, daß *wir Menschen uns psychologisch stark voneinander unterscheiden*. Wir machen in unserem Leben unterschiedliche Erfahrungen, leben in unterschiedlichen Verhältnissen, erliegen unterschiedlichen Assoziationen, und wir alle denken und fühlen verschieden. Es gibt kein einfaches Verfahren, das sich routinemäßig erlernen ließe und automatisch die richtigen Bedingungen herbeiführen würde, so daß die ASW unabhängig von der Person zuverlässig aktiviert werden könnte. Gleiche Einflüsse wirken auf verschiedene Menschen höchst unterschiedlich, und bei verschiedenen Menschen bedarf es verschiedener innerer Einstellungen, um ein und denselben Effekt hervorzubringen.

Der Erfolg hängt, wie gesagt, beispielsweise von Begeisterung oder Motivation ab; aber wie sich von selbst versteht, ist eine solche Stimmung oder Haltung nicht leicht auf Verlangen zu bewirken. Ähnlich verhält es sich mit kreativer Arbeit: ein Meisterwerk in Kunst oder Literatur läßt sich ebenfalls nicht ohne weiteres auf Verlangen herstellen. Das erklärt, warum sich die ASW unter experimentellen Bedingungen noch immer ziemlich launenhaft oder unberechenbar verhält.

Im wesentlichen hängt die Vollbringung einer ASW-Leistung von zwei Voraussetzungen ab. Voraussetzung Nummer eins ist ein besonderer Bewußtseinszustand, der sich vom »normalen« Wachzustand unterscheidet. Es handelt sich dabei um einen *Zustand herabgesetzter Bewußtheit*, um eine Art Grenzzustand zwischen Schlafen und Wachen. Im Wachzustand folgt ständig ein Gedanke auf den anderen. Zur Aktivierung der ASW aber ist genau das Gegenteil erforderlich: ein Zustand, in dem alle Gedankenabläufe zum Stillstand gebracht sind und auf diese Weise eine Leere des Geistes entsteht.

Es ist jedoch nicht leicht, diesen Zustand willentlich herbeizuführen. Er stellt sich nicht auf Befehl ein: Wenn Sie sich befehlen, *nicht* zu denken, dann *denken* Sie, daß Sie nicht denken wollen. Nötig ist daher vielmehr, daß man das Denken *vergißt*. Dieser Zustand geistiger Leere, innerer Ruhe und tiefen Friedens läßt sich mittels geistiger Übungen herbeiführen, das heißt durch verschiedene Formen der »Meditation«. Manchmal tritt er auch spontan ein, und zwar im Zustand völliger Entspannung, und dann kann es zu spontanen ASW-Erfahrungen kommen. Die praktischste Methode zur Herbeiführung eines solchen Zustands dürfte allerdings die Hypnose – Fremd- oder Selbsthypnose – sein.

Vor dem Eintauchen in den Zustand herabgesetzter Bewußtheit bedarf es noch eines »letzten« intensiven Gedankens, daß wir eine bestimmte Information haben wollen, beziehungsweise einen Effekt erzielen wollen; dieser »letzte« Gedanke muß dann verschwinden und der beschriebenen Leere des Geistes weichen. Das Adjektiv »intensiv« verwende ich hier nur in Ermangelung einer besseren Bezeichnung für die besondere Qualität des Gedankens, der zur Auslösung des Psi-Effektes nötig ist. Ganz entschieden handelt es sich nicht um einen intensiven Gedanken im Sinne angestrengter geistiger Konzentration, wie sie beim logischen Denken üblich ist. Eher schon könnte man von einem »enthusiastischen« Gedanken sprechen, der aufgrund spezieller Faktoren zustande kommt: vermöge besonderer Motivation, ausgeprägten Interesses oder eines glühenden Wunsches.

Bei all dem muß jedoch die Haltung der Versuchsperson gegenüber der ganzen Angelegenheit locker und unverkrampft sein. Was bewußt als »intensiver« Gedanke erlebt wird – das heißt als konzentrierter, krampfhafter Gedanke – führt noch lange keinen Psi-Effekt herbei. Erforderlich ist vielmehr eine gewisse Spontaneität im Auftreten dieses Gedankens.

Dieser Gedanke – der »letzte« – verschwindet dann, und es tritt die Leere des Geistes ein, in der das Bewußtsein empfänglich wird für die eintreffenden ASW-Informationen. Im Zustand einer solchen Leere des Geistes sind sämtliche Sinnesreize ausgeschaltet (die äußere Erscheinungswelt wird nicht mehr wahrgenommen, sie wird »vergessen«), und dieses Ausschalten störender Sinnesreize öffnet den außersinnlichen Kanal.

Die zweite Voraussetzung für ein erfolgreiches ASW-Experiment oder -Erlebnis ist, daß die Leere des Geistes vor dem Hintergrund einer *die Aktivierung der ASW begünstigenden Stimmung* eintritt. *Förderliche Faktoren, die die ASW stimulieren,* sind Opti-

mismus, Selbstvertrauen, Interesse, Motivation, Begeisterung, eine
angenehme, gemütliche Atmosphäre – kurz, all die Faktoren, die
auch generell jegliche schöpferische Tätigkeit begünstigen. Beachten Sie, daß dies genau jene Stimmungen sind, die wir unter der
Geistes- und Gefühlshaltung »positiven Denkens« zusammenfassen. Es besteht ein enger Zusammenhang zwischen positivem
Denken und der ASW. Eine positive Einstellung, die bei alltäglichen Aktivitäten zu Erfolg führt, begünstigt gewöhnlich auch die
Aktivierung der ASW und bedient sich ihrer bewußt oder auch,
etwa in Form intuitiver Einsichten oder kreativer Ideen, unbewußt.

Faktoren, die die ASW behindern, sind Verspannung, innere Konflikte, Langeweile, Sorgen, Angst, Depressionen, Unsicherheitsge-
fühle, Nervosität, Frustration – kurz alles, was Streß erzeugt und
daher die friedliche, ruhige Versunkenheit stört. Bei ASW-Versu-
chen müssen solche Störungsursachen nach Möglichkeit ausgeschaltet beziehungsweise vermieden werden.

In diesem Zusammenhang wird auch klar, warum *quantitative
Experimente* (zum Beispiel Versuche mit Karten), bei denen die
Zielobjekte von vornherein fixiert und der Zahl nach beschränkt
sind, gewöhnlich keine sonderlich verblüffenden Resultate erbringen. Sie sind weder sehr herausfordernd noch besonders stimulierend, und die andauernde Wiederholung der gleichen Aufgabe
führt zu Langeweile. Eine Bestätigung dafür liefert die Tatsache
»herausragender Erstversuche«, die bei quantitativen Experimenten fast regelmäßig auftreten.

Im übrigen handelt es sich bei solchen quantitativen Experimenten darum, eine Auswahl zu treffen aus einer bestimmten Zahl von
Möglichkeiten, die die Versuchsperson im Gedächtnis behalten
muß, und diese Anstrengung läßt sich nicht gut mit dem wün-
schenswerten Zustand völliger Entspanntheit vereinbaren.

Demgegenüber gestattet die bei *qualitativen Experimenten* ge-
gebene Freiheit – die Zielobjekte sind nicht fixiert und der Zahl
und Art nach unbeschränkt – der Versuchsperson, jede ASW-
Aufgabe als eine neue Herausforderung aufzufassen. Die Versuchsperson wartet deshalb entspannt und mit »leerem« Geist
auf eventuell eintreffende Impressionen und soll, wenn solche ein-

langen, nicht versuchen, diese rational zu deuten. Die Impressionen werden einfach, wie sie kommen, aufgezeichnet.

In diesem Zusammenhang muß ich nochmals auf die bereits erörterten die Aktivierung der ASW stimulierenden Faktoren und die diese behindernden Faktoren zurückkommen. Beachten Sie, daß diese *Faktoren immer im Hinblick auf die persönliche Eigenart der Versuchsperson beurteilt werden* müssen. Es kommt auf die Ursachen der die Versuchsperson beherrschenden Stimmungen an.

Ein starkes emotionales Engagement kann ja auch düstere Aspekte beinhalten wie zum Beispiel Spannung, Besorgnis und Angst, wenn etwa unsere persönliche Sicherheit oder das Wohlergehen geliebter Menschen auf dem Spiel stehen. In einem solchen Fall ist ein starkes Gefühl ohne Zweifel ein behindernder Faktor.

Zielt die Motivation in erster Linie auf persönlichen Gewinn ab, so besteht die Wahrscheinlichkeit, daß ASW-Einblicke entweder mit Wunschdenken oder mit neurotischer Besorgnis vermengt sind. Deshalb gelingt es Hellsehern im Wachzustand nur selten, zuverlässige ASW-Informationen *für sich selbst* zu liefern. Aus dem im wesentlichen gleichen Grund scheuen Chirurgen häufig davor zurück, Mitglieder ihrer eigenen Familie oder ihnen nahestehende Menschen zu operieren.

Darum kann die *Hypnose zur Herbeiführung einer die Aktivierung der ASW begünstigenden Stimmung* sehr nützlich sein. Sie erzeugt zum einen aufgrund der Ausschaltung der Sinnesreize den richtigen Zustand geistiger Leere und zum anderen die richtige Stimmung sowie auch den notwendigen »intensiven« Gedanken mit dem richtigen Gefühlsgehalt.

Bei manchen Menschen bewirken besondere Lebenssituationen oder Charaktermerkmale, daß sie spontane ASW-Erlebnisse haben. Wenn ich aber einem anderen Menschen aktiv helfen möchte, in den dafür geeigneten Geisteszustand zu gelangen, so muß ich mein ganzes psychologisches Geschick aufwenden. Die Schaffung dieses Zustandes ist nach wie vor *eher eine Kunst als eine Wissenschaft*.

Immer wieder muß der Anleitende eine spezifisch herausfordernde Situation herbeiführen, um einen Menschen zu einer Spitzenleistung anzuregen. Und er muß für jede einzelne, einmalige

Aufgabe in dem betreffenden Menschen Selbstvertrauen wecken und Interesse hervorrufen. Schließlich muß er stets eines bedenken: Man kann einen anderen Menschen nicht nur psychologisch durch Worte und Gesten oder persönliches Beispiel, sondern auch telepathisch beeinflussen und so die eigenen Stimmungen direkt auf ihn übertragen. Die übertragenen Stimmungen sollten also positiv sein: Vertrauen und Begeisterung. Deshalb *vermitteln die besten ASW-Lehrer ihren Schülern die eigene »ansteckende Begeisterung«.*

Ein erfolgreicher ASW-Lehrer läßt sich mit einem guten Sporttrainer vergleichen, der dafür sorgt, daß seine Mannschaft auch psychologisch angemessen vorbereitet ist. Gleich einem guten Pädagogen findet er immer neue Ideen, um seine Schüler zu motivieren. So gesehen ist die Schulung in ASW – oder das Erlernen ihrer Anwendung – eine schöpferische Aufgabe, deren Erfolg entscheidend von der Persönlichkeit des Lehrers abhängt.

Der Erfolg parapsychologischer Experimente hängt, wie Sie sehen, nicht nur von den Fähigkeiten der Versuchsperson ab, sondern auch vom *Geschick des Experimentators*, mit der Versuchsperson erfolgreich zu arbeiten. Er kann die Versuchsperson durch normale psychologische Mittel (Suggestion, Ermutigung usw.) beeinflussen, darüber hinaus aber auch über den ASW-Kanal. Die Versuchsperson kann beispielsweise durch ein kaltes, unfreundliches Verhalten des Experimentators negativ beeinflußt werden, überdies aber auch – wie schon gesagt – telepathisch: ein sensitiver Mensch spürt das Mißtrauen oder die Zweifel des Experimentators.

Die Erzeugung einer geeigneten Atmosphäre ist für das Funktionieren der ASW unerläßlich. Manche Parapsychologen begegnen ihren Versuchspersonen mit der distanzierten, überheblichen Einstellung des Wissenschaftlers »Ich untersuche deine ASW-Leistung – basta!« Offensichtlich glauben solche »Experten«, ihre Rolle als wissenschaftliche Beobachter erfordere diese Einstellung. Dabei vernachlässigen sie jedoch die sublimen psychologischen Faktoren, die ihre Zusammenarbeit mit den Versuchspersonen und letztlich deren Leistung bestimmen. In der Psi-Forschung ist es *wichtig, daß der Experimentator seine Versuchspersonen als Mitar-*

beiter behandelt, die gemeinsam mit ihm für den wissenschaftlichen Erfolg verantwortlich sind und sich gemeinsam mit ihm das Verdienst daran zuschreiben dürfen.

GARDNER MURPHY, einer der angesehensten Pioniere der amerikanischen Parapsychologie, hat diesen Zusammenhang folgendermaßen erläutert: »Mir scheint, daß die Ausbildung der paranormalen Begabung der Ausbildung fast jeder anderen Art von Begabung nicht unähnlich ist, ob es sich dabei um ein zuhöchst geistiges oder um ein lächerliches Talent handelt – ob es darum geht, Bachfugen auf dem Klavier spielen zu lernen oder mit den Ohren zu wackeln. Zwischen beidem besteht kein Unterschied, was die Psychologie des Lernens betrifft: Man braucht in beiden Fällen Motivation, Beharrlichkeit und, wenn man nicht mehr weiß, wie es weitergeht, sehr viel gläubiges Vorwärtsdrängen.«[22]

Murphy hat klar erkannt, daß wir den individuellen Charakter der Versuchsperson respektieren müssen, und erklärt deshalb weiter: »Hand in Hand mit der Ausbildung paranormaler Kräfte vertieft sich auch der Einblick in die Psychologie des Lernens, und zwar durch eifriges Üben, sorgfältige Aufzeichnungen, die Beachtung dessen, was man jetzt kann, eine Woche zuvor aber noch nicht konnte, und die Berücksichtigung der zwischenmenschlichen Wechselbeziehungen für die Entwicklung der Gruppenmoral. Vor allem entwickelt sich dabei die Fähigkeit zum Teamwork.«

Dies alles erinnert stark an die Grundsätze des *positiven Denkens.* Tatsächlich haben alle Führungspersönlichkeiten in unserer Gesellschaft in erster Linie Erfolg dank ihrer Fähigkeit, andere zu Spitzenleistungen zu motivieren – Spitzenleistungen im Lernen (Lehrer), im Geschäftsleben und in der Produktion (Geschäftsleute oder Industrielle) oder auf dem ideologischen Sektor (religiöse und politische Führer mit besonderem Charisma).

Die Kanäle der ASW und ihre oft verschlüsselte Äußerung

Befindet sich ein Mensch im Zustand geistiger Leere und ist bereit, ASW-Informationen zu empfangen und diese bewußt zu erfahren, muß ein weiterer wichtiger Punkt beachtet werden: Jedes Sinnesorgan bietet uns die für dieses charakteristische Wahrnehmung. Wir sehen, hören, fühlen und so weiter. Wir unterscheiden diese Wahrnehmungen mühelos voneinander; wir erkennen sogar ohne Schwierigkeiten, daß unsere Sinne infolge schlechter Bedingungen nicht mehr zuverlässig arbeiten – beispielsweise der Gesichtssinn bei ungenügender Beleuchtung.

Dieses Unterscheidungskriterium fehlt bei der ASW. Sie kennt keine charakteristische Erlebnisform, und deshalb erkennen wir nicht, außer wir sind speziell geschult, wann sie zuverlässig arbeitet oder wie zuverlässig sie ist. Selbst für einen geschulten Fachmann ist das nicht immer leicht.

In der Regel benutzt – man kann auch sagen: borgt – die ASW Erlebnisformen von anderen Sinnen oder auch Körperreaktionen (beispielsweise autonome Reflexe). Sie benutzt einfach jeden verfügbaren Kanal. Eine ASW-Information kann verschleiert in *jeder möglichen sensorischen Form* – als Vision, Ton, Geruch und anderes mehr – erlebt werden. Sie kann sich aber auch in *physiologischen Reaktionen* offenbaren, etwa in Veränderungen des Pulsschlags. Der Forscher S. FIGAR hat experimentell nachgewiesen, daß ASW-Signale durchaus auch plethysmographische Reaktionen (= Umfangsveränderungen von körpereigenen Substanzen), wie etwa eine Erweiterung der Blutkapillaren auslösen können.[11]

Eine andere Art, wie sich ASW äußern kann, sind *unbewußte motorische Reaktionen,* wie dies beim Rutengehen zutrifft. Das Eintreffen der ASW-Informationen wird dabei überhaupt nicht bewußt erlebt. Der Rutengänger beobachtet lediglich die scheinbar spontane Bewegung der Wünschelrute bewußt. Oft stellt sich die ASW-Information in Form plötzlicher Ideen, sich aufdrängender oder hartnäckig wiederkehrender Gedanken (ohne sensorische Begleiterscheinungen) ein, die subjektiv als aus dem Unterbewußtsein auftauchende Erinnerungen empfunden werden. Eine ASW-Information kann aber auch vorübergehend gespeichert und erst in einem geeigneten späteren Moment manifest werden.

Viele Parapsychologen unterstreichen die Tatsache, daß ASW-Informationen oft so erlebt werden, als »erinnere« man sich an etwas. W. G. ROLL hat in diesem Zusammenhang die Hypothese aufgestellt, daß ASW-Informationen durch Aktivierung jener Erinnerungsspuren ins Bewußtsein gebracht werden, die irgendwie zu dem »wahrgenommenen« Gegenstand oder dem »wahrgenommenen« Ereignis passen.[31]

Die Form, in der die ASW auftritt, hängt von der augenblicklichen psychischen Verfassung des wahrnehmenden Menschen ab, aber auch von seinen Interessen, vergangenen Erfahrungen, Vorlieben und anderem mehr. Der Rutengänger beispielsweise ist an die Reaktion seiner Wünschelrute gewöhnt, andere Menschen hingegen sind eher visuell ausgerichtet, und wieder andere (die auditiven Typen) verlassen sich lieber auf das, was sie hören. Eine Frau berichtete mir einmal, daß sie den bevorstehenden Tod von Menschen an einem bestimmten Geruch erkenne; sie hatte diesen Geruch selbst an gesunden Menschen wahrgenommen, die erst in der Folge durch einen Unfall ums Leben kommen sollten. Die Frau arbeitete in einem Krankenhaus als Schwester und kam daher häufig mit Toten in Berührung, deren Geruch sie zutiefst beeindruckte.

Manchmal geschieht es auch, daß ein Mensch mit irgend etwas beschäftigt ist und deshalb einer an ihn gerichteten ASW-Information keine Beachtung schenkt. Solche Informationen bleiben dann häufig *im Gedächtnis gespeichert* und tauchen erst später – beispielsweise in einem Traum – wieder auf, wenn der betreffende Mensch bereit ist, sie zu erfahren.

Ich habe schon gesagt, daß sich der zur ASW führende Zustand vom Zustand des Wachseins unterscheidet, daß es sich um einen Grenzzustand zwischen Wachen und Schlafen handelt. Deshalb nimmt auch in diesem Zustand herabgesetzter Bewußtheit die geistige Aktivität einen eher traumhaften Charakter an. Sie ist dabei nicht so sehr an die Gesetze der Logik fixiert, sondern basiert auf lockeren Assoziationen. Wenn ASW-Informationen eintreffen, nehmen sie darum oft symbolische Gestalt an und sind daher *Trauminhalten nicht unähnlich.*

Die Tendenz des Traumes zur symbolischen Verfremdung wird auch an einem Experiment deutlich. Man legte einem schlafenden Studenten einen Eisblock an die Füße. Dies führte zu einem Traum, in dem der Student als Polarforscher arbeitete und in einem Schneesturm starb. Die symbolisch verschlüsselte ASW-Information ist oft ähnlich wie in Träumen phantastisch verzerrt.

Die von der ASW benützten Symbole hängen in ihrer Erscheinung weitgehend von der seelischen Struktur der wahrnehmenden Person ab – von ihren Erfahrungen, vorherrschenden Gedanken, Ängsten, Wünschen, Assoziationen und so weiter. Dies ist eines der Hindernisse auf dem Weg zur Kontrolle der ASW: Man muß das ASW-Erlebnis erkennen, und wenn es in symbolischer Form stattfindet, muß man *verstehen, die zutage tretenden Symbole zu deuten.*

Diese Deutung ist wiederum eine höchst persönliche Angelegenheit (weil wir Menschen verschiedene Erfahrungen, Erinnerungen und Assoziationen haben). Es gibt daher kein allgemeingültiges Rezept für die »Übersetzung« solcher Symbole in ihrer verborgenen Bedeutung. Um diese aufzuspüren, muß sich der Interpret auch über seine eigene Persönlichkeitsstruktur im klaren sein. Erschwerend kommt hinzu, daß die vorherrschenden Symbole sich bei einem Menschen im Laufe des Lebens mit zunehmender Erfahrung grundlegend ändern können.

Tatsächlich besteht das ASW-Training in erster Linie im Erwerb der Fähigkeit, die eigenen Erfahrungen und Erlebnisse objektiv zu beobachten und richtige ASW-Impressionen von falschen, die ihren Ursprung in persönlichen Motiven haben, zu unterscheiden. Und wie bei jeder anderen Fertigkeit auch *verbessern wiederholte Versuche die ASW-Fähigkeit,* wogegen ungenutzte Funktionen verkümmern und verlorengehen.

Die Wahl dessen, was durch die ASW ermittelt wird, unterliegt nicht immer ganz dem Willen; sie wird auch durch unterbewußte Motivationen beeinflußt. Ein spezielles Interesse der wahrnehmenden Person aktiviert Fragen und provoziert Antworten, die nach Möglichkeit Informationen liefern sollen, die mit dem Interesse der wahrnehmenden Person verknüpft sind.

Das tritt insbesondere in Experimenten zutage, die dem Phänomen der *Psychometrie** gewidmet sind. Bei Anwendung dieser Technik reist die ASW-Fähigkeit eines Sensitiven an dem Gegenstand entlang in die Vergangenheit, und der Hellseher gibt dann seine Eindrücke über Situationen und Ereignisse wieder, die er auf dieser Reise in die Vergangenheit wahrgenommen hat.

Die Sachlage ist etwa so, wie wenn uns jemand eine lange Geschichte erzählt: Wir prägen uns nur die Einzelheiten ein, die uns interessieren, und übergehen die für uns unwichtigen Details. Oder wir kommen von einer Reise zurück, und ein Freund fragt uns, was wir gesehen haben. Wir können uns nicht an alle Menschen, die wir auf den Straßen gesehen haben, oder an jeden Baum am Straßenrand erinnern, sondern nur an all das, was für uns interessant war. Wer gerne Museen besucht, wird am liebsten von einem solchen Besuch erzählen, ein Feinschmecker wird hingegen über schicke Restaurants sprechen. Ein dritter erinnert sich besonders intensiv an einen Ort, wo er ein schönes Gefühlserlebnis hatte oder etwas kaufte, an dem sein Herz hängt.

Es ist vielleicht nützlich, diese Zusammenhänge anhand eines weiteren *Beispiels* zu veranschaulichen. Stellen Sie sich einmal vor, Sie kommen in eine öffentliche Bibliothek, wollen ein bestimmtes Buch ausleihen und müssen feststellen, daß dieses Buch verschwunden ist. Die in Ihrem Unterbewußtsein eintreffende ASW-Information lautet nun: »Dieses Buch hat mein Freund John gestohlen!«

Die Information wird anschließend von Ihrem Nervensystem verarbeitet. Man kann auch sagen, daß sie durch Ihre Psyche gefiltert und durch Ihr Denken »verunreinigt« wird. Je nach Ihrem Vorlieben können Sie beispielsweise eine Vision (oder einen lebhaften Traum) von ebendiesem John haben, wie er das Buch nimmt und versteckt. Sie können jemanden sagen hören: »John hat das Buch gestohlen.« Sie können John sehen, wie er heimlich in

---

* Ein Experiment der »Psychometrie« – übrigens kein sehr glücklich gewählter, aber in der Parapsychologie etablierter Ausdruck – besteht darin, daß ein Sensitiver einen Gegenstand ausgehändigt bekommt und versucht, ASW-Impressionen über dessen Eigentümer oder Geschichte zu erhalten. Der holländische Hellseher PETER HURKOS hat mit Hilfe dieser Methode in Zusammenarbeit mit der Kriminalpolizei mehrere Kriminalfälle aufgeklärt.

dem Buch liest. Sie können auch träumen, daß John zu Ihnen kommt und den Diebstahl beichtet. Sie können plötzlich die unerklärliche Gewißheit haben, daß John das Buch hat. Sie können sich veranlaßt sehen (aus scheinbar anderem Grund, ohne an das Buch zu denken), John zu besuchen, und Sie stolpern in seinem Haus über das Buch.

Die gleiche Information können Sie aber ebensogut in symbolischer Verzerrung verschiedenen Grades erfahren: Sie können John sehen, wie er jemandes Haus ausraubt und dort ein Buch stiehlt (vielleicht auch ein Foto des Verfassers, eine Quittung für das Buch oder etwas anderes, das in Ihrem Geist das Buch symbolisiert – sagen wir, eine Kochmütze, wenn das gestohlene Buch ein Kochbuch ist). Sie können sich aber auch selbst sehen, wie Sie für John kochen, und er ißt alles auf und läßt Ihnen keinen Happen übrig. Gleichermaßen können Sie von einer Gerichtsverhandlung träumen, und der Richter fragt John nach dem Buch.

Stellen Sie sich vor, Sie könnten sich daran erinnern, wie Sie als Kind einmal Äpfel gestohlen haben und eine Treppe hinuntergefallen sind, als Sie mit den Äpfeln wegrannten. Dann könnten Sie beispielsweise eine Vision von John als Kind haben, wie er Apfelsaft trinkt, dabei eine Treppe hinuntergeht und vielleicht plötzlich stürzt. Oder wenn Sie wissen, daß John ein Tennisfan ist, sehen Sie vielleicht einem berühmten Tennisspieler beim Stehlen eines Buches zu. Doch genug der Beispiele – es ließen sich Tausende von Möglichkeiten der Verzerrung ein und derselben Information durch Ihre persönliche Phantasie erfinden.

Unbewußte ASW-Erlebnisse im Alltag

Nun möchte ich einige von mir selbst erlebte Begebenheiten schildern, um aufzuzeigen, welch ungewöhnliche Kanäle die ASW-Information gelegentlich findet. Im ersten Beispiel löste die ASW eine physiologische Reaktion aus, im zweiten Fall beeinflußte sie auf eine etwas rätselhafte Weise das Denken eines Kindes; der dritte Fall handelt von einem eigenartigen Gefühl, das mich hin und wieder beim Autofahren überkommt.

Bericht 1: Während eines Deutschlandbesuchs im April 1980 hatte ich in meinem ansonsten vollen Terminkalender noch zwei Tage frei, darum beschloß ich, eine Ausflugsfahrt auf dem Rhein zu machen. Mein ursprünglicher Plan war gewesen, mit dem Schiff nach Süden zu fahren, und zwar bis zum Endpunkt der Schifffahrtslinie, dort in einem Hotel zu übernachten und am nächsten Tag mit dem Schiff wieder zurückzufahren. Das Wetter war herrlich, und ich genoß die Fahrt in vollen Zügen. Etwa eineinhalb Stunden vor der Ankunft des Schiffes an seinem Bestimmungsort (und kurz vor einem planmäßigen Zwischenhalt) bekam ich plötzlich schreckliche Darmkrämpfe, die so schmerzhaft waren, daß ich beschloß, bei nächster Gelegenheit das Schiff zu verlassen und mir in dem Städtchen, in dem es anlegte, ein Hotel zu suchen. Zu diesem Entschluß zwangen mich die heftigen Schmerzen, aber ich faßte ihn voll Bedauern, weil mir nun ein überaus schöner Teil der Fahrt entgehen würde.

Nachdem ich von Bord gegangen und das Schiff ohne mich weitergefahren war, hörten die Krämpfe wieder auf. Am nächsten Morgen nach dem Frühstück stellte ich fest, daß ich laut Fahrplan noch zwei Stunden Zeit bis zur Ankunft des Schiffes hatte, mit dem ich zurückfahren wollte. Ich beschloß daher, einen kurzen Spaziergang in die Stadt zu machen. Als ich zur Kirche des Städtchens kam, gewahrte ich, daß die Kirchenuhr eine Stunde mehr anzeigte als meine Armbanduhr. Auf meine Frage sagten mir Einheimische, in der Nacht sei auf Sommerzeit umgestellt worden, was bedeutete, daß meine Uhr jetzt um eine Stunde nach ging. Ich hatte nicht mit so etwas gerechnet und mußte mich nun sehr sputen, um das Schiff noch zu erreichen. Hätte ich nicht am Vortag die Krämpfe gehabt und die Reise unterbrochen, so wäre ich bestimmt so spät zur Anlegestelle gegangen, daß ich die einzige bequeme Schiffsverbindung verpaßt hätte (wodurch am nächsten Tag mein Terminplan arg durcheinandergeraten wäre); und hätte ich nicht beschlossen, einen Morgenspaziergang zu machen, wäre ich bestimmt nicht auf die Idee gekommen, mich nach der Uhrzeit zu erkundigen, so daß ich das Schiff ganz sicher versäumt hatte.

Daß ich das Schiff noch erreichte, wurde durch zwei ASW-Vorgänge sichergestellt, die unbewußt abliefen, aber mein Verhalten beeinflußten. Besonders der erste war ziemlich spektakulär: Weil ich das Schiff gegen meinen Wunsch und entgegen meinen Plänen verlassen sollte, wurden meine physiologischen Funktionen in einer Weise beeinflußt, die meine Unterwerfung sicherstellte. Als zweites wurde in mir dann ein Interesse an einem Morgenspaziergang geweckt – was unter den gegebenen Umständen nicht sonderlich ungewöhnlich war –, und meine Schritte wurden zur Kirche (einer von mehreren gleich wahrscheinlichen Möglichkeiten) gelenkt – an einen Ort also, wo ich beste Chancen hatte, die Zeitänderung zu bemerken.

Bericht 2: Zu meinen beruflichen Tätigkeiten gehört am Rande auch der Verkauf von Büchern und Kassetten. Manchmal fertige ich von Kassetten selbst Kopien an, und dazu brauche ich einen speziellen Gummistempel, den ich gewöhnlich nur alle sechs Monate benutze und immer an einen bestimmten Platz lege, um ihn später leicht wiederzufinden. Im Lagerraum meines Büros gibt es viele Regale voller Schachteln in verschiedenen Größen, von denen einige Bücher enthalten, andere bespielte, wieder andere unbespielte Kassetten, aber auch Plastikboxen für Kassetten und dergleichen mehr. Ich habe einen Sohn, der zur Zeit des Erlebnisses acht Jahre alt war und der an einem ASW-Schulungskurs teilgenommen hatte. Er versteht es sehr gut, verlorene Gegenstände zu finden. Wenn ich etwas verliere oder verlege, sucht er es gewöhnlich für mich und findet es auch.

Eines Tages brauchte ich den Stempel dringend, und zu meiner Überraschung lag er nicht am üblichen Platz. Wie gewöhnlich rief ich meinen Sohn ins Büro, beschrieb ihm den Stempel und forderte ihn auf, das gute Stück zu suchen. Wie er es in dem Kurs gelernt hatte, konzentrierte er sich zunächst eine Weile und sagte dann, der Stempel sei irgendwo in einer Schachtel. Ich hielt das nicht für wahrscheinlich; außerdem hätte ich angesichts der so vagen Beschreibung den Inhalt von mehr als hundert Schachteln überprüfen müssen.

Verärgert versuchte ich, mich zu erinnern, wohin ich den Stempel gelegt haben könnte. Mein Sohn spielte unterdessen im Zimmer. Auf einmal wurde er von einer Schachtel angezogen, die unbespielte Kassetten enthielt. Etwa dreißig Sekunden später fragte er: »Hast du genug von diesen leeren Kassetten?« Auf mein Ja fragte er weiter: »Wie viele?« Ich antwortete: »Etwa zweitausend.« Noch immer nicht zufrieden, erkundigte er sich: »Aber du brauchst doch für jede Kassette auch eine Box, oder? Hast du denn genug Boxen?« Ich bejahte ziemlich unwirsch und wollte dieses ablenkende Gespräch nicht fortsetzen, aber er war nicht zu bremsen: »Und wo hast du sie?« – »Hier in dieser Schachtel.« Darauf machte er unvermittelt die Bemerkung (die er später nicht erklären konnte): »Himmlische Freude in der Schachtel mit Kassettenboxen.« Dann bat er mich: »Vater, darf ich mit deinen Kassettenboxen spielen und zählen, wie viele du hast, und schauen, ob du genug hast?« Seine hartnäckige Erwähnung der Kassettenboxen machte mich stutzig. Ich holte die Schachtel mit den Boxen hervor, öffnete sie – und da war der Stempel.

In dem Moment fiel mir ein, daß ich den Stempel, als ich ihn das letzte Mal benutzt hatte (ganz bestimmt in Abwesenheit meines Sohnes), aus irgendeinem Grund vorläufig in die Schachtel gelegt und dann dort vergessen hatte. Interessanterweise hatte ausgerechnet diese Schachtel hinter einem Stapel anderer Schachteln gestanden und war von unserem Platz aus nicht zu sehen gewesen. Beim Hervorholen der Schachtel dachte ich überhaupt nicht an den Stempel.

In diesem außergewöhnlichen Beispiel war sich das Kind auch nicht voll bewußt, wo der Stempel lag. Die erste Impression war vage – »irgendwo in einer Schachtel«. Dann löste eine Frage nach den Kassettenboxen unser Gespräch und etwas später die Assoziation mit dem Platz aus, wo angeblich »himmlische Freude« herrschte. Natürlich freute ich mich, als der Stempel gefunden war; anstatt alle Schachteln zu durchsuchen, hätte ich wohl eher einen neuen Stempel bestellt, und dies hätte für mich eine geschäftliche Verzögerung bedeutet. Die präzise Information wurde also nicht bewußt erfahren, sondern löste nur die plötzliche Laune des Kindes aus, mit einer bestimmten (der richtigen) Schachtel spielen zu wollen.

Ich kann diesem Bericht eine interessante Ergänzung anfügen. Nachdem mein Sohn mehrere von mir verlegte Gegenstände gefunden hatte, prahlte er in der Schule mit seinen ASW-Erfolgen.

Andere Kinder lachten ihn aus und sagten, so etwas wie ASW gäbe es nicht. Der Spott seiner Altersgenossen hatte zur Folge, daß er seine Fähigkeit für mehrere Monate verlor. Seine Begeisterung und sein Interesse waren erloschen, und es kostete viel Mühe, die negative Suggestion zu neutralisieren.

Bericht 3: Ich habe beim Autofahren oft ein seltsames, unerklärliches Gefühl plötzlicher Angst. Anfangs wußte ich nicht, warum mich diese Angst jeweils überkam. Doch ich lernte aufgrund meiner Erfahrung, dieses Gefühl als Warnung zu deuten, daß mir eine Gefahr droht. Ich fahre dann immer sehr vorsichtig, und unweigerlich entsteht nur ein paar Minuten nach dem Auftreten dieses Gefühls jedesmal eine gefährliche Situation, die ein anderer Fahrer verursacht. Es sind wirklich gefährliche Situationen: Da versucht ein betrunkener Lastwagenfahrer, mich zu überholen, und drängt mich von der Straße ab; ein aus der Gegenrichtung kommender Wagen rast in der Straßenmitte auf mich zu; ein entgegenkommender Wagen gerät in einer gefährlichen Kurve auf meine Fahrbahn. Unweigerlich verschwindet *nach* solchen gefährlichen Situationen mein Angstgefühl sofort wieder.

Ich sollte vielleicht noch eines hinzufügen: Seit ich gelernt habe, dieses Gefühl zu erkennen, bin ich meines Wissens im Verkehr in keine wirklich gefährliche Situation mehr geraten, die nicht dergestalt angekündigt worden wäre; und wann immer dieses Gefühl aufgetreten ist, ist darauf auch unweigerlich eine gefährliche Situation gefolgt.

Eines der unerfreulichsten Charakteristika der ASW ist das sogenannte *Psi-missing;* das sind Psi-bedingte Fehler. Ursprünglich wurde dieser Effekt in quantitativen Experimenten mit Versuchspersonen entdeckt, die dem Phänomen der ASW skeptisch gegenüberstanden. Später jedoch stellte man fest, daß er weit verbreitet und immer mit einer negativen Einstellung verknüpft ist. Das Psi-missing veranlaßt die wahrnehmende Person, die ASW unabsichtlich zur Erlangung falscher Informationen zu benutzen – also ASW einzusetzen, um das Zielobjekt zu verfehlen. Natürlich wäre es in solchen Fällen besser, wenn jemand unfähig wäre, ASW zu aktivieren.

G. SCHMEIDLER, eine amerikanische Parapsychologin, experimentierte mit einer Gruppe Studenten, von denen einige an ASW glaubten, andere nicht. Die »Gläubigen« erzielten dabei Trefferquoten, die einige Prozentpunkte über der Zufallserwartung lagen, was bewies, daß sie sich ihrer ASW, wenn auch nur in unvollkommener Weise, zu bedienen wußten. Die Trefferquote der »Ungläubigen« hingegen lag gleich um mehrere Prozentpunkte unter der Zufallserwartung. Wenn die ASW-Informationen eintrafen und im Unterbewußtsein der negativ eingestellten Versuchspersonen verarbeitet wurden (Phase 2 des ASW-Prozesses), kehrte deren ablehnende Einstellung den Informationsgehalt der »Botschaften« offenbar ins Negative um.

Psi-missing wird oft durch den *»Differenzeffekt«* deutlich, der sichtbar wird, wenn man eine Versuchsperson unter zweierlei Bedingungen testet: unter angenehmen respektive unangenehmen. Eine stimulierende und angenehme Atmosphäre führt regelmäßig zu besseren Ergebnissen.

Doch dieses Charakteristikum ist nicht auf die ASW beschränkt. Schon SIGMUND FREUD hat darauf hingewiesen, daß es im täglichen Leben unwillkürliche Fehlleistungen gibt, in denen eine unterbewußte Aversion die bewußten Absichten umkehrt. Stellen Sie sich beispielsweise vor, Sie müssen einen unangenehmen Brief schreiben. Nachdem Sie diese unangenehme Pflicht lange hinausgeschoben haben, zwingen Sie sich schließlich, den Brief zu schreiben. Doch die innere Aversion siegt: Sie vergessen, ihn aufzugeben. Dieses Phänomen stellt einen *Extremfall symbolischer Verzerrung* dar – wobei die Verstümmelung der ursprünglichen Bedeutung soweit geht, daß sie zum Gegenteil wird.

In dem geschilderten Fall Johns, der das Buch gestohlen hat, werde ich eine gegebenenfalls eintreffende ASW-Information, falls ich den Einsatz von ASW zu einem so peinlichen Zweck verabscheue oder absolut von Johns Ehrlichkeit überzeugt bin, in analoger Weise »übersehen« beziehungsweise nicht bewußt erfahren. Statt dessen habe ich, falls ich insgeheim Johns Frau bewundere, vielleicht eine Vision davon, was sie gerade tut; und unter all den Dingen, die sie tun kann oder vor kurzem getan haben kann, werden am ehesten Dinge erscheinen, die mit mir und meiner Bewunderung zusammenhängen. Oder ich sehe – fälschlicherweise –, daß ein an-

derer meiner Bekannten das Buch gestohlen hat, besonders wenn
ich mutmaße, daß er einer solchen Tat fähig wäre.

Solche Vorkommnisse sind nicht unüblich im täglichen Leben.
Wenn beispielsweise jemand über einen Menschen, dem Sie vertrauen, schlecht redet, glauben Sie ihm nicht; viel stärkere Beweise
sind nötig, um Sie zu überzeugen. Wenn Sie jedoch gegenüber einer Person voreingenommen sind, bedarf es nicht vieler Beweise,
daß Sie von ihrer Schuld überzeugt sind.

In diesem Kontext sei noch einmal daran erinnert, daß die ASW
den gleichen psychologischen Gesetzen unterliegt wie auch die übrigen Elemente menschlicher Wahrnehmung. Eine ASW-Information wird genauso verarbeitet wie jede andere Information, die
durch irgendeinen unserer Sinneskanäle eintrifft.

Psi-bedingte Fehler sind ein sehr hartnäckiges, schwer auszu-
schaltendes Phänomen. Ein bisher unveröffentlichtes *Experiment,*
das ich im Zuge eines dem ASW-Training gewidmeten Universi-
tätskurses mit einer Gruppe von Studenten durchführte, macht das
deutlich.

Die Studenten sollten die Farben von in undurchsichtigen Umschlägen verwahrten Karten erkennen. Zur Auswahl standen nur
zwei Farben, Weiß und Schwarz. Während die Gruppe insgesamt
sehr gute Leistungen erbrachte und eine weit über der Zufallserwartung liegende Zahl richtiger Antworten zustande kam, waren
die Antworten von vier in der ersten Reihe nebeneinandersitzen-
den jungen Frauen ständig falsch.

Nach einer Diskussion innerhalb der Gruppe wurde folgender
Vorschlag gemacht: Da offenkundig ist, daß die vier Frauen sich
immer täuschen, werden wir das nächste Mal alle ihre Antworten
in der gegenteiligen Bedeutung verstehen (Weiß gilt in ihrem Fall
also als Schwarz und umgekehrt); auf diese Weise sollten wir die
richtigen Antworten erhalten. Die Frauen stimmten bereitwillig
zu, doch ihre Kenntnis des Plans verdarb alles. In den folgenden
Versuchen wurde unser Umkehrungsplan von ihnen – unbewußt –
in den Prozeß des Psi-missing aufgenommen. Von nun an gaben
die Frauen ständig richtige Antworten, die wir dann absprachege-
mäß in falsche umkehrten!

Die beste Methode zur Vermeidung Psi-bedingter Fehler scheint darin zu bestehen sicherzustellen, daß sich die Versuchsperson in der richtigen positiven Stimmung befindet. Wenn wir spüren, daß ihre Stimmung nicht so ist, wie sie sein sollte, und wenn auch aufmunterndes Zureden nicht hilft, verschiebt man ASW-Versuche besser auf später, bis sich der Proband wohler fühlt.

Ein weiteres wichtiges Merkmal der ASW wird in der Wissenschaft als PMIR (*Psi-Mediated Instrumental Response*), das heißt *Psi-vermittelte Instrumental-Reaktion (PVIR)* bezeichnet. Bisher haben wir nur jene Formen der ASW kennengelernt, die sich einem besonderen, gewöhnlich durch geistige Übungen wie Meditieren oder Hypnose absichtlich herbeigeführten Zustand herabgesetzter Bewußtheit verdanken. Dabei haben wir außer acht gelassen, daß ASW auch im Alltagsleben wirken kann, und zwar sogar ohne den bewußten Versuch, sie in Anspruch zu nehmen. Stark motivierende Faktoren wie etwa eine emotionale Bindung, der Selbsterhaltungstrieb, Ereignisse, die uns persönlich betreffen oder von besonderem Interesse für uns sind, können die ASW aktivieren – und wir nutzen sie.

Diverse parapsychologische Beobachtungen neueren Datums deuten allerdings darauf hin, daß die *ASW in unserem Leben häufig auf weitgehend unbemerkte Weise wirkt, als »Schutzengel«* sozusagen: Wir setzen unsere ASW offensichtlich unbewußt dazu ein, unsere Umgebung zu überwachen und von für uns wichtigen Informationen zu profitieren. Doch in der Hast und Geschäftigkeit des Alltagslebens, wenn unser Denken abgelenkt ist, achten wir nur selten auf ASW-Signale. Eine ASW-Information wird dann nicht bewußt erfahren, sondern sie wirkt nur unterschwellig, was aber dennoch genügt, unser Verhalten in sinnvoller, für uns vorteilhafter Weise zu beeinflussen.

Sehr anschaulich zeigt uns dies ein Fall, den der amerikanische Parapsychologe REX STANFORD – der Entdecker der PVIR – schildert. Ein Mann in Manhattan (New York) wollte unangemeldet Freunde besuchen. Er fuhr mit der Untergrundbahn, vergaß jedoch völlig, daß er hätte umsteigen sollen, und verließ den Zug an einer Station, die ziemlich weit von seinem ursprünglichen Ziel entfernt war. Als er aus dem Bahnhof trat, stand er plötzlich vor den Freunden, die er besuchen wollte. Offensichtlich hatte ihm seine ASW die Information geliefert, daß die Freunde nicht zu Hause seien, und seine Schritte, ohne daß er sich dessen bewußt war, zu ihnen gelenkt. Dies bewerkstelligte seine ASW, indem sie ihn das Umsteigen vergessen ließ.

Einer meiner Studenten erzählte mir folgendes Erlebnis: »Ich fuhr im Auto und näherte mich bei Rotlicht einer Kreuzung. Ich ging vom Gas weg, doch bevor ich ganz zum Stehen gekommen war, schaltete die Ampel auf Grün. Natürlich hätte ich sofort über die Kreuzung fahren sollen, aber aus einem plötzlichen Impuls heraus hielt ich an. Ich sagte mir, ich könne, wenn ich nun schon so langsam sei, auch gleich ganz anhalten und auf das nächste Grün warten und unterdessen meinen Pullover ausziehen. Diesen Entschluß faßte ich sehr schnell, und zwar trotz der Tatsache, daß ich somit die Fahrer hinter mir zum Halten zwang. Im Grunde genommen hatte ich wegen meiner mangelnden Rücksicht gegenüber den Fahrern hinter mir ein schlechtes Gewissen. Genau in diesem Augenblick aber raste aus der Richtung, die Rot hatte, ein Lastwagen über die Kreuzung. Wäre ich nicht stehengeblieben, hätte mich der Laster voll erwischt, und bei seiner hohen Geschwindigkeit hätte der Zusammenstoß bestimmt ernste Folgen gehabt.«

In diesem Fall also wirkte die PVIR, indem sie den Fahrer veranlaßte, im Auto ein Kleidungsstück auszuziehen – angesichts der Umstände eine ziemlich ungewöhnliche Situation.

Einen anderen Fall erzählte mir eine Frau. Sie fuhr in Chikago regelmäßig unweit ihres Wohnhauses an einem auffälligen Gebäude vorbei. Sie fragte sich immer wieder, was wohl in dem Gebäude sei und wem es gehöre, aber es interessierte sie auch wiederum nicht so sehr, daß sie einmal angehalten und nachgesehen hätte. Eines Tages, als sie auf Arbeitssuche war, kam sie erneut an dem Haus vorbei, und beschloß in einem plötzlichen Anfall von Neugier, sich das Gebäude nun doch einmal näher anzuschauen. Sie fuhr also auf den Parkplatz und stieg aus. Auf dem Weg zum Haus traf sie einen Angestellten der in dem Gebäude untergebrachten Firma, und dieser fragte sie, was sie wünsche. Verlegen antwortete sie, daß sie sich erkundigen wolle, ob man vielleicht Arbeit für sie habe. Die Frau wurde zum Personalchef geführt. Als sie ihm ihre berufliche Ausbildung und die von ihr früher erledigte Arbeit beschrieb, sagte er, an diesem Tag sei gerade eine Stelle für jemanden mit genau ihren Kenntnissen frei geworden. Er wollte wissen, wie sie von dem offenen Posten erfahren habe; denn das Stellenangebot, das in der folgenden Woche in einer Zeitung erscheinen sollte, war eben erst telefonisch an die Anzeigenannahme durchgegeben worden. Die Frau fand auf diese Weise ganz in der Nähe ihres Wohnsitzes eine gute Stellung.

Die PVIR bestand in diesem Fall darin, daß die Frau im richtigen Moment von einer ihr unerklärlichen Neugier erfaßt wurde, die sie zum Handeln zwang.

Wie Sie sehen, ist die Psi-vermittelte Instrumental-Reaktion (PVIR) unlöslich mit »normalen« Wahrnehmungen, Erkenntnissen und Erinnerungen verbunden. PVIR funktioniert, indem sie plötzlich Ideen oder Erinnerungen ins Bewußtsein drängt oder an sich unbedeutende Entscheidungen in einer für uns günstigen Weise beeinflußt. Solche Vorkommnisse werden wegen ihrer Trivialität häufig gar *nicht als Fälle zur Geltung kommender ASW erkannt.* Sie nehmen sich aus wie normale Alltagserlebnisse – wie Entschuldigungen oder Unterlassungen, wie wir sie immer wieder treffen oder begehen – seien es nun einzelne oder ganze Ketten. Die Alternativen zu solchen Entscheidungen sind gewöhnlich nicht von sonderlicher Bedeutung, und erst eine durch ASW gewonnene Impression neigt dann die Waagschale zugunsten einer der zur Wahl stehenden Möglichkeiten. Oft erfolgt Psi-bedingtes Handeln gleichsam automatisch, ohne daß man erst darüber nachdenkt. Erst die nützlichen Folgen bringen uns auf den Gedanken, daß ASW mitgewirkt haben könnte.

Die in diesem Prozeß üblicherweise wirkenden Mechanismen sind: ein unbewußter Timingmechanismus, der uns zur richtigen Zeit an den richtigen Ort lenkt; selektives Erinnern und Vergessen; Fehler, die sich letztlich zu unserem Vorteil auswirken; plötzliche Ideen oder Assoziationen, die »fertige« Reaktionen oder Gedanken auslösen.

Die Psi-vermittelte Instrumental-Reaktion (PVIR) kann jedoch nur auftreten, wenn ein Mensch in seinen Reaktionen flexibel ist. Der ASW-Reiz bewirkt nichts, wenn jemand sein Verhalten streng vorprogrammiert hat. Das trifft zu, wenn zum Beispiel für einen

Menschen der Tag nach einem genauen Plan abläuft, der keine Abweichungen zuläßt, oder wenn ein Mensch überhaupt ein stereotypes Verhalten an den Tag legt. Gelegentlich kann für eine PVIR auch ein *psychokinetischer Anstoß* als Vehikel dienen, wie es wahrscheinlich im folgenden Fall geschah:

Eine Frau, die in London lebte, wollte am frühen Vormittag mit ihrem Wagen zum Einkaufen fahren, doch der Motor sprang nicht an. Nach mehreren vergeblichen Startversuchen gab sie auf und ging ins Haus zurück, um die nächstgelegene Werkstatt anzurufen und darum zu bitten, daß ein Mechaniker geschickt werde, der ihren Wagen repariere. Noch bevor sie ihren Anruf tätigen konnte, erhielt sie überraschend Besuch. Ein enger Freund, der in den USA lebte und in London zwischengelandet war, hatte bis zum Weiterflug etwas Zeit und darum beschlossen, sie zu besuchen. Die beiden hatten einander viele Jahre nicht gesehen, und die Frau war sehr froh, den Freund nicht verpaßt zu haben. Nach seinem Weggang versuchte sie erneut, ihren Wagen zu starten – und diesmal sprang er sofort an.

In einem anderen Fall – in dem allerdings die Bewirkung durch einen PK-Effekt weniger wahrscheinlich ist – berichtete eine Frau: »Ich hielt an einer unübersichtlichen Kreuzung, und als ich weiterfahren wollte, klemmte entweder das Gaspedal, oder mein Bein ließ sich nicht mehr bewegen. Jedenfalls rührte sich mein Auto nicht von der Stelle. Genau in diesem Augenblick bemerkte ich zu meinem Entsetzen, daß ein anderer Wagen mit hoher Geschwindigkeit quer über die Kreuzung fuhr. Hätte mich dieses unerwartete Vorkommnis nicht aufgehalten, so hätte ich ganz sicher einen Unfall erlitten.«

In Alltagssituationen wie dieser wirkt Psi untrennbar mit anderen Funktionen zusammen, seien es sinnliche oder außersinnliche. In diesem besonderen Fall ist von einer unübersichtlichen Kreuzung die Rede. Doch mangels genauerer Angaben können wir die ASW nicht von einer möglicherweise unterschwelligen – visuellen oder auditiven – Wahrnehmung des nahenden Wagens trennen oder auch einen eventuellen PK-Effekt nicht von einem Muskelreflex unterscheiden, der das Bein vorübergehend lähmte.

Der Forscher REX STANFORD hat gezeigt, daß die PVIR auch

durch einen PK-Effekt erfolgen kann: Er ließ Versuchspersonen bis zu fünfundvierzig Minuten lang eine sehr eintönige motorische Aufgabe durchführen. Wenn sie jedoch mittels Psychokinese einen Generator in einer bestimmten Weise beeinflußten, durften sie die motorische Aufgabe abbrechen und während des Rests der fünfundvierzig Minuten an einer sehr angenehmen Aufgabe arbeiten. Eine statistisch signifikante Zahl von Versuchspersonen entkam der langweiligen Aufgabe rascher, als es die Zufallserwartung gestattet hätte.[43]

Der amerikanische Parapsychologe W. E. Cox untersuchte eine Reihe schwerer Eisenbahnunfälle. Er verglich dabei die Zahl der Fahrgäste an den Unglückstagen mit der Zahl der Fahrgäste, die durchschnittlich diese Strecke benutzten. Nach seinen Feststellungen lag die Fahrgastzahl an den Unglückstagen signifikant unter den Fahrgastzahlen anderer vergleichbarer Tage.

Eigentlich sollten wir erwarten, daß die Psi-vermittelte Instrumental-Reaktion stets in hilfreicher Weise wirkt. Das tut sie jedoch nicht bei Menschen, die eine *negative Einstellung zu sich selbst und zu ihrer Umwelt* haben. In solchen Fällen müssen wir damit rechnen, daß Psi-bedingte Fehler (Psi-missing) auftreten und der daraus resultierende Effekt der betreffenden Person Schaden zufügen könnte. Folgender interessanter Fall stellt ein diesbezügliches Beispiel dar:

Eine Großmutter, die sich sehr unglücklich und einsam fühlte – sie war geschieden und lebte allein, seit ihre Kinder geheiratet und das Elternhaus verlassen hatten –, fuhr mit ihrer Enkelin in einem Bus. Die beiden saßen in einer der hinteren Sitzreihen und plauderten eine Zeitlang miteinander. Plötzlich sagte die Frau hastig, sie habe weiter vorn im Bus einen Bekannten entdeckt und müsse mit ihm reden. Sie stand auf und ging eilends nach vorn. In diesem Augenblick mußte der Fahrer plötzlich bremsen, und es kam zu einer leichten Kollision. Am Bus entstand kein Schaden, nur ein Sitz riß sich los. Dieser traf die beim Bremsvorgang gestürzte Frau am Kopf und tötete sie auf der Stelle. Alle anderen Businsassen blieben unverletzt.

Der Psi-missing-Effekt hatte offenbar der Großmutter geholfen, den – wahrscheinlich gewünschten – Selbstmord zu begehen.

PVIR hatte sie zur richtigen Zeit an den richtigen Ort für ihre
Selbstvernichtung gebracht.

Mit ähnlichen Effekten müssen wir bei Menschen rechnen, die
zu Unfällen neigen oder die wir als »geborene Verlierer« bezeichnen. Infolge psychologischer Ursachen wie Schuldgefühlen (ob
diese berechtigt sind oder nicht, ist eine andere Frage), mangelnden
Selbstvertrauens, eingeschliffener Versagenserwartung und dergleichen mehr verbinden sich die normalen psychologischen Auswirkungen negativen Denkens, die sich in geringerem Bemühen,
Unaufmerksamkeit und Resignation äußern, zum Schaden der betreffenden Menschen mit der PVIR, die in solchen Fällen in Form
von Psi-bedingten Fehlern auftritt.

Der Volksmund bezeichnet diesen Effekt sehr treffend mit dem
Sprichwort »Ein Unglück kommt selten allein.« Natürlich verletzt
das erste Unglück den Menschen psychisch, es führt zu Verwirrung und Deprimiertheit, wodurch weiteres Unglück angezogen
wird.

So setzen Sie Ihre ASW optimal – zu Ihrem Vorteil – ein

Aus diesen Feststellungen sollten Sie eine praktische Schlußfolgerung ableiten: Bevor Sie einen Versuch zur Anwendung der ASW
unternehmen, ist es notwendig, daß Sie einen »geistigen Haus-
putz« machen und Ihr Denken in Ordnung bringen. Dies emp-
fiehlt sich allerdings nicht nur im gegebenen Fall, sondern in jeder
Lebenssituation: Räumen Sie auf mit Schuldgefühlen, Minderwer-
tigkeitskomplexen, unnötigen Sorgen, Feindseligkeiten und Ag-
gressionen sowie allen anderen Ursachen, die Sie gereizt, verwirrt
oder deprimiert machen, und entwickeln Sie statt dessen eine positive Lebenseinstellung, die geprägt ist von Optimismus, Selbstach-
tung, Selbstvertrauen, froher Heiterkeit und Tatkraft und anstek-
kender Begeisterung.

Dies wird Ihnen reichen Gewinn bringen: es wird Ihr Leben
glücklicher und erfüllter machen. Sie werden besser und erfolgreicher arbeiten, mehr Energie haben und Ihre Leistungsfähigkeit

steigern. Sie werden weniger schnell ermüden, denn schon allein eine solche positive Einstellung stimuliert Sie bei Ihrem Tun. Außerdem stimuliert sie auch Ihre ASW in positiver Weise, so daß diese Ihnen immer mehr zu helfen vermag.

Hier, kurz zusammengefaßt, *ein Programm praktischer sechs Schritte,* das Sie lehrt, wie Sie erreichen, daß Ihre ASW in Alltagssituationen für Sie arbeitet. Das Verfahren ist im Prinzip einfach, in der Praxis jedoch erfordert es sehr viel Übung (die man mittels eines gezielten ASW-Trainings erlangen kann) und ferner großes psychologisches Einfühlungsvermögen und Verständnis.

Schritt 1: Sorgen Sie dafür, daß Sie in der richtigen Stimmung sind. Vermeiden Sie Streß und eignen Sie sich eine positive Einstellung an, die durch Optimismus, Selbstvertrauen, entschiedenes Streben und freudige Begeisterung charakterisiert ist, verbunden mit einem Gefühl der Zufriedenheit darüber, daß Ihr Wunsch sich erfüllen wird oder vielmehr in seinen determinierenden Ursachen erfüllt ist.

Schritt 2: Senden Sie einen »intensiven« Gedanken aus, der Ihr Wunschziel präzisiert, und lassen Sie auf diesen »letzten« Gedanken eine Leere des Geistes folgen, in der Sie geduldig auf die kommenden Erfahrungen warten – ohne persönliches Engagement, nur gleichsam als unbeteiligter Beobachter.

Es gelingt nicht immer, den gewünschten »letzten« Gedanken auf Verlangen, das heißt durch bewußtes Bemühen, zu erzeugen. Wenn Sie sich vergebens bemühen, ist es von großem Vorteil, das Unterbewußtsein zu Hilfe zu rufen, daß es den »intensiven« Gedanken spontan hervorrufe. Die Mechanismen, mittels derer dies geschieht, lassen uns an Werbung denken. Zu den bewährten Werbemethoden gehört die provozierende Wiederholung einer Frage. Wenn ein Problem Sie nachhaltig interessiert, denken Sie öfter daran und stellen sich Fragen. Solche fragende Gedanken tauchen wiederholt spontan auf, wodurch Ihre ASW aktiviert wird, auch wenn Sie das gar nicht bewußt wünschen, und so finden Sie oft – intuitiv – die gewünschte Lösung.

Verschiedene Rituale können ebenfalls dazu beitragen, Ihrer Frage einen stärkeren Gefühlsgehalt zu verleihen, so daß Sie sie mit größerer »Durchschlagskraft« stellen. Solche Rituale sind oft sehr kompliziert. Ein relativ einfaches Verfahren ist dieses: Schreiben Sie Ihre Frage auf einen Zettel und legen Sie diesen vor dem Schlafengehen unter das Kopfkissen; bitten Sie Gott in einem Gebet, Ihnen die Antwort zu geben.

Wenn es Ihnen gelungen ist, den »intensiven« Gedanken zu erzeugen, tun Sie nichts, als auf Ihre innere Stimme zu horchen und geduldig auf das Eintreffen einer Botschaft zu warten.

Schritt 3: Wenn Ihre ASW wirksam wird, können Sie mit einer Vielfalt überraschender Sinneseindrücke, sich aufdrängender Gedanken oder Impulse als Antwort auf Ihre Frage rechnen. Prägen Sie sich nach Möglichkeit all diese Impressionen und Gedanken genau ein oder, besser noch, schreiben Sie alles auf.

Schritt 4: Versuchen Sie, den Sinn Ihrer Erlebnisse auf der Grundlage Ihres Wissens und Ihres persönlichen Denkens zu deuten. Drei Arten von Erlebnissen kommen vor:

1. Reine ASW-Information, die uns das wahre, unverzerrte Bild der Wirklichkeit liefert. Sie ist das Beste, das uns widerfahren kann. Wir müssen durch Erfahrung lernen, solche Bilder zu erkennen.

2. Symbolisch verzerrte ASW-Bilder: sie sind das Zweitbeste, das wir erhalten können. Die Form der Symbole ist durch unsere individuelle Psyche bestimmt. Deshalb müssen wir unser Denken und unsere vorherrschenden Assoziationen verstehen lernen; nur dann können wir diese Bilder richtig deuten.

3. Bilder, die keine ASW-Impressionen, sondern lediglich in unserem Unterbewußtsein gespeicherte Inhalte widerspiegeln; sie stellen Inhalte unseres Denkens, aber auch unserer Ängste, Wünsche, Assoziationen und Erinnerungen an vergangene Erlebnisse bildhaft dar.

Daher müssen wir lernen, sie in ihrem Motivationskontext zu verstehen und sie von dem unter den Punkten 1 und 2 beschriebenen Bildmaterial zu unterscheiden und ihnen den ihnen gebührenden Platz zuzuweisen.

Schritt 5: Wenn nichts geschieht oder wenn Sie die eintreffenden Botschaften nicht verstehen, sollten Sie den ganzen Vorgang nach einiger Zeit wiederholen. Stellen Sie Ihre Frage erneut, das heißt, Sie wiederholen die Schritte 1 bis 4. Wenn Sie bereits eine Impression erhalten haben und diese Ihnen unklar geblieben ist, können Sie auch in Schritt 2 um Hinweise für Ihre richtige Deutung bitten.

Schritt 6: Seien Sie darauf vorbereitet, daß Sie die Antwort erst irgendwann später erhalten, vielleicht in einem Traum oder einer spontan auftauchenden Vision, während Sie sich in einem Zustand der Entspannung befinden, oder als sich aufdrängende Gedanken, während Sie mit etwas anderem beschäftigt sind. Möglicherweise haben Sie aber auch ein Erlebnis, das Ihre Frage beantwortet oder Ihnen ein tieferes Verständnis Ihres Problems vermittelt. Oder Sie können in eine Situation geraten, die Ihnen von selbst die Lösung bringt. Sie besuchen beispielsweise einen Freund, schlagen zufällig ein Buch aus seiner Bibliothek auf und finden dort die Lösung.

Im folgenden möchte ich, einstweilen nur ganz kurz, die Wirkungsweise der vorstehend beschriebenen Vorgänge verständlich machen. Ich stütze mich dabei auf eine Theorie, die unter allen bisher angebotenen Erklärungen unser gegenwärtiges Wissen über das Phänomen der ASW am besten darstellt.

Nach unserer heutigen Kenntnis erzeugt ein im Sinne der Parapsychologie »intensiver« Gedanke *gleichsam ein – aus Psi-Energie bestehendes – ASW-Organ.* Dieses ASW-Organ kann in Raum und Zeit reisen; es sammelt dabei Informationen und bringt sie zurück zu der wahrnehmenden Person. Die geistige Leere und die auf den »Empfang« entsprechender Signale ausgerichtete Aufmerksamkeit des »fragenden« Subjekts machen es nun möglich, mittels des ASW-Organs diese Signale bewußt zu erfahren – wenn auch »verunreinigt« durch Spuren rein persönlichen Denkens. Wenn das Subjekt der ASW jedoch nicht bereit ist, die Signale bewußt zu erleben, das heißt ihnen keine Beachtung schenkt, so beeinflussen sie sein Verhalten, sein Denken und Fühlen indirekt.

In einigen Einzelheiten läßt diese Theorie noch Fragen offen, beispielsweise diejenige nach dem Mechanismus der Kodierung derartiger Informationen im Gehirn, des weiteren nach dem Vorgang des Empfangs und der Kodierung von Psi-Informationen im ASW-Organ und nicht zuletzt nach dem Wie der Informationsübermittlung vom ASW-Organ zum Gehirn. Auf diese Fragen werde ich im Kapitel 4 (»Was ist Psi?«) näher eingehen.

Eine mit der ASW verwandte, aber nicht identische Fähigkeit ist die *Intuition*. Ihr verblüffendstes Merkmal ist, daß sie sich plötzlich aufdrängt, uns also gewissermaßen überfällt. Es kommt oft vor, daß wir lange versuchen, ein bestimmtes Problem zu lösen, ohne daß uns das gelingt, und daß sich uns dann plötzlich die Lösung spontan aufdrängt. Das kann eintreten, während wir uns vielleicht gerade entspannen und überhaupt nicht an das Problem denken oder mit etwas ganz anderem beschäftigt sind. Auch im Schlaf kann uns plötzlich eine Lösung zuteil werden, während wir also »bewußtlos« sind; dann nimmt sie vielleicht die Form eines phantastischen Traums an.

Es gibt zahllose Berichte über Erfindungen und wissenschaftliche Entdeckungen, die auf Träume zurückgehen. Einen solchen Traum hatte ELIAS HOWE, der Erfinder der (1846 patentierten) Nähmaschine. Howe mühte sich lange vergebens mit dem Problem ab, wie er den Faden auf die andere Seite des Stoffs bringen sollte, ohne daß auch die Nadel dort blieb. Normalerweise, wenn man von Hand näht, gleitet ja zuerst die Nadel durch den Stoff, und der Faden folgt nach.

Eines Nachts schlief Howe voll Verzweiflung ein und hatte einen Traum. Er wurde von Kannibalen gefangengenommen, die zu ihm sagten: »Du mußt innerhalb von vierundzwanzig Stunden die Lösung finden, sonst wirst du gefressen.« Die Wilden gingen dann unaufhörlich im Kreis um ihn herum. Plötzlich bemerkte Howe, daß der Speer, den der Kannibalenhäuptling in der Hand hielt, an der Spitze ein Loch hatte. Er fuhr aus dem Schlaf hoch, denn nun hatte er die Lösung für sein Problem: Das Nadelöhr mußte sich statt am Ende an der Spitze der Nähmaschinennadel befinden!

Bei dem Versuch, die Funktionsweise der Intuition zu erklären, entsteht eine Verwirrung daraus, daß wir es gewohnt sind, die bewußte und die unbewußte Tätigkeit des Gehirns als zwei getrennte Vorgänge zu betrachten. In Wahrheit gibt es jedoch nur ein Gehirn, und *die gesamte Hirntätigkeit muß daher als ein Ganzes verstanden werden*. Das bedeutet, daß von den zahllosen komplizierten Prozessen im Gehirn einige bewußt ablaufen (die »intensiveren«), wogegen andere unbewußt bleiben. Das Bewußtsein stellt somit sozusagen nur die Spitze eines Eisbergs dar. Unterhalb dieser »Spitze« laufen ganz ähnliche Prozesse ab wie oben, denen lediglich die Qualität »bewußt« fehlt und die wir deshalb eben nicht »bewußt« wahrnehmen. Bewußte und unbewußte Prozesse, die beide in unserem Gehirn ablaufen, sind also nicht Vorgänge gegensätzlicher Funktionen, sondern sie ergänzen einander. Der plötzlichen Offenbarung, als welche die Intuition auftritt, geht daher in Wahrheit eine ganze Menge vorbereitender Aktivität voraus.

Die Hirntätigkeit läßt sich sehr gut *mit der Arbeit eines Komputers vergleichen.* Tatsächlich verlaufen die komplexen Nervenreflexe und Signalübermittlungen im Gehirn in der gleichen Weise wie in einem Komputer – auch wenn sie eine andere chemische beziehungsweise physikalische Basis haben.

Die Arbeit eines Komputers beruht ebenso wie die des menschlichen Gehirns auf zwei Grundlagen: erstens in dem in Gedächtnisspeichern aufbewahrten Datenmaterial und zweitens in einer Anzahl von Programmen, die für die konkrete Verwertung dieses Datenmaterials zuständig sind.

Während unseres ganzen Lebens, bereits in frühester Kindheit, dann in der Schule, in der beruflichen Ausbildung oder einfach aufgrund unserer »Lebenserfahrung« sammeln wir ständig neue Informationen und speichern sie in unserem Gedächtnis. Wir erlernen dabei auch Reaktionsmuster, das heißt *Programme zur Verarbeitung und Anwendung der verfügbaren Informationen unter spezifischen konkreten Lebensbedingungen:* Wie man sich beispielsweise in bestimmten typischen Situationen verhält oder wie man denkt, um bestimmte typische Probleme zu lösen. Der Neurophysiologe JOHN C. ECCLES hat diesen Zusammenhang folgendermaßen charakterisiert: »Die Natur erzeugt die Hardware, während die Software von jedem Individuum erst erworben werden muß.«[10]

Das Sammeln von Gedächtnisdaten und neuen Programmen liegt jeglichem Lernen zugrunde – dem einfachen Gehen, das wir in der Kindheit lernen, ebenso wie der fortgeschrittensten Spezialausbildung in Wissenschaft, Handel und Industrie. Individuelle Unterschiede bestehen nur in der Menge und Art der gesammelten Informationen sowie in der Art und Komplexität der Programme. Unser logisches Denken, sogar unsere Charaktermerkmale, die Art und Weise, wie wir in konkreten Lebenssituationen denken und reagieren, basieren durchwegs auf solchen Programmen. Wegen der unterschiedlichen vergangenen Erlebnisse eines jeden von uns unterscheiden sich die Programme in Einzelheiten von Mensch zu Mensch.

Bei jeder Problemlösung, das heißt, wann immer wir vor einer neuen Situation stehen, versuchen wir zuerst, verfügbare Programme mit verfügbaren Informationen anzuwenden. Dies tun wir täglich im Alltags- und Berufsleben, wenn wir beispielsweise einen neuen Wasserhahn einbauen, mit einem neuen Kunden sprechen, eine einfache Zahnfüllung machen.

Etwas schwieriger sind solche Situationen, in denen wir entscheiden müssen, welches der verfügbaren Programme wir am besten anwenden sollen – um etwa einen zögernden Kunden zum Kauf unseres Produkts zu überreden und vieles andere mehr. Der gleiche Vorgang läuft ab, wenn wir bewußt über ein Problem nachdenken: Wir nehmen die bekannten Daten und spielen verschiedene Lösungsmöglichkeiten im Geiste durch, das heißt, wir versuchen, uns Klarheit über die Folgen der verschiedenen uns zur Verfügung stehenden Handlungsmöglichkeiten zu verschaffen.

Wenn wir systematisch denken, tun wir es bewußt. Doch *derselbe Prozeß einer Analyse verschiedener Möglichkeiten kann auch unbewußt ablaufen,* also ohne bewußte Aufmerksamkeit. Unsere Denkmuster (Programme) sind dem Gehirn einprogrammiert, und deshalb kann die Informationsverarbeitung gleichsam automatisch ablaufen, auch wenn wir sie nicht bewußt verfolgen. Erlernte geistige Problemlösungsstrategien sind lediglich Analogien zu erlernten Verhaltensmöglichkeiten – die ebenfalls bewußt oder unbewußt sein können.

Einen guten Vergleich bietet das Erlernen des Autofahrens. Zum Autofahren sind ebenfalls mehrere Programme erforderlich, die unsere Reaktionen in bestimmten Situationen steuern. Anfangs müssen wir uns bewußt auf jede Situation, auf jeden Vorgang konzentrieren. Später dann, mit zunehmender Erfahrung und Praxis, wird das Fahren automatisiert, und wir sind imstande, das Erforderliche zu tun und richtig zu reagieren, ohne bewußt an das Fahren zu denken. Wir können sogar mit einem Beifahrer ein lebhaftes Gespräch führen – und werden uns erst am Ziel richtig bewußt, daß wir angelangt sind. Ähnlich verhält es sich mit der Intuition: dabei führen uns selbständig arbeitende (unbewußte) Denkmuster zu der Lösung, die dann bewußt erlebt oder erfahren wird.

Überprüfen Sie ständig Ihre eingefahrenen Denkmuster

Genügen die vorhandenen Informationen nicht, um die Lösung eines Problems herbeizuführen, so müssen wir zunächst neue Informationen sammeln, indem wir unser theoretisches und praktisches Wissen vergrößern, das heißt *neue Programme erlernen*. Erfolg im Leben – und das gilt für alle Lebens- und Arbeitsbereiche – hängt weitgehend von der Fähigkeit ab, die relevanten Informationen zu finden und die richtigen Programme zu ihrer kreativen Verarbeitung zu wählen.

Manchmal kann eine nebensächliche Beobachtung eine neue, bis dahin fehlende Information liefern oder zu einem neuen, in der gegebenen Situation anwendbaren Programm anregen – das heißt einen ganz neuen Aspekt eines Problems aufzeigen.

Das widerfuhr beispielsweise JAMES WATT, als er einmal einen Topf mit kochendem Wasser beobachtete und dabei bemerkte, wie der Dampf den Deckel bewegte. Diese Beobachtung führte ihn zu der Erkenntnis, daß Dampf Energie enthält, und zur Erfindung der Dampfmaschine. RENÉ DESCARTES, dem Erfinder der analytischen Geometrie, kam die zündende Idee, während er im Bett lag und eine Fliege beobachtete, die in der Zimmerecke herumflog. Ähnliches widerfuhr auch ARCHIMEDES, als er feststellen sollte, ob die Krone seines Königs aus massivem Gold bestehe – ob also der Goldschmied den König betrogen habe oder nicht. Archimedes fand die Lösung angeblich, als er entspannt in einem Bad lag, wobei ihm auffiel, daß sein Körper im Wasser leichter war als außerhalb. Er brauchte also die Krone nur zu wiegen und das Metallvolumen zu messen, indem er die Krone in Wasser tauchte. Anschließend konnte er, trotz der komplizierten Form der Krone und ohne sie zu beschädigen, genau berechnen, wieviel Gold sie enthielt. Archimedes war so erregt über seine intuitive Lösung, daß er nackt aus dem Bad sprang, durch die Straßen von Syrakus lief und rief: »Heureka! Ich hab's gefunden!«

Ein gutes *Beispiel für automatische Denkprozesse* bilden die Fälle, in denen ein Arzt einen Patienten erblickt und, noch bevor dieser etwas sagt, bereits intuitiv die Diagnose kennt. Dafür ist keine ASW erforderlich. Während seiner Ausbildung hat sich ein solcher Arzt eine gute Beobachtungsgabe angeeignet, und er hält nun Ausschau nach Symptomen und zieht Schlußfolgerungen. Ein erfahrener Arzt muß nicht mehr über all dies bewußt nachdenken – er verhält sich ähnlich wie ein erfahrener Autofahrer, der seinen Wagen in Routinesituationen mehr oder minder automatisch fährt. Weist ein Patient die für eine verbreitete Krankheit charakteristischen Symptome auf, so erkennt ein erfahrener Arzt die Symptome und damit die Krankheit sofort. Und noch bevor der Patient zu sprechen beginnt, hat das Unterbewußtsein des Arztes das Problem bereits gelöst: er »weiß«, was dem Patienten fehlt.

Nicht alle vom Gehirn gespeicherten Daten und Programme sind zwangsläufig richtig. In der Geschichte von der Erfindung der Nähmaschine beispielsweise war die ursprüngliche Annahme, an der Nadel müsse sich das Öhr immer am stumpfen Ende befinden, falsch. Was unter bestimmten Bedingungen – hier für das Nähen mit der Hand – gilt, muß nicht zwangsläufig immer zutreffen. Gehen wir aber von falschen Voraussetzungen aus, so können wir unmöglich zur richtigen Lösung gelangen.

Das Festhalten an unrichtigen Prämissen hemmt so manchen Fortschritt der Wissenschaft. Der Widerstand gegenüber neuartigen Betrachtungsweisen verhindert oft genug, daß neue Entdeckungen gemacht oder akzeptiert werden.

Wer mit der Geschichte der ASW-Forschung vertraut ist, hat zweifellos bemerkt, gegen welche Rigidität des Denkens die Parapsychologen – besonders in der Vergangenheit – ankämpfen mußten. Einerseits lehnten Wissenschaftler aus anderen Bereichen es ab, Phänomene als real zu akzeptieren, die »übernatürlich« oder »unmöglich« und mit den etablierten wissenschaftlichen Theorien unvereinbar zu sein schienen. Andererseits wehrten sich die Verfechter dogmatischer Religionen und Philosophien gegen die Vorstellung, daß Phänomene, die man bislang als »Wunder« oder als

Taten »übernatürlicher Wesen« oder »Geister« interpretiert hatte, den mit wissenschaftlichen Methoden durchgeführten kritischen Untersuchungen ausgesetzt wurden.

Die Erstarrtheit von zu Programmen erhärteten Überzeugungen – hier die mangelnde Flexibilität etablierter Denkmuster – ist eng verwandt mit der Rigidität der Verhaltensmuster, die die Psi-vermittelte Instrumental-Reaktion (PVIR) verhindern (siehe Seite 95 f.)

Wenn falsche Informationen oder ein falsches Programm das reibungslose Eintreffen der Lösung verhindern, können Entspannung, irgendeine ablenkende Beschäftigung oder Schlaf von großem Nutzen sein; denn sie ermöglichen, die hinderlichen Vorstellungen zu vergessen. ELIAS HOWES rigides Denken bewirkte beispielsweise, daß er an einem nicht anwendbaren Programm festhielt: dem Nadelöhr am stumpfen Nadelende.

Wenn es einem jedoch gelingt, von einem falschen Programm Abstand zu nehmen, so verschwinden die Blockierungen auf dem Weg zur Lösung, und *unbewußte Prozesse, die auf anderen Programmen basieren, führen von allein die Lösung herbei.* Sie erscheint dann plötzlich als ein sich aufdrängender Gedanke im Wachbewußtsein, etwa wie ein Blitz aus heiterem Himmel.

Die bisherigen Ausführungen bedürfen jedoch einer Erweiterung: Bis jetzt wurde das Phänomen der Intuition so erörtert, als ob uns alle Informationen nur über unsere fünf klassischen Sinne zukämen. Doch wirkt die ASW wie ein zusätzlicher »sechster« Sinn, der uns ebenfalls Informationen übermittelt. Und genau an diesem Punkt tritt der Zusammenhang zwischen Intuition und ASW zutage.

Die für die Lösung eines »neuen« Problems *entscheidenden Beobachtungen und Einsichten sind entweder unseren normalen Sinnen oder der ASW zu verdanken.* Dies kann mehr oder weniger beabsichtigt sein, wenn wir uns beispielsweise entspannen oder in meditativer Zielgerichtetheit über unser Problem »nachdenken«; wir wissen schließlich, daß Entspannung, Schlaf oder »intensives« Interesse die Entfaltung der ASW begünstigen. Nicht selten vermittelt die ASW die benötigten Informationen aber auch spontan, ähnlich wie die PVIR unser Verhalten ohne unser Zutun günstig beeinflußt.

Der Unterschied zwischen den beiden Vorgängen liegt darin, daß es sich bei der PVIR gleichsam um einen automatischen Reflex handelt, das heißt, die Psi-Informationen lösen ein Verhalten aus, wogegen bei der Intuition die ASW-Information als eine jener Komponenten, aus denen schließlich die bewußte intuitive Idee (Lösung) entsteht, in den automatischen, nämlich unbewußten Denkprozeß eingeht.

So setzen Sie Ihre Intuition bewußt zur Problemlösung ein

Nach diesen einführenden Erörterungen wollen wir uns nun der Technik zuwenden, wie sich die Intuition zur Lösung von Problemen bewußt einsetzen läßt.*

Schritt 1: Arbeiten Sie intensiv an Ihrem Problem, versuchen Sie, möglichst viel über alles, was mit ihm zusammenhängt, in Erfahrung zu bringen. Analysieren Sie Ihr gesamtes vorhandenes Wissen und bemühen Sie sich ganz bewußt, die Lösung zu finden.

Schritt 2: Wenn Sie alles getan haben, was sich auf rationaler Ebene tun läßt, und die Lösung noch immer nicht kommt, so vergessen Sie Ihr Problem für eine Weile. Beschäftigen Sie sich statt dessen mit etwas anderem. Machen Sie einen Ausflug, arbeiten Sie manuell, widmen Sie sich Ihrem Hobby, geben Sie sich einer ruhigen Unterhaltung oder Entspannung hin, lesen Sie ein gutes Buch oder gehen Sie einfach schlafen. Vielleicht sind Sie bereits im Besitz aller Informationen, die zur Lösung Ihres Problems erforderlich sind, und der Weg dahin ist nur noch durch irreführende Auffassungen, falsche Assoziationen oder unrichtige Gewichtverteilung blockiert. Wenn Ihr Hirn sich »passiv« verhält, verblassen auch jene Gedankenmuster, die der Lösung im Weg stehen. Der automatisch ablaufende Denkprozeß ordnet die bekannten Daten neu,

---

* Es handelt sich um eine Adaptierung der Technik, die ich bereits in meinem Buch *Der Tod und was danach kommt* [35], in dem das Thema Intuition ausführlich behandelt wurde, umrissen habe. Viele schöpferische Menschen wenden übrigens diese Technik seit jeher instinktiv an, ohne sich dessen bewußt zu sein.

verarbeitet sie und arbeitet die Lösung aus. Erst dann können Ihnen Ideen kommen.

Schritt 3: Falls die Lösung nach einiger Zeit immer noch nicht aufgetaucht ist, sollten Sie sich einer leichten, mit Ihrem Problem verknüpften Beschäftigung hingeben, etwa ein Buch über ein verwandtes Thema lesen oder mit einem Freund darüber sprechen. Vielleicht möchten Sie sich auch Notizen machen, die Ihnen einen Überblick über Ihr Problem vermitteln. Jede solche Beschäftigung ist gut, am besten dürfte jedoch eine Beschäftigung sein, die Sie mit neuen Ideen inspiriert – wie beispielsweise das Lesen eines Buches, das Ihr Thema in ungewöhnlicher Weise behandelt. Das gibt Ihnen frische Impulse, die möglicherweise die problemlösende Kettenreaktion in Gang setzen. Dabei tauchen neue Gedanken und Assoziationen auf, die von der unbewußten Aktivität Ihres Geistes vorbereitet wurden und die Ihnen jetzt, da sich Ihre bewußte Aufmerksamkeit dem Thema wieder zuwendet, vermutlich leichter zu Bewußtsein kommen.

Schritt 4: Hilft auch das noch nicht, so wiederholen Sie den ganzen Vorgang: Denken Sie noch einmal intensiv über Ihr Problem nach, versuchen Sie dabei sachdienliche Informationen zu erhalten und ruhen Sie sich dann wieder aus. Vielleicht fehlt nur noch ein einziges Zwischenglied in der Kette. Falls Sie bei der Suche nach der Lösung aktiv Ihre ASW als Hilfe einsetzen wollen, so ist jetzt der geeignete Zeitpunkt dafür gekommen. Wählen Sie aber für den Einsatz der ASW den richtigen Zeitpunkt, einen Moment, da Sie glücklich, frisch, zufrieden und begierig sind, Ihr Problem anzugehen. Sorgen Sie dafür, daß Sie nicht durch äußere Ablenkungen gestört werden.

Schritt 5: Schalten Sie nun alle anderen Probleme aus Ihrem Denken aus. Lassen Sie Gedanken, die um andere Aufgaben des Tages oder Interessengebiete kreisen, Ihre Anliegen und Sorgen fallen, überhaupt alles, was Sie von dem Vorsatz ablenken könnte, Ihr Problem zu lösen. Verdrängen Sie diese anderen Angelegenheiten, die Streß verursachen könnten, bewußt oder bringen Sie sie, wenn sie sich nicht verdrängen lassen, in Gedanken zu einer akzeptablen Lösung – zumindest bis auf weiteres, bis Sie darauf zurückkommen können und wollen. Stellen Sie sicher, daß Sie mit dieser vorläufigen Lösung zufrieden sind und Ihr Geist beruhigt ist, weil Ihnen ganz und gar bewußt ist, daß diese Angelegenheiten im Moment nicht Ihrer Aufmerksamkeit bedürfen.

Schritt 6: Widmen Sie nun dem intensiven Studium Ihres Problems einige Zeit. Gehen Sie Ihr Wissen über Ihr Problem noch einmal durch und analysieren Sie es in all seinen Verästelungen. Ziehen Sie Alternativlösungen in Erwägung. Schalten Sie anschließend jedoch jedwedes rationale Denken aus und versuchen Sie, während Sie die nächsten Schritte tun, ein »inneres Gefühl« für das Problem zu bekommen.

Schritt 7: Fassen Sie den wesentlichen Kern Ihres Problems in eine einfache, aber dennoch erschöpfende Frage. Schicken Sie dann die Frage mit einem intensiven, konzentrierten Gedanken aus. Bitten Sie nach innen gewandt um die Antwort. Sie können die Frage auch mechanisch laut wiederholen, immer von neuem, oder Sie können sie auf einen Zettel schreiben und diesen beim Schlafengehen unter Ihr Kopfkissen legen. Die Frage läßt sich aber auch mit irgendeinem anderen Ritual verknüpfen. Wenn Sie es für angebracht halten, können Sie zum Beispiel den Zettel zusammen mit Weihrauch verbrennen.

Solches Tun trägt dazu bei, Ihre unbewußte geistige Aktivität zu fördern und auf das gewünschte Ziel zu lenken. Auf diese Art »verkaufen« Sie – wie das durch Werbung geschieht – die Frage möglichst einprägsam Ihrem Unterbewußtsein. Wenn Sie Ihr Unterbewußtsein auf diese Weise aktiviert haben, setzt es sich mit Ihrem Problem auseinander und liefert Ihnen – quasi ohne Ihr Zutun – die Lösung (siehe dazu Seite 38).

Falls es Ihnen jedoch lieber ist, können Sie sich auch bildhaft ein Treffen mit einem sehr klugen Menschen vorstellen (siehe dazu Seite 54) und die Sie bedrängende Frage an ihn richten. Wenn Sie gläubig sind, bitten Sie Gott – oder einen Heiligen – um Hilfe. Das stärkt Ihr Vertrauen in den Erfolg.

Schritt 8: Entspannen Sie sich nun, machen Sie Ihren Geist leer und aufnahmebereit für ASW-Signale und warten Sie dann auf ein offenbarendes Erlebnis. Oder wenden Sie Ihre bevorzugte Meditationstechnik an, um Ihre Gedanken abzuschalten. Oder beten Sie um die Antwort; das ist im Grunde nichts als eine andere Form der

Meditation. Erwarten Sie die Antwort in jeder denkbaren Erlebnisform – als Vision, Stimme, Symbol, als sich aufdrängenden Gedanken und dergleichen mehr. Seien Sie sehr aufmerksam, denn die schwachen ASW-Signale können durch die normale Denktätigkeit leicht überdeckt werden. Nehmen Sie eine Haltung ein, als versuchten Sie, sich geduldig an die Lösung zu »erinnern« – ohne Spannung, ohne Druck, einfach geduldig, aber aufmerksam wartend, bis Ihnen die Lösung »einfällt«.

Unterdrücken Sie in diesem Stadium jedwedes Nachdenken über Ihr Problem, vergessen Sie Ihr ganzes persönliches Engagement, harren Sie nur erwartungsvoll-geduldig dessen, was Ihnen spontan zu Bewußtsein kommt. Oder gehen Sie einfach schlafen und erwarten Sie die Antwort im Traum. Bleiben Sie nach dem Aufwachen eine Weile ruhig im Bett liegen und versuchen Sie, sich an Ihren Traum zu erinnern – als blickten Sie im Geiste zurück und fragten sich leise: »Was ging mir da vorhin durch den Kopf?« Schreiben Sie anschließend alles sofort auf ein vorher bereitgelegtes Blatt Papier.

Schritt 9: Halten Sie die Antwort, wenn sie schließlich gekommen ist, so genau wie möglich fest. Schreiben Sie alles nieder, was Sie erfahren haben, ohne es zu analysieren oder in seiner Bedeutung zu interpretieren. Nur so stellen Sie sicher, daß Sie eine genaue Aufzeichnung Ihres Erlebnisses erhalten und sich auch später noch an alle Einzelheiten erinnern, falls dies einmal notwendig sein sollte. Achten Sie wirklich auf alle Einzelheiten; widerstehen Sie der Versuchung, irgendein Element, das auf den ersten Blick unbedeutend, allzu trivial oder bruchstückhaft zu sein scheint, nachlässig zu behandeln. Nicht selten erweisen sich gerade die scheinbar bedeutungslosen Impressionen, die man normalerweise leicht übersieht, später als überaus wichtig. Erst wenn Sie alles genau notiert haben, können Sie damit beginnen, Ihr Erlebnis rational zu analysieren.

Versuchen Sie nun zu bestimmen, welche Interpretation richtig ist und welche Elemente durch Ihre Ideen, Überzeugungen oder Emotionen verzerrt worden sein könnten. Trachten Sie danach, in dieser rationalen Analyse die richtige Interpretation zu finden – dem Sinn Ihres Erlebnisses auf die Spur zu kommen. Falls es Sym-

bole enthielt, müssen Sie sorgfältig darauf achten, daß Sie diese
nicht falsch auslegen. Ihr eigenes Denken gibt Ihnen oft Deu-
tungshinweise, beachten Sie diese. In der Deutung Ihres Erlebnisses respektive Ihrer Erfahrung erkennen Sie dann entweder die direkte Antwort auf Ihre Frage oder möglicherweise auch einen
Hinweis auf eine neue Richtung, in der Sie die Lösung suchen
müssen.

Schritt 10: Falls überhaupt keine erkennbare Antwort in Ihrem
Bewußtsein auftaucht, sollten Sie darauf vorbereitet sein, die Ant-
wort später zu erhalten, denn sie kann auch mit Verzögerung im
Laufe Ihrer normalen Beschäftigung kommen.

Wenn Sie das vorstehend beschriebene Verfahren wiederholt
praktizieren, werden Sie mit allergrößter Wahrscheinlichkeit recht
bald hilfreiche Eingebungen haben, sei es als plötzlich sich *aufdrängende Gedanken,* sei es *als unvermittelte Geistesblitze oder
Erleuchtungen.* Es können sich aber auch Ihre Interessen spontan
ändern, auf neue Gebiete gelenkt werden, wo die erforderlichen
zusätzlichen Informationen zu finden sind.

Was an anderer Stelle hinsichtlich der ASW schon gesagt wurde,
gilt auch für die Intuition: sie läßt sich nicht erzwingen. Wir können nichts anderes tun, als die für ihr Auftreten günstigsten Bedingungen zu schaffen und dann zuwarten, bis sie kommt. Doch die
vorstehend beschriebenen zehn Schritte zeigen, daß wir sehr viel
tun können, um ihr Auftreten zu ermöglichen.

Psi wirkt ohne Umwege

Ein weiteres ungewöhnliches Merkmal der ASW ist ihre ungeheure
Orientierungsfähigkeit. Sie vermag sich auf eine erfragte Information hin unmittelbar und sofort an die Informationsquelle zu wenden, ungeachtet auf welchem Weg und unter Abschirmung gegenüber unerwünschten Informationen. *Psi ist eine zielorientierte – und
keine prozeßorientierte – Funktion,* für die gewöhnlich schon der
Wunsch nach einem bestimmten Ergebnis genügt, damit dieses
Wirklichkeit wird. Den Prozeß, mittels dessen das geschieht,
braucht man nicht zu begreifen.

Aufgrund spontaner Telepathie beispielsweise kann jemand eine Botschaft von einem anderen Menschen empfangen, der vielleicht Tausende von Kilometern entfernt ist, und dabei müssen die beiden Betroffenen die Adresse des anderen nicht kennen. Eine emotionale Verbindung oder gegenseitiges Interesse allein genügen schon für die Herstellung des Kontakts.

JOSEPH BANKS RHINE, der große amerikanische Pionier der Parapsychologie, führte zu Beginn seiner wissenschaftlichen Laufbahn gemeinsam mit seinen Mitarbeitern unter anderen ein *Distanzexperiment* durch. Dabei gelang es einer in Jugoslawien wohnenden Versuchsperson, mittels ASW eine Reihe von in einem bestimmten Pack an einem bestimmten Platz in Rhines Labor in Durham, North Carolina, verwahrten Karten zu erkennen. Die Versuchsperson wählte den richtigen Stapel Karten unter Hunderten anderer aus, die sich ebenfalls in Rhines Labor befanden und alle genau gleich aussahen.[21]

In diesem Zusammenhang wurde auch die Beobachtung gemacht, daß die Ergebnisse der ASW, wenn sie gezwungen ist, in zwei Schritten zu arbeiten, so aussehen, als arbeite sie in nur einem Schritt. Stellen Sie sich beispielsweise einmal vor, Sie säßen an einem Tisch und hätten eine Reihe Karten mit unterschiedlichen geometrischen Figuren (Kreis, Viereck, Stern, Kreuz, Wellenlinien) vor sich. Nun bekommen Sie einen anderen Pack gleicher Karten, die in undurchsichtigen Umschlägen verschlossen sind, und sollen jetzt mittels ASW den auf dem Tisch liegenden Karten die gleichen, in Umschlägen verschlossenen Karten zuordnen.

In einer zweiten Variante des Experiments sind auch die auf dem Tisch liegenden Karten verdeckt, und Ihre Aufgabe lautet dann, die unbekannten, in Umschlägen verschlossenen Karten mit den ebenfalls unbekannten, verdeckt auf dem Tisch liegenden Karten paarweise richtig zusammenzustellen. Bei dieser zweiten Variante sind Sie nun gezwungen, zwei ASW-Akte auszuführen. Erstens müssen Sie herausfinden, welche Figur die verdeckt auf dem Tisch liegende Karte zeigt, und zweitens müssen Sie die unbekannte, in einem Umschlag verschlossene Karte finden, die die gleiche Figur zeigt.

Wenn man nun eine Versuchsperson, die über eine nicht sonderlich hoch entwickelte ASW verfügt, beide Experimente durchführen läßt, sind in den zwei beschriebenen Versuchsanordnungen Fehler zu erwarten; im zweiten Experiment müßten sich die Fehler jedoch häufen. Genau dies ist jedoch nach wissenschaftlichen Erkenntnissen nicht der Fall. Diese Experimente haben vielmehr gezeigt, daß die ASW in solchen Tests, unabhängig von der Versuchsanordnung, die Übereinstimmung ermittelt – wobei sich *in beiden Varianten die gleiche Fehlerquote* einstellte.

Dieses Psi-Merkmal läßt sich mit dem physikalischen Phänomen der »Resonanz« vergleichen. In der Physik stellt die Resonanz ein selektives Phänomen dar. Nur zusammenpassende Gegenstände treten miteinander in Resonanz, und die Resonanz entsteht durch die Übertragung energetischer Impulse, die verstärkend wirken. Bei der ASW beruht die »Resonanz«-Beziehung anscheinend jedoch nicht auf energetischen, sondern auf sinngetragenen Beziehungen.

Etwas *Ähnliches geschieht auch bei der Psychokinese (PK)*. Sie ist ebenfalls ein Prozeß, auf den »Umwege«, das heißt Erschwerungen in der Versuchsanordnung, sich nicht auf das Ergebnis auswirken. In diesem Punkt ist sie mit der ASW nicht nur verwandt, sondern auch verknüpft.

Die PK wurde in quantitativen Experimenten untersucht. Die Versuchspersonen würfelten und versuchten, durch Willenseinwirkung zu erreichen, daß eine bestimmte Würfelzahl obenauf zu liegen kam. Die statistische Auswertung erwies das Vorhandensein von PK aufgrund überzufälliger Ergebnisse. Als man dann das Experiment änderte und die Versuchspersonen eine bestimmte Zahl, die ihnen aber nicht genannt wurde, würfeln sollten, verlief das Experiment genauso erfolgreich.

Dabei hatten die Versuchspersonen zuerst mittels ASW herausfinden müssen, welche Würfelzahl sie würfeln sollten, und erst dann mittels PK versucht, diese Zahl zu würfeln.

Psychokinese (PK) und ihre Anwendung durch Geistheiler

Das Phänomen der Psychokinese (PK) ist insgesamt weniger erforscht als die ASW. Psychokinese ist die rein geistige beziehungsweise *psychische Beeinflussung materieller Abläufe, insbesondere auch biologischer Vorgänge.* Aufgrund dieser Fähigkeit können physikalische, chemische und biologische Effekte herbeigeführt werden (nicht nur etwa die Bewegung von Gegenständen, wie die Bezeichnung »Psychokinese« eigentlich andeutet). Sie findet in der Geistheilung ihre bekannteste Anwendung.

Der experimentelle Nachweis wurde insofern erbracht, als Heileffekte auch unter Bedingungen nachgewiesen wurden, deren Ergebnisse sich nicht auf psychologische oder symptomatische Einflüsse zurückführen ließen. Die erzielten Heileffekte bestanden beispielsweise in einer Beschleunigung der Wundheilung bei Labor-Tieren, in der Verzögerung des Wachstums von Bakterien[26] oder der Pilzkulturen[2]. Erstaunlich muten auch die Experimente psychokinetisch bewirkter Förderung des Wachstums von Pflanzen an[13].

Bei den mit Geistheilern durchgeführten Experimenten konzentrierten sich diese nicht etwa auf spezifische biochemische Prozesse, die beeinflußt werden sollten, sondern sie »segneten« das Tier ganz allgemein oder »verfluchten« die Bakterien. Das erklärt schlagend die Macht und den Erfolg der bei Naturvölkern heute noch angesehenen Medizinmänner und Zauberpriester.

Heiler, die die ihnen bei der Behandlung ihrer Kranken auffallenden subjektiven Erlebnisse zu beschreiben versuchen, betonen übereinstimmend, daß sie zuerst *ein Gefühl der Liebe zum Patienten in sich erwecken.* Manche glauben, daß nicht sie selbst heilen, sondern daß sie nur ein Kanal der göttlichen Kraft sind, die das eigentliche Heilen besorgt. Diese Abwälzung persönlicher Verantwortung wirkt im übrigen als förderlicher, Streß abbauender Faktor (siehe Seite 35 ff.).

Als zweites heben die Heiler hervor, daß sie sich bildhaft das Endergebnis der Heilung vorstellen, jedoch nicht den Vorgang, der sie bewirkt. Beim Heilen einer Wunde beispielsweise bedienen

sie sich Vorstellungsbilder und Suggestionen wie etwa: »Da ist keine
Wunde, da war nie eine Wunde; das Gewebe ist unversehrt, alles
ist von lebensrettender, heilender Energie durchdrungen ...«
Diese »heilende Energie« vergegenwärtigen sie sich oft symbolisch
als helles, heilendes oder schützendes Licht.

Wenn Sie *psychokinetische Kräfte zu Heilzwecken aktivieren*
wollen, sollten Sie die folgenden Punkte beachten:

1. Stellen Sie sich immer nur das Endergebnis vor und denken Sie
   nicht darüber nach, wie es erreicht wird.
2. Aktivieren Sie in sich die Überzeugung, daß die Heilung jetzt,
   sofort, eintritt.
3. Halten Sie sich bildhaft vor Augen, welch wohltuende, vorteilhafte Folgen die·Heilung nach sich zieht.
4. Entschlagen Sie sich jeder persönlichen Verantwortung für Erfolg oder Nichterfolg und vermeiden Sie jedes persönliche emotionale Engagement.
5. Wiederholen Sie Ihre diesbezüglichen Versuche so oft wie nötig
   und warten Sie geduldig und voll Zuversicht auf das Endergebnis.

Die meisten Geistheiler bestreiten, eigene Heilkräfte einzusetzen.
Sie behaupten vielmehr, nur ein »Kanal« zu sein, durch den die
göttliche Heilkraft den Patienten erreicht. Viele Heiler sind, von
Scharlatanen und Geschäftemachern, die es auch gibt, jetzt abgese-
hen, tiefreligiöse Menschen. Daß Gott die Heilung bewerkstelligt,
hat auch den Vorteil: Gott versteht das am besten. Der Heiler ist
nur Vermittler – ein Diener. Da folglich eine überpersönliche Kraft
die Heilung besorgt, muß sich der Heiler auch nach der Behandlung vieler Patienten nicht müde fühlen.

Die von den meisten Geistheilern angewandten *therapeutischen
Schritte* sind in ihrer Reihenfolge die folgenden:

○ Entspannung;
○ Einstimmung auf eine höhere Macht (Gott);
○ die Vorstellung und beziehungsweise oder die Bekräftigung, daß
  sich der Patient in einem Zustand vollkommener Gesundheit befindet;
○ Danksagung an Gott oder die Quelle der unendlichen Kraft und
  Energie.

Die Zweckmäßigkeit dieser Schritte zeigt sich in den erstaunlichen Erfolgen, die so manchen Geistheilern, insbesondere wenn sie sich auf der Grundlage echter Nächstenliebe um ihre Patienten bemühen, beschieden sind.

3
Psi-Paradoxien oder die Grenzen des Kausalitätsprinzips

Innere und äußere Beschränkungen der ASW

Dieses und das folgende Kapitel 4 sind der Erörterung auch einiger theoretischer und forschungstechnischer Probleme gewidmet, die mit Psi und dessen philosophischen Implikationen zusammenhängen. Wenn Sie sich ausschließlich für die praktische Anwendung von Psi interessieren, *können Sie ohne weiteres schwierigere Textpassagen dieser Art – die etwas kleiner gedruckt sind – auslassen,* ohne daß Ihr Verständnis der in diesem Buch gegebenen praktischen Anweisungen leidet.

Es wurde bereits darauf hingewiesen, daß zum gegenwärtigen Zeitpunkt die Nutzung der ASW in unserer Gesellschaft noch beschränkt ist, daß sich diese Fähigkeit jedoch trainieren und zu immer größerer Vollkommenheit entwickeln läßt. Dabei haben wir allerdings die Möglichkeit, daß die ASW vielleicht deshalb keine absolut zuverlässigen Informationen liefert, weil dies in ihrer Natur liegt, völlig außer acht gelassen.

Natürlich *haftet auch allen »normalen« Sinneswahrnehmungen ein Unsicherheitselement an,* und wir leben damit, ohne daß wir groß darüber nachdenken oder uns dadurch sonderlich gestört fühlen. Unsere Sinne arbeiten recht zuverlässig, was allgemeine praktische Zwecke anbelangt – und das kann die ASW ebenfalls. Nur wenn wir über die alltägliche praktische Erfahrung hinausgehen und an die philosophischen Implikationen denken, werden mögliche Beschränkungen sichtbar und erregen dann unser Interesse.

Unsere Sinneseindrücke – und ihre Zusammenfassung zu einem Eindruck in unserem Gehirn – vermitteln uns ein ganzheitliches, man kann auch sagen, »geistiges« Abbild der Umwelt, in der wir leben. In Alltagssituationen befähigt uns dieses Bild, angemessen auf Ereignisse und Situationen, die sich in unserer Umgebung abspielen, zu reagieren. Seine Qualität, Genauigkeit und Authentizität hängen von der Qualität unserer Sinne und unseres Verstandesapparates ab, der die Sinnesdaten integriert beziehungsweise zu einem Ganzen zusammenfügt.

Unser *Bild der Erscheinungswelt ist jedoch nie objektiv genau.* Jeder Sinn liefert realitätsbezogene Daten, denen in ihrer Genauigkeit Grenzen gesetzt sind durch die Art der Energie (zum Beispiel Lichtwellen oder akustische Frequenzen), der sie sich verdanken. Unsere Sinne haben sich nun dahingehend entwickelt, uns zu ermöglichen, mit Alltagssituationen fertig zu werden und uns mit Gegenständen zu befassen, deren Größe unserer eigenen ungefähr entspricht. Atome, Elementarteilchen oder die Bewegungen weit entfernter Sterne nehmen wir nicht mehr direkt wahr.

Diese Bedingungen gelten für unser gesamtes auf unmittelbarer Erfahrung beruhendes Wissen über die Erscheinungswelt. Während die Unvollkommenheit unseres sensorisch empfangenen Bildes der Wirklichkeit hauptsächlich auf die Unvollkommenheit unserer Sinne zurückzuführen ist, unterliegt die Beobachtung von Ereignissen im atomaren Mikrokosmos – wie der Elementarteilchen und ihres Verhaltens – Beschränkungen, die dem Prozeß selbst innewohnen. Das von der Atomphysik beigesteuerte *Prinzip der Unbestimmtheit* zeigt, daß es schlechthin unmöglich ist, zugleich mit beliebiger Genauigkeit die Position eines Teilchens im Raum und seine Geschwindigkeit (Ort und Impuls) oder die Position des Teilchens in der Zeit und seine Energie zu messen.

Um uns dieses Prinzip, das auch als *Unschärferelation* bekannt ist, zu veranschaulichen, müssen wir uns vorstellen, wir wollten die Position einer Billardkugel genau bestimmen. Dies tun wir, indem wir das von ihr reflektierte Licht beobachten. Befindet sich an der Stelle der großen Billardkugel jedoch ein kleiner Gegenstand wie ein Atom oder ein Elementarteilchen, so wird die Energie des auftreffenden Lichts es stören. Auf makrokosmischer Ebene wäre dem Versuch der Vorgang vergleichbar, die Bewegung einer Billardkugel zu ermitteln, indem wir sie mit Gewehrkugeln beschießen.

Es liegt in der Natur der Grundgesetze der Physik, daß präzise Daten über ein einzelnes Elementarteilchen in einer Wolke der Unbestimmtheit verschwinden. Strenge Kausalgesetze, die das Verhalten einzelner Gegenstände in der makroskopischen Welt beherrschen, lassen sich auf dieser Ebene nicht mehr anwenden, und man untersucht daher lediglich *das Verhalten eines durchschnittlichen Teilchens*. Das untersuchte Teilchen verhält sich also nur in Übereinstimmung mit statistischen Gesetzen, wie die Quantenmechanik sie beschreibt. Manche Physiker deuten dieses Charakteristikum dahingehend, als höre das einzelne Teilchen in dem kleinen Unbestimmtheitsintervall vollkommen auf, sich kausal zu verhalten, und zeige das, was man »freien Willen« nennen kann.

Das Unbestimmtheitsprinzip herrscht nur in einem winzigen Wirklichkeitsintervall vor, das so gering ist, daß es sich der Beobachtung durch unsere Sinne vollkommen entzieht. Bemerkbar ist es nur in Ereignissen auf atomarer Ebene. Doch gemäß der gegenwärtig geltenden Theorie der Physik ist es durchaus möglich, daß in diesem geringen Unbestimmtheitsintervall physikalische Prozesse sich in einer Weise fortsetzen, die den makroskopischen kausalen Naturgesetzen völlig widersprechen.

Die klassische Vorstellung, daß sich ein Vorgang in bestimmten, festgelegten Bahnen vollzieht – was offensichtlich ist, wenn wir makroskopische Ereignisse betrachten –, wird hier durch die Vorstellung ersetzt, daß jeder Mikroprozeß mit dem Aussenden einer Vielzahl von »Fühlern« beginnt, die irgendwie in einer Unbestimmtheitswolke zerstreut sind. In dieser Wolke kann Überraschendes geschehen: Ein Teilchen kann seine Position ändern, in der Zeit zurückgehen oder, entgegen den Gesetzen der Thermodynamik, Energie borgen. Aus einer Vielzahl solcher ansatzweise eingeleiteter Prozesse können sich schließlich nur einige wenige fortsetzen und zu makroskopischen Ereignissen entwickeln; andere müssen umkehren, bevor sie zu weit gegangen sind. Folglich wird ein Entwicklungsprozeß dargestellt als ein Ausprobieren aller möglichen Wege oder als ein Existieren in zahlreichen möglichen Zuständen, von denen sich dann einer tatsächlich durchsetzt.

Natürlich spielen solche Erwägungen für die Dinge des täglichen Lebens keine Rolle, doch sie erweisen sofort augenfällig ihre Bedeutung, wenn wir uns mit subatomarer Physik befassen. Die Unmöglichkeit, das Verhalten subatomarer Teilchen unter den beschriebenen Bedingungen genau zu berechnen, resultiert nicht aus irgendeiner Unvollkommenheit der Meßinstrumente, sondern wohnt der Natur der Teilchen selbst inne, eine Tatsache, die zu interessanten philosophischen Schlußfolgerungen führt:

Innerhalb eines gewissen, wenn auch sehr kleinen Spektrums kann die Existenz einzelner Teilchen nicht mehr beobachtet und ihr Verhalten auch nicht mehr genau gemessen und vorhergesagt, sondern nur noch statistisch, das heißt in Kategorien der Wahrscheinlichkeit, beschrieben werden.

Diese Tatsache könnte darauf hindeuten, daß sich die einzelnen Teilchen innerhalb des Unbestimmbarkeitsspektrums nicht mehr streng kausal verhalten – und zwar gemäß ihrer eigenen Natur! –, sondern so *etwas wie einen »freien Willen« haben*. In der modernen Physik hat sich diese Auslegung trotz der Bedenken ALBERT EINSTEINS (1879–1955) weitgehend durchgesetzt. Einstein vertrat eine strikte Kausalität sogar in der subatomaren Dimension. Seine berühmten Worte, daß Gott mit dem Universum nicht würfle, brachten seine Überzeugung zum Ausdruck, daß die scheinbare Ungesetzmäßigkeit subatomarer Vorgänge auf die Wechselwirkung interner Variablen zurückzuführen sei, die wir bislang nur nicht kennen, die jedoch das Verhalten des einzelnen Teilchens schließlich auch vollkommen kausal erklärbar machen würden.

Einsteins Auffassung läßt sich am Beispiel der unterschiedlichen Körpergröße von Schülern einer Klasse veranschaulichen. Ihre durchschnittliche Größe entspricht zwar den Gesetzen der Statistik, aber dank unserer Kenntnis der genetischen Eigenschaften einzelner Schüler, zum Beispiel ihrer Eltern, der Werte der Wachstumshormone in ihrem Blut, könnten wir erklären, warum der eine größer ist als der andere. Oder: Das Alter, in dem die Mitglieder einer gegebenen Population durchschnittlich sterben, entspricht ebenfalls statistischen Gesetzen. Doch sobald wir über genetische Eigenschaften, Ernährungsweise, Umwelteinflüsse, und Krankheiten eines Individuums Bescheid wissen, können wir auch erklären, warum es in gerade diesem oder jenem Alter gestorben ist. Die akausale Argumentation hingegen impliziert, daß sich mit dem Naturgesetz solche Unterschiede zwischen Individuen nicht erklären lassen.

Führende Parapsychologen haben daher die Hypothese aufgestellt, daß Psi mit der Materie in ihrer quasi akausalen Zuständlichkeit in Wechselwirkung tritt oder, wenn man so will, daß *Psi jene verborgene Variable darstellt, die das Verhalten von Materieteilchen beeinflußt.*

Die Wellenmechanik versteht unter einem Teilchen eine »Wolke der Wahrscheinlichkeit, daß ein Teilchen sich an einem bestimmten Punkt befindet«. Doch tatsächlich kann es irgendwo in der Wolke sein. Erst der Akt der Beobachtung sondert es als konkrete Wirklichkeit aus. In bezug auf das vorstehende Beispiel bedeutet diese Auffassung, daß statistische Größen- oder Altersangaben gleichsam Diagramme sind, die eine bildhafte Darstellung der Durchschnittsgröße respektive des Durchschnittsalters von Individuen vermitteln. Das konkrete Individuum kann daher immer irgendwo im Diagramm lokalisiert werden. Erst die Beobachtung eines konkreten Individuums bewirkt, daß dieses aus dem abstrakten Diagramm als konkrete Wirklichkeit auftaucht, das heißt gleichsam »erschaffen« wird.

Wenden wir nun auf der Basis dieser gewonnenen Einsichten den von GALILEO GALILEI aufgestellten Grundsatz an, daß für die Wissenschaft nur von Interesse ist, man darf geradezu sagen: *nur »existiert«, was sich beobachten und messen läßt*, so drängt sich unabweislich die Schlußfolgerung auf, daß subatomare Teilchen (und mit ihnen die ganze materielle Welt) überhaupt nicht existieren, wenn sie nicht beobachtet werden. Ohne den Akt der Beobachtung kann ihre Existenz nicht bewiesen werden, das heißt, einzig der Akt der Beobachtung, die die Anwesenheit eines Beobachters voraussetzt, verleiht ihnen Wirklichkeit.

Diese moderne Wiederbelebung der Philosophie GEORGE BERKELEYS (1685–1753) mündet natürlich *auf der Ebene der alltäglichen Erfahrung in völlige Absurdität*. Stellen Sie sich bloß einmal vor, Sie stehen auf einem Bahngeleise, und ein Zug nähert sich; der Zug wird natürlich zweifellos nicht weniger wirklich, wenn Sie die Augen schließen und ihn nicht sehen.

Das gleiche Denken erkennen wir auch – allerdings in reduktionistischer Form – in manchen Schulen der Psychologie, so beispielsweise im Behaviorismus und in der Psychophysiologie. Diese bedeutenden psychologischen Schulen legten nur Gewicht auf die Untersuchung dessen, was man objektiv beobachten kann: das Verhalten und die mit ihm verbundenen neurophysiologischen Prozesse. Die entsprechenden wissenschaftlichen Forschungen waren zwar wissenschaftlich ergiebig, führten aber zu einem unerwünschten Extrem: zum zeitweiligen Ausschluß des Bewußtseins aus dem Interessenbereich der wissenschaftlichen Psychologie und sogar zur Verleugnung seiner Existenz. Diesen Verlust hat die moderne humanistische Psychologie wettzumachen versucht.

Für die Erfordernisse unserer Untersuchung ist es zweifellos zweckmäßiger, *die Existenz der Erscheinungswelt, deren Bestandteil wir sind, zu akzeptieren* wie auch die Tatsache, daß ihre Gesetzmäßigkeiten unabhängig von irgendeinem Beobachter existieren und unsere Sinne – einschließlich der ASW – uns Informationen über diese objektive Wirklichkeit liefern, wenn wir die Chance haben, sie zu beobachten.

Was im besonderen die Beschränkungen der ASW anbelangt, so wurde bereits auf die unterschiedliche ASW-Leistung bei nach Art und Zahl der Zielobjekte freier Wahl und bei infolge fixierter Zielobjekte begrenzter Wahlmöglichkeiten hingewiesen (siehe Seite 73 f.).

Bei ASW-Experimenten mit freier Wahl kommt es vor, daß wir eine große Menge an Informationen erhalten; doch das ist nur eine vereinzelte Spitzenleistung, die sich nicht ohne weiteres auf Verlangen wiederholen läßt. Bei Experimenten mit beschränkter Wahlmöglichkeit ist zwar eine etwas stabilere Leistung gewährleistet, dies jedoch um den Preis einer geringeren Menge übermittelter Informationen. Bei solchen Experimenten weicht das Ergebnis gewöhnlich nur schwach von der Zufallserwartung ab.

Diese spezielle Beschränkung reflektiert die Tatsache, daß derzeit die ASW noch unvollkommen entwickelt ist, was mit den bereits erörterten psychologischen Ursachen zu erklären ist, von denen die ASW-Leistung abhängt. Es gibt jedoch ein ernstes *Problem, das die Willenskontrolle über die ASW beeinflußt:* die Tatsache, daß ein Teil des ASW-Prozesses – die Übertragung und der Empfang von ASW-Signalen – auf unbewußter Ebene abläuft. Da unbewußte Prozesse normalerweise der Kontrolle des Willens entzogen sind, könnte es sein, daß die Unvollkommenheit der ASW mehr bedeutet als nur das einstweilige menschliche Unvermögen, diese Fähigkeit zu nutzen. *Sie könnte dem ASW-Prozeß selbst innewohnen.* Und vielleicht liegen wir nicht ganz falsch, wenn wir dieses Unzuverlässigkeitselement mit dem Unbestimmtheitsprinzip der Physik in Zusammenhang bringen.

Der ASW-Leistung haften tatsächlich Besonderheiten an, deretwegen sich sehr leicht Fehler einschleichen. Die wichtigsten – wenn auch vielleicht nicht die einzigen – *Fehlerquellen und Unsicherheitsfaktoren* sind die folgenden:

1. Es ist oft sehr schwer, introspektiv zwischen einer echten ASW-Erfahrung und gewöhnlichen Gedanken, Erinnerungen oder Erlebnissen *zu unterscheiden*, die ihren Ursprung in der Psyche des Wahrnehmenden haben. Der subjektive Unterschied ist häufig sehr vage, deshalb besteht erhöhte Verwechslungsgefahr.

2. Wird die ASW-Information *in symbolischer Form* erfahren, so ist es meist sehr schwer, die Bedeutung jedes einzelnen Symbols zu verstehen und richtig zu interpretieren. Dafür gibt es kein Patentrezept: Symbole beinhalten für jeden Menschen etwas anderes, und ihre Bedeutung kann sich sogar während des Lebens eines Menschen mit zunehmender Erfahrung grundlegend ändern.

3. ASW-Informationen haben *fragmentarischen Charakter*. Sie sind unvollständig, bruchstückhaft; häufig fehlen wichtige Elemente. Ein Hellseher hat beispielsweise eine Vision von einem ins Meer stürzenden Flugzeug; aber es fehlt die Information, welches Flugzeug wann und wo abstürzen wird.

   In psychometrischen Experimenten kann es, wenn man dem Hellseher zum Beispiel eine Waffe gibt, etwa passieren, daß er jemanden mit der Waffe ein Verbrechen begehen sieht, sich aber nicht sicher ist, ob das, was er sieht, wirklich geschehen ist oder ob er vielleicht nur telepathisch den Verdacht eines Polizeibeamten empfängt.

4. Die ASW *hängt von der Psyche der wahrnehmenden Person ab*. Oft empfängt der Wahrnehmende nur Informationen, die ihn interessieren oder die er erwartet. Andererseits kann eine starke persönliche Überzeugung bewirken, daß das Erlebnis eher diese widerspiegelt als die Wirklichkeit. Natürlich tritt dasselbe Merkmal auch bei Sinneswahrnehmungen auf.

   Zwei Beispiele: Ich kann Dinge übersehen, die mich nicht interessieren; ich weigere mich, Beweise für die Schuld eines Menschen zu akzeptieren, von dessen Ehrlichkeit ich überzeugt bin. Gewöhnlich ist der Einfluß persönlicher psychologischer Faktoren bei der ASW jedoch viel stärker als bei normalen Sinneswahrnehmungen.

5. Die *Gefahr Psi-bedingter Fehler* (des Psi-missing) ist allgegen-

wärtig. Eine nur leichte, unmerkliche Veränderung in der persönlichen Motivation kehrt manchmal die Leistung vollkommen um. Dies ist vielleicht das gefährlichste Merkmal, denn auf diese Art kann sich der ASW-Prozeß jeder bewußten Kontrolle vollkommen entziehen.

6. Mehrere weitere Komplikationsquellen entspringen der Tatsache, daß kognitive Einzelaufgaben, die, vom Standpunkt der Sinneswahrnehmung aus gesehen, jeweils unabhängig sind, *nicht unbedingt auch vom Standpunkt der ASW aus unabhängig voneinander sein müssen.* Dieses Problem läßt sich anhand der Technik der Stichprobenerhebung lösen, durch die die Zuverlässigkeit von ASW-Leistungen bestimmt werden soll. Die gleiche Technik wird in Forschung und Industrie als Standardverfahren der statistischen Erhebung generell angewandt, zum Beispiel in der Qualitätskontrolle. Aus einer ASW-Information greift man einzelne Daten (Aussagen über »Indexzielobjekte«) heraus und bewertet das Niveau der ASW-Leistung auf der Basis dieser Daten. Aus dem Ergebnis schließt man dann auf die ASW-Leistung hinsichtlich der restlichen Daten. Normalerweise, das heißt, wenn jedes Element der Stichprobe unabhängig vom Rest ist, funktioniert die Technik.

Doch bei der ASW kann sie zu trügerischen Ergebnissen führen. Die Versuchsperson findet aufgrund ihrer ASW vielleicht heraus, daß einzelnen Zielobjekten eine besondere Bedeutung zukommt. Das Phänomen der bereits erörterten PVIR beweist, daß so etwas wirklich vorkommen kann. Die Zielobjekte mit besonderer Bedeutung stimulieren die Versuchsperson vielleicht stärker, als es die restlichen Zielobjekte tun. Der daraus resultierende *Differenzeffekt* (siehe Seite 91) kann dann durchaus die ASW-Leistung hinsichtlich der Indexzielobjekte verbessern; bei anderen – weniger interessanten – Zielobjekten kommt es hingegen sogar zu Psi-bedingten Fehlern. Wie dem auch sei, die Verwendung von Indexzielobjekten erschwert aus diesem Grund gelegentlich die zuverlässige Bewertung der ASW-Qualität in bezug auf die restlichen Daten.

7. Das gleiche Problem entsteht aus der *geistigen Imprägnation* beziehungsweise dem »Fokaleffekt« (siehe dazu Seite 162 ff.) Das

sogenannte Signalisierungsexperiment basiert ebenfalls auf der Annahme, daß alle Einzelaussagen einer Versuchsperson voneinander unabhängig sind. Wenn das gleiche Zielobjekt wiederholt für mehrere Aussagen benutzt wird – wie beispielsweise die farbigen Karten in einem Experiment –, so bewirkt die geistige Imprägnation die Aufstellung bestimmter Muster. Sie trägt damit zur Akkumulierung identischer Aussagen bei, ob diese nun richtig oder falsch sind. Sie kann daher auch zur Wiederholung von Fehlern beitragen. In einem solchen Signalisierungsexperiment gelang es nur deshalb, alle Zielobjekte ohne einen einzigen Fehler zu identifizieren, weil die angewandten Kriterien sehr streng waren und sich das Imprägnationsphänomen in dem Experiment glücklicherweise nicht allzu deutlich bemerkbar machte. Um den Imprägnationseffekt ganz zu eliminieren, müßte allerdings die Signalisierung noch gründlicher vorbereitet werden – das heißt, man müßte für jede Aussage der Versuchsperson getrennte Zielobjekte verwenden.

8. Eine weitere Unsicherheitsquelle der ASW, die dem ASW-Prozeß selbst innezuwohnen scheint, betrifft die *Präkognition* (Vorherwissen). Wir müssen davon ausgehen, daß sich gewisse in der Zukunft liegende Ereignisse nicht zuverlässig vorhersagen lassen – ein Punkt, den ich jedoch noch ausführlich erörtern werde.

Präkognition – ein Phänomen umgekehrter Kausalität

Das Phänomen der Präkognition (ASW in die Zukunft) stellt uns vor paradoxe Fragen. Wenn wir einen Gegenstand betrachten, so bringt das von dem Gegenstand reflektierte Licht unseren Augen bestimmte Informationen. Der im Raum an anderer Stelle existierende Gegenstand ist dabei die Informationsquelle. Aufgrund der Präkognition empfangen wir hingegen Informationen über ein künftiges Ereignis, das zu dem Zeitpunkt, da es wahrgenommen wird, noch gar nicht stattgefunden hat. Wir müssen uns also fragen: Wo befindet sich die Informationsquelle der Präkognition? Unsere kausale Welt ist so eingerichtet, daß die Ursache immer der Wirkung vorausgehen muß. Beispielsweise wird, wenn eine Wahrnehmung unseres Gesichtssinnes zustande kommt, Licht von dem beobachteten Gegenstand ausgestrahlt oder reflektiert. Das Licht reist dann zum Auge, trifft auf die Netzhaut und löst dort die bewußte Erfahrung dessen, was wir sehen, aus. Das visuelle Erlebnis ist somit die Wirkung der genannten Ursachen. Die Präkognition kehrt nun diese Reihenfolge um: Zuerst kommt die ASW-Erfahrung, also die Wirkung, und auf sie folgt erst später das vorauserkannte Ereignis, also die Ursache. Es stellt sich daher die Frage: Wie ist es möglich, daß die Wirkung – das Erlebnis, die Erfahrung – der Ursache – dem vorauserkannten Ereignis – vorausgeht? Allem Anschein nach haben wir es mit einem Fall umgekehrter Kausalität zu tun.

Schließlich besteht noch das besondere Problem der Willensfreiheit, und zwar besonders im Zusammenhang mit der Frage: Wenn uns etwas vorausgesagt wird, das uns nicht gefällt, haben wir dann die Möglichkeit, den Lauf der Dinge noch zu ändern? Und wenn ja, bedeutet dies, daß wir irgendwie in die Zukunft eingreifen können – daß also die Zukunft geändert werden kann?

Die ersten beiden Fragen lassen sich leicht mit dem Argument beantworten, daß wir unsere gewohnte Weltsicht radikal ändern müssen: Unsere Alltagserfahrung, daß nämlich nur der gegenwärtige Augenblick existiert, wogegen die Vergangenheit verschwunden ist und die Zukunft noch nicht Wirklichkeit geworden ist, ist, wie wir heute wissen, ein Trugschluß.

Vergangenheit, Gegenwart und Zukunft sind Parallelwirklichkeiten, die gleichzeitig oder nebeneinander existieren. Einmal mehr zeigt sich die Unzulänglichkeit unserer Sprache, wenn wir etwa versuchen, die gemeinsame Existenz aller drei Formen außerhalb des üblichen Raums und der gewohnten Zeit, ohne räumliche und zeitliche Begriffsinhalte, zu erklären. Sie existieren in einem multidimensionalen Raumzeitkontinuum, wo Vergangenheit und Zukunft gleichbedeutend mit Oben und Unten oder Rechts und Links sind und die Signale, die für uns präkognitive Informationen sind, aus der Zukunft in die Vergangenheit reisen.

In diesem Bild ist nur Platz für *eine* Vergangenheit, *eine* Gegenwart und natürlich auch nur *eine* Zukunft. Somit gibt es keine aufeinanderfolgenden »Zukünfte«, aus denen wir durch unsere Entscheidung, durch Einsatz des freien Willens, den Lauf der Dinge frei wählen könnten.

An dieser Stelle sollte erneut darauf hingewiesen werden, daß die scheinbar unerklärlichen Paradoxien einer Epoche schon häufig irgendwann später, aus der Perspektive größeren Wissens oder aus einer globalen Einstellung heraus, eine natürliche Erklärung gefunden haben. Wir stehen heute auf höherer Ebene vor ähnlich verwirrenden Fragen wie einst beispielsweise die alten Seefahrer, die sich fragten: Wenn die Erde flach ist, wo fallen wir dann über den Rand? Und wenn sie rund ist, gehen dann die Leute auf der anderen Seite auf dem Kopf? Dieses scheinbare Paradoxon wurde beispielsweise durch die Entdeckung der Schwerkraft gelöst.

Oft stellen wir eine falsche Frage, wir formulieren ein Entweder-Oder, während die Antwort lautet: Sowohl als auch. In der modernen Physik zeigen die kleinsten bekannten Materieteile sowohl korpuskularen Charakter als auch das Verhalten von Wellen. Diese beiden »Seiten« sind wie die zwei Gesichter des Gottes Janus in der alten römischen Mythologie oder wie die zwei Seiten einer Münze. Es ist falsch zu fragen, ob ein Elektron ein Korpuskel ist oder eine Welle. Es ist beides. Nur die Kombination dieser scheinbar widersprüchlichen Merkmale erlaubt eine vollständige Beschreibung des Elementarteilchens.

Physiker nennen dies das *Komplementaritätsprinzip*. Dieses Merkmal ist natürlich für unsere Sinne absolut unanschaulich, weil sich für sie die beiden Charakteristika gegenseitig auszuschließen scheinen. Doch den Physikern genügt es, wenn sie das Verhalten eines Teilchens mit einer mathematischen Formel beschreiben können. Sie sehen nicht ein, warum die Beschreibung von Elementarteilchen anschaulich sein sollte, wenn unsere Sinne nicht dafür geeignet sind, sie wahrzunehmen und zu verstehen (siehe Seite 120ff.).

Auch das Bild der Welt als vierdimensionales Raumzeitkontinuum ist nur eine Vereinfachung. Der Relativitätstheorie zufolge »biegen« Gravitationsfelder von großer Geschwindigkeit dieses Kontinuum: sie erzeugen Krümmungen und verändern seine Metrik. Das trägt wiederum dazu bei, dem Bild jede Anschaulichkeit zu nehmen. Wenn wir uns einen Lichtstrahl vorstellen, der von einem fernen Stern auf unser Auge trifft, so ist dies, von unserem Standpunkt aus gesehen, ein Prozeß, der sich über viele Jahre und viele Millionen Kilometer erstreckt. Vom Standpunkt des Lichts aus dagegen lassen die veränderte Metrik der Zeit und des Raums dieses Geschehen als einen einzigen Prozeß erscheinen, der an einem einzigen Punkt in Raum und Zeit stattfindet.

Wenn Sie zum Verständnis solcher Beziehungen noch etwas Anschauungsunterricht brauchen, so können Sie sich auch zwei Bergsteiger vorstellen, die sich dem Gipfel eines Berges von zwei Seiten her nähern: der eine klettert an steilen Felsen empor, der andere geht über einen Gletscher. Auf dem Gipfel sehen die beiden dann, daß der Berg sowohl das eine wie auch das andere hat und daß ihre subjektiven Erlebnisse nur ein Teilbild der ganzen Wirklichkeit umfaßt hatten. Sie könnten sich auch fragen, warum ein Schnitt durch einen Zylinder manchmal einen Kreis und manchmal eine Ellipse ergibt. Die Sicht »von oben«, aus einer anderen Dimension, erklärt das scheinbare Rätsel mühelos. Die veränderte Metrik der Raumzeit läßt sich mit der Verzerrung vergleichen, die auftritt, wenn wir die Erdoberfläche auf einer flachen zweidimensionalen Karte darzustellen versuchen. Dann können beispielsweise Alaska und Sibirien auf den entgegengesetzten Enden der Karte liegen.

In unserem neuen Weltbild *koexistieren Vergangenheit, Gegenwart und Zukunft,* und der »gegenwärtige Augenblick« verlagert sich in Richtung Zukunft. Das ist der objektive Zustand der Dinge, den wir subjektiv als Ablauf der Zeit erleben.

Der Lauf der Geschichte kann folglich mit einem Gewebe oder einem Muster auf einem Stoff verglichen werden (siehe Abbildung 1). Wenn wir uns eine vertikale Linie (= gegenwärtiger Augenblick) denken, die das Muster durchtrennt, sich aber (in Pfeilrichtung nach rechts) auf die Zukunft zubewegt, ändert sich das Muster dies- und jenseits der Linie. Dieser Vorgang ist in etwa unserem subjektiven Erleben der Zeit vergleichbar. Obwohl der an die Trennlinie gefesselte Beobachter subjektiv Veränderungen erlebt, existiert in Wirklichkeit das ganze Muster auf dem Stoff und bleibt sich immer gleich.

Aus der Sicht dieses neuen Weltbildes ist die Zukunft determiniert, und Gesetzmäßigkeiten (im Muster, in dem sich die besagte Trennlinie bewegt, folgt auf ein Merkmal immer ein anderes) gelten uns dabei als Kausalbeziehungen. Man kann also sagen, daß in der kausalen Kette von Geschehnissen auf jede Ursache die Wirkung folgt, die wiederum zur Ursache einer anderen Wirkung wird und so fort.

ABBILDUNG 1

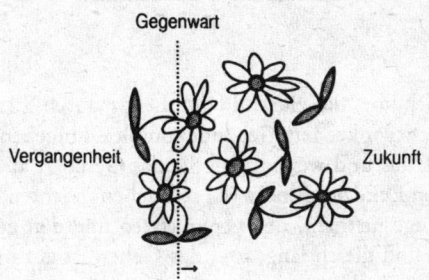

Der Begriff der Kausalität stellt somit nur unser Urteil über typische Gesetzmäßigkeiten im Weltmuster dar, die die Wissenschaft untersucht und ordnet. Die Vergangenheit ist ebenso festgelegt wie die Zukunft, sie unterscheidet sich von ihr nur durch den »Zeitpfeil«, physikalisch durch das, was man als Ansteigen der Entropie (siehe dazu Seite 69 f.) mit fortlaufender Zeit bezeichnet, und subjektiv durch die Tatsache, daß uns bewußt erlebte vergangene Ereignisse im Gedächtnis bleiben.

Sogar unsere sogenannte *»freie« Entscheidung ist aufgrund ihrer Ursachen determiniert* – obwohl wir sie subjektiv als freie Entscheidung erleben. Sie ist jedoch objektiv ein Teil des unveränderlichen Weltmusters von Ursachen und Wirkungen.

Dies läßt sich gut an folgendem Beispiel veranschaulichen (Abbildung 2):

ABBILDUNG 2

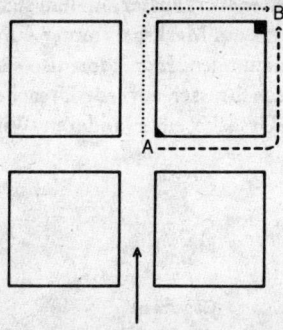

Stellen Sie sich vor, daß Sie in Pfeilrichtung durch Straßen gehen, die einen rechtwinkeligen Gebäudekomplex umgeben. Sie gehen von Punkt A aus und wissen, daß Sie das Geschäft auf der gegenüberliegenden Ecke des Blocks (B) aufsuchen möchten. Sie können nun zwei Wege nehmen, den gepunkteten und den gestrichelten. Beide Wege sind gleich lang, und das Gehen ist auf beiden gleich angenehm. Sie glauben, frei entscheiden zu können, welchen Weg Sie nehmen wollen, und beschließen, nach rechts abzubiegen und der gestrichelten Route zu folgen. Ihre Entscheidung, so unbedeutend sie scheinen mag, war jedoch determiniert. Aus irgendeinem Grund zogen Sie es vor, nach rechts und nicht geradeaus zu gehen. Natürlich hätten Sie diese Neigung überwinden und den anderen Weg wählen können, wenn die gestrichelte Route länger oder weniger angenehm gewesen wäre als die von Ihnen gewählte punktierte Route; in diesem Fall hatten Sie aber den inneren Eindruck, sich behaglicher zu fühlen, wenn Sie nach rechts gingen. So war dann Ihr Abwägen von Unbequemlichkeiten und Vorteilen das determinierende Element.

Es bestand zwischen den beiden Routen scheinbar kein Unterschied; dennoch beschlossen Sie, nach rechts abzubiegen. Der Grund dafür ist Ihnen nicht bekannt, aber er könnte zum Beispiel in einem Kindheitserlebnis liegen, das Sie mittlerweile vergessen haben. Vielleicht gingen Sie als Kind in einer ähnlichen Situation einmal geradeaus, wurden in einen Streit mit anderen Kindern verwickelt, bezogen Prügel und bereuten später, daß Sie das nicht vermieden hatten, indem Sie nach rechts abgebogen waren. Oder Sie haben eine Vorliebe, geradeaus zu gehen, wollten sich aber beweisen, daß Sie über den freien Willen verfügen, sich anders zu entscheiden.

In diesem Zusammenhang sollte klargestellt werden: Der determinierte Charakter der sogenannten »freien« Entscheidung schmälert ihren moralischen Wert nicht unbedingt. Stellen Sie sich eine Situation vor, in der Sie »frei« zwischen Gut und Böse entscheiden können und das Gute wählen. Diese Entscheidung war determiniert. Ihre Eltern haben Sie so erzogen, daß Sie das Gute achten, oder Sie haben eine innere moralische Erleuchtung gehabt. Doch ihr Wert liegt darin, daß Sie Ihre Entscheidung *bewußt* erleben.

Sie erleben die Entscheidung und das Glück, sie getroffen zu haben – eben dies stellt ihren ethischen Wert dar. Es wäre gut denkbar, daß vom Standpunkt höherer kosmischer Gesetze aus der Sinn des Daseins der ganzen Menschheit darin besteht, moralische und ethische Werte kennenzulernen und die *Entscheidungen für das Gute immer intensiver zu erleben,* während wir alle lernen, in Harmonie mit den höheren kosmischen Prinzipien zu leben.

Der positive Wert Ihrer Entscheidung wird nicht einmal geschmälert, wenn Sie einen Fehler machen, also das Gute nicht erkennen und sich für ein falsches Handeln entscheiden. In Ihrer Unwissenheit glauben Sie nach wie vor, die richtige Entscheidung getroffen zu haben, Sie glauben, das Gute zu wählen, und dies zählt: *das bewußte Erleben einer Wahl dessen, was Sie als das Gute erkennen.*

In dem Zusammenhang sollte jedoch auch darauf hingewiesen werden, daß das Urteil darüber, was gut und was böse ist, historischer sowie kultureller Beeinflussung unterliegt. Unterschiedliche Gesellschaften haben dafür verschiedene Kriterien. Natürlich erwarten wir, daß sich die Menschheit schrittweise der richtigen Erkenntnis dessen nähert, was das objektiv Gute ist – wie ich das schon in meinem Buch *Der Tod und was danach kommt* [35] herauszustellen versucht habe. Flüchtige Einblicke in dieses Wissen zeigen sich bereits darin, daß die Menschen einhellig den höheren ethischen und ästhetischen Werten wie Güte, Schönheit, selbstloser Liebe, Mitleid, Wahrhaftigkeit, Ehrlichkeit, Gerechtigkeit zunehmende Bedeutung beimessen.

Die strukturelle Determiniertheit allen Geschehens in dieser Welt mindert den Wert einer Suche nach dem Guten keineswegs. Diese Determiniertheit *befreit uns jedoch glücklicherweise von der persönlichen Verantwortlichkeit für das Weltgeschehen, soweit wir es nicht beeinflussen können.* Wir können freudig nach dem Guten streben und dabei dennoch die Gewißheit haben, daß die Welt, selbst wenn wir scheitern, weiter ihren determinierten geordneten Gang gehen wird.

Falls es Sie deprimiert, daß Ihre Rolle im Spiel der kosmischen Kräfte nicht größer ist, so üben Sie sich in Bescheidenheit. Wir sind als Einzelwesen vermutlich nicht sonderlich wichtig, und das Scheitern eines einzelnen muß nicht heißen, daß es auf der Welt keine Gerechtigkeit gibt. Vielleicht sollten wir auch gar nicht erwarten, daß die Welt gegenüber jedem einzelnen gerecht ist. *Als Mitglieder der Menschheit spielen wir wahrscheinlich dennoch eine zuhöchst wichtige Rolle im kosmischen Plan.*

Lassen Sie mich in geziemender Bescheidenheit die Menschheit mit einer Getreideernte vergleichen und jeden Menschen einem Korn gleichsetzen. Bei jeder Ernte gehen einige Körner verloren, andere werden bei der Verarbeitung, der Herstellung von Mehl und dem Backen von Brot »vergeudet«; doch trotz dieser unumgänglichen Verluste und obwohl sich einige Körner darüber beklagen können, daß sie vergeudet und ungerechterweise ihrer Chance zu individueller Entfaltung beraubt werden, wird das Ziel erreicht: die Ernte erfüllt den Zweck, ein Volk oder im Idealfall alle Völker zu ernähren.

Wesen und Besonderheiten der Präkognition

Nach diesem philosophischen Exkurs möchte ich einige Beobachtungen anführen, die Zeugnis von der determinierten Raumzeitstruktur des Universums ablegen.

Die Parapsychologen EUGÈNE OSTY und später WILLEM H. C.

TENHAEFF untersuchten Präkognitionserlebnisse, die Menschen im Hinblick auf Ereignisse der beiden Weltkriege hatten. Ein unübersehbares Merkmal aller überprüften Vorhersagen war es, daß sie meist Visionen konkreter Szenen in der Zukunft betrafen (jemand gab Soldaten Befehle, Befestigungen wurden gebaut, Soldaten wohnten in jemandes Haus), nicht jedoch abstrakte Fakten, etwa über den Ausbruch eines der Kriege generell.

Künftige Ereignisse in ihrer konkreten Wirklichkeit sind hauptsächliches Zielobjekt der Präkognition: Was wird dieser oder jener Mensch konkret tun? *Präkognition ist somit eine direkte Beobachtung konkreter Geschehnisse der Zukunft.* Alle anderen und allgemeineren Informationen ergeben sich als Folgerung aus diesen konkreten Beobachtungen. Die Anwesenheit von Soldaten könnte daher als Krieg gedeutet oder als Manöver mißdeutet werden.

Der französische Physiologe CHARLES RICHET (1850–1935) berichtete von einem sehr aufschlußreichen Fall von Präkognition:[30]

Im Jahre 1874 suchte sein Freund HENRY MAURICE BERTEAUX (1852–1911), damals noch ein junger Mann, eine Hellseherin auf. Unter den von der Hellseherin richtig vorausgesagten Geschehnissen waren auch solche, die seinerzeit unmöglich schienen oder schlicht unverständlich waren: Berteaux werde eines Tages die Armee führen und dann durch einen »fliegenden Pferdewagen« getötet werden. Zu jener Zeit war Berteaux Bankbeamter und hatte keinerlei militärische Ambitionen. Später jedoch stieg er in die Politik ein und brachte es bis zum französischen Verteidigungsminister. 1911, siebenunddreißig Jahre nach der Prophezeiung, wurde Berteaux bei der Inspektion seiner Einheiten von einem abstürzenden Flugzeug getötet. So erfüllte sich der für unmöglich gehaltene Teil der Vorhersage.

Aus diesem Fall können wir mehrere *interessante Schlußfolgerungen* ziehen:

Zunächst einmal erhalten wir eine Antwort auf die Frage, wie weit in die Zukunft hinein die Präkognition reichen kann. Wir würden erwarten, daß es keinerlei Beschränkung gibt, was die Entfernung in der Zeit anbelangt, ähnlich der Reichweite der ASW im Raum, wo große Entfernungen uneingeschränkt überbrückbar sind. Doch das muß erst noch anderweitig bewiesen werden, denn in bezug auf die Zeitspanne, die wir experimentell untersuchen können, gibt es praktische Beschränkungen. Nach der Vorhersage müssen wir deren Erfüllung abwarten. Hier haben wir nun einen Fall, der zeigt, daß die Präkognition über eine Zeitspanne von mindestens siebenunddreißig Jahren richtig funktionieren kann.*

Dieses Fallbeispiel eröffnet aber auch interessante Perspektiven, wenn wir es unter dem Aspekt der Erklärung der Präkognition als direkter Wahrnehmung künftiger Ereignisse betrachten, das heißt als *Empfang von Signalen, die von künftigen Ereignissen ausgehen, in der Zeit zurückkreisen und vom Wahrnehmenden registriert sowie bewußt erfahren werden.* Offensichtlich empfing die Hellseherin die Information: »Dieser Mann wird durch einen für den Transport verwendeten fliegenden Gegenstand getötet werden.« 1874 gab es noch keine Flugzeuge, und als die Hellseherin die Botschaft empfing, war sie nicht darauf vorbereitet, ein Flugzeug wahrzunehmen – etwas, das sie nicht kannte. Statt dessen erfuhr sie die »Botschaft« symbolisch verzerrt, wie es dem Niveau ihres Verständnisses entsprach, da zu ihrer Zeit für den Personentransport gewöhnlich Pferdewagen benutzt wurden. Sie erlebte also eine Vision von einem »fliegenden« Pferdewagen. Die bedeutungsvolle Dramatisierung des ursprünglichen Signals im Unbewußten der Hellseherin verträgt sich nicht nur ausgezeichnet mit unserer Erklärung, sondern sie ist sogar genau das, was man unter diesen Umständen erwarten würde.

---

* Natürlich gibt es in der Literatur Prophezeiungen, die Jahrhunderte überspannen, wie etwa jene des NOSTRADAMUS. Das Problem dabei ist, daß seine Aufzeichnungen poetisch formuliert, sehr unbestimmt und oft auf mehrere historische Ereignisse beziehbar sind. Sie stellen daher keine Vorhersagen dar, auf denen man einen überzeugenden Beweis aufbauen könnte.

Zuverlässig vorhergesagte Ereignisse lassen sich nicht verhindern

Der bei Präkognition ablaufende Prozeß – und das darin inbegriffene Rätsel Zeit – läßt sich auch experimentell untersuchen. Ein von der Forscherin LOUISA E. RHINE initiiertes Forschungsprojekt beschäftigte sich mit der Frage, ob es möglich sei, in vorauserkannte Ereignisse verändernd einzugreifen.[29]

Wenn ein Hellseher oder eine Hellseherin etwas vorhersagt, das in unserer Zukunft geschehen wird – sagen wir, etwas Unangenehmes –, läßt sich dann ein solches Ereignis noch verhindern? Entsprechende Untersuchungen haben gezeigt, daß beides möglich ist. (Über dieses Experiment habe ich übrigens in meinem 1976 veröffentlichten Werk *ASW-Experimente, die erfolgreich verlaufen*[32] ausführlich berichtet.) Manchmal gelang es, in das vorausgesagte Ereignis einzugreifen und statt dessen etwas anderes geschehen zu lassen. Bei anderen Gelegenheiten passierte das vorausgesagte Ereignis trotz aller Versuche, es zu verhindern – gewöhnlich wegen eines unvorhergesehenen, überraschenden Umstandes und manchmal auch gerade als Folge der Verhinderungsversuche.

Ein Fall dieser Art wird häufig in einschlägiger Literatur zitiert, weil er den Vater von ROBERT MORRIS betraf, des Finanziers des Amerikanischen Freiheitskrieges.[52]

Der Schiffsagent R. Morris träumte vor einem öffentlichen Auftritt, er werde durch einen Splitter eines zu seinen Ehren abgefeuerten Schusses verletzt. Er bat daraufhin den Kapitän des Schiffes, auf dem die Zeremonie stattfinden sollte, die geplante Feier abzusagen. Als sich dies nicht machen ließ, bestand er darauf, daß die Kanone erst abgefeuert werde, nachdem er einen sicheren Ort aufgesucht und dem Kapitän ein Signal gegeben habe. Der Kapitän sollte dann durch ein Heben der Hand den Schießbefehl erteilen. Während des Festaktes entfernte sich nun Morris, als es soweit war, um sich in Sicherheit zu bringen; doch genau im kritischen Moment setzte sich dem Kapitän eine Fliege auf die Nase. Er wischte sie weg, und diese Bewegung verstand der Schiffskanonier als Zeichen zum Feuern. Morris erlitt eine schwere Verletzung, der er einige Tage später erlag. Wäre er bei dem Kapitän geblieben, statt in Deckung zu gehen, so wäre er am Leben geblieben.

Es gibt keine Möglichkeit, die Zukunft zu verändern. *Ereignisse, die zuverlässig vorhergesagt werden, werden trotz aller Verhinderungsversuche eintreten.* Der Schlüssel ist das Wort »zuverlässig«. Wird ein Ereignis zuverlässig vorauserkannt, können wir uns noch so sehr bemühen, seinen Verlauf zu ändern; es wird trotzdem eintreffen, und zwar in unvorhergesehener Weise, wegen irgendeines winzigen Irrtums oder eines anderen Merkmals, das in der ursprünglichen Voraussage nicht erwähnt war. Manchmal passiert es sogar, daß der Versuch, den Lauf der Dinge zu ändern, sich als zusätzlicher Verursachungsfaktor erweist und um so sicherer zur Erfüllung der Vorhersage führt.

Zur Veranschaulichung dieser Behauptung möchte ich vier (erstmals in meinem Buch *Hellsehen in Hypnose* [36] veröffentlichte) Experimente mit Fräulein J. K. anführen, einer Versuchsperson, deren ASW im Hypnosezustand zu sehr zuverlässigen Leistungen trainiert wurde. J. K. wurde wiederholt aufgefordert, Ereignisse vorherzusagen, die ihren Freunden und Bekannten zustoßen würden; und wir – die Sensitive und ich als ihr »ASW-Trainer« – versuchten dann, das Eintreffen dieser Ereignisse zu verhindern.

Fall 1: J. K. hatte die Aufgabe, etwas Unangenehmes herauszufinden, das ihrer Bekannten, Fräulein Z., am folgenden Tag passieren würde. Zwecks Verifizierung sollte sie, wenn sie ein solches Ereignis fand, die Bekannte am nächsten Morgen anrufen und ihr sagen, sie habe einen Alptraum über sie gehabt und wolle sie warnen.

Fräulein Z. wohnte in einer Kleinstadt, die etwa achtzig Kilometer von der Stadt entfernt war, in der das Experiment stattfand. J. K. sagte nun voraus: Z. ist mit jemandem verabredet und wartet in einem Restaurant auf ihn. Ein fremder Mann kommt an ihren Tisch – sie beschrieb den Mann ganz genau – und erklärt, ihr Bekannter könne nicht kommen und habe ihn gebeten, sie in das Dorf zu bringen, wo er sie erwarte. Z. geht mit dem Mann, beide fahren auf einem kleinen Motorrad mit nur einem Sitz (ein sehr ungewöhnliches Merkmal). Als sie in einen Wald gelangen, hält er an, es kommt zu einem Streit, und er vergewaltigt sie. J. K. berichtete in Einzelheiten über zerrissene Kleider.

Als J. K. am nächsten Morgen ihre Bekannte anrief und sie warnen wollte, antwortete Z., das vorhergesagte Ereignis sei in der vergangenen Nacht in allen Einzelheiten bereits passiert. In diesem Fall gelang ein Eingreifen nicht, weil die Versuchsperson einen Fehler bei der Einschätzung der Zeit begangen hatte. Sie hatte ein Ereignis, das ein paar Stunden später geschehen sollte, erst für den nächsten Tag vorhergesagt.

Fall 2: J. K. sagt voraus: »Morgen werden an meinem Arbeitsplatz mehrere Mädchen beschließen, mittags Dosenleberwurst (Marke Majkrem) zu essen. Jemand – ich kann nicht erkennen, wer es ist – schlägt vor, sie sollen sich doch lieber Lachsbrot mit Zwiebeln machen. Sie erörtern den Vorschlag, entscheiden sich schließlich doch für die Leberwurst und essen sie mit Brot und Butter.«

Nach dieser Vorhersage wurde beschlossen, J. K. solle versuchen, die Mädchen von der Leberwurst abzubringen. Am nächsten Tag wollten die Mädchen wirklich Leberwurst essen und erörterten die Idee, als J. K. »zufällig« in der Nähe war. Sie versuchte, den Mädchen einzureden, doch lieber Lachs mit Zwiebeln zu essen. (Sie hatte das Gefühl, dies sei der einzige Weg, auf dem sie die Mädchen beeinflussen könne: durch Suggestion, und zwar indem sie ihnen den Mund auf Lachs wässerig machte.) Die Mädchen entschieden sich schließlich aber trotzdem für Butterbrote mit Majkrem-Leberwurst.

Wieder traf das Vorhergesagte ein. Diesmal war die Intervention deshalb nicht erfolgreich, weil die Kolleginnen auf ihrer ursprünglichen Absicht beharrten. Der Fall wies aber einen besonders interessanten Zug auf, dessen Bedeutung sich jedoch erst später klarer herauskristallisieren sollte: Die Versuchsperson nannte eine ganze Reihe wichtiger Einzelheiten und beschrieb auch, was sie selbst tun würde, konnte sich jedoch als an dem Ereignis beteiligte Person nicht identifizieren.

Fall 3: Die Versuchsperson wurde aufgefordert, irgendeine Person zu beschreiben, die ich am nächsten Tag treffen und mit der ich sprechen würde. Sie nannte zahlreiche Einzelheiten über das Aussehen eines Mannes, an denen ich einen meiner Freunde erkannte. Angesichts auch der beschriebenen Situation war ich ziemlich sicher, daß er mich nicht zu Hause besuchen würde. Ich erwartete vielmehr, ihm irgendwo auf der Straße zu begegnen. Um das Eintreffen der Vorhersage zu verhindern, beschloß ich daher, den ganzen nächsten Tag daheim zu bleiben. So wollte ich sicherstellen, daß ich den Freund nicht treffen würde. Doch er kam völlig überraschend zu mir nach Hause.

Die Vorhersage, daß ich ihn treffen und mit ihm sprechen würde, traf also ein. Ich hatte J. K.s Aussage falsch gedeutet. Gewöhnlich sah ich diesen Freund anderswo, nicht bei mir zu Hause. Darum nahm ich automatisch an, daß es wieder so wie immer sein würde, und ich wandte nicht die nötige Sorgfalt auf, mir von J. K. bestätigen zu lassen, ob diese Annahme stimme. Meine Schlußfolgerung enthielt somit Details, die von der Versuchsperson nicht vorausgesagt worden waren, die ich lediglich in die Vorhersage hineingelegt hatte. Andererseits hätte die Versuchsperson mit optimaler ASW auch sehen und klarmachen müssen, daß das Treffen bei mir zu Hause stattfinden würde.

Fall 4: Im Zuge unserer Experimente wurde J. K. gelegentlich auch aufgefordert, ganze Serien von Verrichtungen vorherzusagen, die sie selbst oder andere Personen ausführen würden. Solche Verrichtungen waren beispielsweise: zum Küchentisch hinüberzugehen und dort eine Konservendose hinzustellen (die Konservendose war einer von zwanzig oder mehr Gegenständen); dann zum Fenster zu gehen und eine kleine Statue aufs Fensterbrett zu stellen; anschließend zur Türschwelle hinüberzugehen und einen Karnevalshut dort abzulegen; dann zum Radio zu gehen und dort ein Buch zu deponieren und dergleichen mehr. Die endgültige Wahl und Folge der zu benutzenden Gegenstände sollte durch das Los bestimmt werden.

Es gelang der Versuchsperson nie, solche Verrichtungen im voraus zu identifizieren. Alle diese Verrichtungen hatten eines gemeinsam: immer bestand die Möglichkeit, den jeweiligen Auftrag in Kenntnis der Vorhersage abzuändern.

In all diesen Experimenten waren die Versuchspersonen normalerweise unfähig, ihr eigenes künftiges Handeln vorauszusagen, auch wenn sie sich ansonsten ihres präkognitiven Erlebnisses voll bewußt waren und sich an dieses genau erinnerten. Eine beachtenswerte Ausnahme von dieser Regel stellte Fräulein Z. J. dar, die einen Unfall richtig voraussagte, der ihr zwei Tage später zustoßen sollte. Ort (die Schule), Zeit und Art des Unfalls sowie die Schwere der Verletzung (Sehnenriß an der Hand) und die nachfolgende Behandlung wurden von ihr richtig beschrieben. Hier in diesem Fall bestand allerdings seitens der Versuchsperson völlige Amnesie in bezug auf das Experiment. Das dürfte auch der Grund dafür gewesen sein, warum die Versuchsperson fähig war, ihre eigene Zukunft genau vorherzusagen.

Zu dieser Vorhersage kam es allerdings nicht im Rahmen des formellen Programms zur Erforschung der Präkognition, sondern sie wurde ganz zufällig gemacht. Die Versuchsperson befand sich noch in Hypnose, und ich gab ihr Anweisungen für das nächste Treffen, worauf sie spontan sagte, sie könne nächstes Mal nicht wie geplant kommen. Als ich nach dem Grund fragte, berichtete sie, daß sie einen Unfall erleiden und sich dabei verletzen werde. Ein Eingreifen in das vorhergesagte Ereignis wurde nicht versucht, weil ich zur Zeit des Experiments die Präkognitionsfähigkeit der Versuchsperson nicht für genügend gefestigt hielt. Es bestand für mich daher keine Gewißheit, daß ihre Vorhersage zuverlässig war. Erst das wirkliche Eintreffen des Unfalls bestätigte mir, daß es sich hier tatsächlich um Präkognition gehandelt haben mußte.

Als die Versuchsperson zu einem späteren Experiment wiederkam und von ihrem Unfall erzählte, entschlüpfte mir unglücklicherweise eine Bemerkung, aus der sie entnehmen konnte, daß sie mir in Hypnose von dem Unfall erzählt hatte. Sie machte mir daher Vorwürfe und sagte, ich hätte sie warnen sollen, damit sie die schmerzhafte Verletzung hätte vermeiden können (was sie für möglich hielt). Die Episode untergrub leider das Vertrauen der Versuchsperson zu mir als Experimentator; wenig später weigerte sie sich, weiterhin an den Experimenten teilzunehmen.

In einem anderen, ähnlichen Fall hatte Herr C. S. die Aufgabe, sich selbst präkognitiv auf dem Heimweg nach dem Experiment zu beobachten. Er sagte, er sehe sich – wie beabsichtigt – in der Straßenbahn durch die Stadt fahren und an einer bestimmten Haltestelle in die zu seiner Wohnung fahrende Linie 16 umsteigen. Er beschrieb dann die Situation in dem Wagen, in den er gestiegen war, einzelne Fahrgäste, unter diesen eine Frau in einem auffälligen blauen Mantel.

Als er später wirklich nach Hause fuhr, war an der Situation nichts Außergewöhnliches. Doch dann machte er einen Fehler: er vergaß umzusteigen und tat es erst einige Haltestellen später als üblich. Dies war leicht möglich, weil beide Straßenbahnlinien zwischen mehreren Haltestellen die gleiche Strecke befuhren. Nach dem Umsteigen fand er in dem Wagen dann genau jene Situation vor, die er in seiner präkognitiven Vision beschrieben hatte, einschließlich der Frau in dem auffallenden blauen Mantel.

Es bleibt festzustellen, daß die Versuchsperson zwar einen Fehler in der Voraussage ihres eigenen Handelns in bezug auf die Haltestelle, an der sie umsteigen würde, gemacht, aber die Situation im nächsten Straßenbahnwagen, die sie nicht beeinflussen konnte, richtig vorhergesehen hatte. Im übrigen wäre sie immer in den gleichen Zug der Linie 16 umgestiegen, denn dieser fuhr hinter der Straßenbahn her, in die sie ursprünglich eingestiegen war.

Sie werden bemerkt haben, daß in einigen der beschriebenen Experimente die Versuchsperson selbst überprüfte, ob und in welchem Ausmaß sich die Vorhersagen erfüllten. Das sollte jedoch nicht als ein Zeichen mangelhafter Kontrolle gewertet werden. Die Zuverlässigkeit der betreffenden ASW-Versuchspersonen wurde immer wieder unabhängig von den beschriebenen Experimenten untersucht und bestätigt, und zwar wiederholt in streng kontrollierten Versuchsanordnungen, die *unter voller Überwachung des Experimentators* abliefen.

Bei diesen Experimenten verfolgte ich mit meinem Team eine fortschrittlichere Forschungspolitik. Zu früherer Zeit hatten die Parapsychologen in dem Bemühen, die Echtheit von ASW-Phänomenen zu beweisen, ihre Versuchspersonen mit größtem Mißtrauen behandelt und stets Betrug vermutet, wenn nicht streng kontrollierte Bedingungen dies ausschlossen. Natürlich war beim Umgang mit professionellen Hellsehern und Medien – die oft ihre Zuflucht bei Betrügereien suchten – eine solche Haltung notwendig, zumal zu einer Zeit, da die ASW dem Phänomen nach noch nicht nachgewiesen war. Diese Haltung wurde allerdings auch von seriösen, wissenschaftlich interessierten ASW-Versuchspersonen kritisiert, die sie als demütigend empfanden, wie dies beispielsweise I. Swan in seinem Buch *Kiss the earth goodby* [45] darlegte.

An den von mir durchgeführten Experimenten nahmen als Versuchspersonen völlig »normale« Menschen teil, meist Universitätsstudenten, die sich für wissenschaftliche Forschungen interessierten und nicht etwa Karriere als Hellseher machen wollten. Sie wurden als Mitarbeiter angesehen und auch als solche behandelt. Die Experimente fanden in einer Atmosphäre gegenseitigen freundschaftlichen Respekts statt, und es war nur natürlich, die Versuchspersonen als Forschungsassistenten und als für den Erfolg mitverantwortlich zu betrachten, was auch ihrem eigenen Selbstverständnis entsprach. Selbstverständlich sind dem Autor bei seinen Experimenten mit Hunderten von Versuchspersonen auch solche untergekommen, die aus ihrer Arbeit finanzielle Vorteile zu erlangen trachteten; aber es gab keinen einzigen Fall, in dem auch nur der geringste Verdacht betrügerischer Manipulationen hätte bestehen können.

Ein zuverlässig vorausgesagtes Ereignis trifft also auch dann ein, wenn die in Frage stehende Person im Vorfeld des Ereignisses einen »Fehler« begeht, wie dies im Fall von Herrn C. S. zutraf, und trotz eines eventuellen Versuchs einzugreifen, wie es die Beispiele der mit Fräulein J. K. durchgeführten Experimente zeigen. Wie Sie gesehen haben, kommt es zu dem Ereignis immer wegen einer unerwarteten Wendung im Lauf der Dinge oder wegen eines übersehenen Details.

Angesichts dessen, was wir heute über die ASW wissen, muß man ohnehin immer damit rechnen, daß einige Details des beobachteten Ereignisses übersehen werden. Ich habe (siehe Seite 74) die ASW-Leistung mit einem Blitz verglichen, der kurz die Landschaft beleuchtet und uns keine Zeit läßt, sie in alle Einzelheiten wahrzunehmen. Dabei werden meistens einige Details übersehen.

Dieser Vergleich gilt auch für die Präkognition, allerdings mit dem Unterschied, daß dabei zeitlich entfernte – zukünftige – Geschehnisse vor das innere Auge geraten. *Der fragmentarische Charakter der ASW-Erfahrung ist also ein typisches Merkmal auch der Präkognition.* Präkognitive Bilder ähneln oft der Vorschau auf einen Film, das heißt, die Handlung erscheint nur auszugsweise und in ihren zeitlichen Bezügen und in ihrem Zusammenhang unklar. Infolgedessen passiert es bei präkognitiven Erfahrungen nicht selten, daß ein wichtiges Handlungselement übersehen wird und daher ein intervenierendes Verhalten an der falschen Stelle ansetzt.

Diese Feststellung gilt in der Praxis unter der *Voraussetzung, daß das künftige Ereignis zuverlässig vorausgesehen wurde; dann trifft es ein, wie vorausgesehen,* obwohl Begleitumstände übersehen und Zusammenhänge mißdeutet wurden. In bezug auf unseren Vergleich könnten wir sagen, daß der Vorschauausschnitt tatsächlich aus dem Film stammt und dieser auch gezeigt wird, aber in einem anderen Kontext, als wir erwarteten.

Vergessen wir jedoch nicht, daß die ASW, wie sie sich uns gegenwärtig offenbart, in der Regel unvollkommen entwickelt ist. Die letzte Gewißheit, ob eine Voraussage zuverlässig war oder nicht, erhalten wir erst, wenn sie von der Wirklichkeit entweder bestätigt oder widerlegt wird. Geht jemand daher zu einem der durchschnittlichen Hellseher – vor solchen, deren Professionalität im Honorar besteht, muß ich eher warnen –, so hat man nie im voraus die Gewißheit, daß seine Aussagen auch wirklich zuverlässig sind. Folglich besteht auch nie ein Anlaß zu einem wie immer gearteten Fatalismus. Sagt der Hellseher etwas Unangenehmes voraus, so lohnt es sich immer, dagegen anzukämpfen und zu versuchen, das Prophezeite zu verhindern. Die Wahrscheinlichkeit, daß die Vorhersage nicht zuverlässig ist und ein Eingreifen durchaus einen Sinn hat, ist groß.

Im folgenden wollen wir uns nun der Erörterung von Fällen zuwenden, in denen das Eingreifen Erfolg hatte. Dieser Erfolg bedeutet jedoch nicht, daß die Zukunft verändert worden wäre, sondern *lediglich, daß die Voraussage unrichtig war*. Ein Beispiel möge veranschaulichen, was damit gemeint ist.

Stellen Sie sich einmal vor, daß Sie zu einer Hellseherin gehen und diese Ihnen sagt: »Morgen fahren Sie mit dem Auto in die Stadt. Sie fahren auf dem Broadway und nähern sich der Kreuzung Broadway–Main Street. Sie fahren an einem parkenden Taxi vorbei, dann überholen Sie einen gelben Lastwagen, Sie kommen zu der Kreuzung, und dort wird sich von rechts auf der Main Street ein roter Sportwagen nähern. Sie haben Grün, fahren auf die Kreuzung, doch der rote Wagen rast heran und wird mit Ihnen zusammenprallen. Ich sehe den Zusammenstoß.«

Am nächsten Tag fahren Sie tatsächlich auf dem Broadway. Sie bemerken das Taxi und überholen auch den gelben Lastwagen. Sie nähern sich der Kreuzung und haben Grün, aber weil Sie durch die Voraussage gewarnt sind, schauen Sie, ob auf der Main Street etwas kommt. Sie sehen den roten Sportwagen und sind dank der Warnung darauf vorbereitet, auf die Bremse zu treten. Es gelingt Ihnen, rechtzeitig anzuhalten, so daß Sie nicht mit dem Sportwagen zusammenstoßen, der bei Rot über die Kreuzung gerast ist. Sie haben den Unfall verhindert.

Haben Sie das? Nicht wirklich! Im determinierten Lauf der Ereignisse war die Warnung durch die Hellseherin – das heißt ihre »falsche« Voraussage – gerade Teil jener Verkettung der Ereignisse, die zu Ihrem knappen Entkommen aus der Gefahr führte. Das determinierte Ereignis war von Anfang an Ihr Entkommen – nicht der Zusammenstoß.

Jede andere Schlußfolgerung läßt es an Logik mangeln. Die Vorhersage enthielt eine Reihe von Details: Taxi, gelber Lastwagen, roter Sportwagen, Zusammenstoß. Wenn die ersten drei Vorhersagen eintreffen, so neigen die meisten Menschen dazu, automatisch anzunehmen, daß auch die vierte sich verwirklichen muß. Doch die Gesetze der Logik rechtfertigen eine solche Schlußfolgerung nicht. Selbst wenn drei Elemente richtig vorausgesagt worden sind, selbst wenn es zehn gewesen wären, so haben wir dennoch keine Garantie, daß auch das vierte Element der Prophezeiung stimmt. Und hier war sie, noch dazu im entscheidenden Punkt, in der Tat falsch.

Ein sehr guter Hellseher hätte das erkannt. Im Zusammenhang mit dem ASW-Training (siehe Seite 82 ff.) stellte ich fest, daß ein wichtiges Element dieses Trainings darin besteht, *richtige ASW-Impressionen von fehlerhaften unterscheiden zu lernen*. Gute Versuchspersonen – wie Fräulein J. K. – lernten das. Dabei ist es nicht leicht; manchmal ist der subjektive Unterschied kaum merkbar, und sogar guten Versuchspersonen passieren ab und zu Fehler, besonders wenn ihre Aufmerksamkeit nachläßt. Doch man kann es lernen, und je besser die Versuchsperson, desto weniger Fehler unterlaufen ihr.

Eine wirklich gute Versuchsperson würde Ihnen folgende Voraussage machen: »Ich sehe Sie in einem Wagen fahren, und ich glaube, daß es morgen sein wird. Ich sehe Sie und den Wagen deutlich und bin sicher, daß dies geschehen wird. Ich sehe sie auf dem Broadway fahren, und ich bin sicher, daß Sie dort sein werden. Dann sehe ich ein parkendes Taxi, ich sehe es ganz deutlich, es wird da sein. Danach sehe ich Sie einen gelben Lastwagen überholen, ich bin mir sicher, ich sehe ihn deutlich. Ich sehe Sie sich der

Kreuzung Broadway–Main Street nähern, und ich sehe in der Main Street einen roten Sportwagen – aus Ihrer Sicht von rechts – heranrasen. Ich sehe den Wagen deutlich, und ich bin sicher, daß er da sein wird ... Aber im nächsten Moment sehe ich die Szene weniger deutlich. Ich sehe Sie auf die Kreuzung fahren und die beiden Wagen zusammenstoßen, aber wegen der veränderten Qualität des Bildes bin ich nicht sicher, ob es wirklich ein Zusammenstoß ist. Wenn ich Sie zusammenstoßen sehe, ist das Bild verschwommen. Ich vermute also vielleicht nur, daß Sie zusammenstoßen müssen, weil ich die Wagen so nahe beieinander sehe; oder es kann auch ein Symbol für die Gefahr sein, in der Sie schweben.«

Eine wirklich gute Versuchsperson wäre einer solchen Unterscheidung fähig. Ein nichttrainierter, durchschnittlicher Hellseher jedoch ist nicht so sorgfältig und achtet nicht so genau auf Details.

In diesem Zusammenhang möcht ich ein Experiment schildern, dessen Versuchsperson wiederum Fräulein J. K. war, die – wie erwähnt – gelernt hatte, richtige ASW-Impressionen zuverlässig von Fehlern zu unterscheiden.

Das Experiment fand in einem Raum mit zwei gleichen Türen statt. Die Versuchsperson hatte die Aufgabe vorauszusagen, durch welche Tür ich jeweils das Zimmer verlassen würde. Sie machte ihre Voraussage, schrieb sie auf ein Stück Papier, steckte es in einen Umschlag und klebte ihn zu. Dann warf ich eine Münze, und je nachdem welche Seite oben lag, verließ ich das Zimmer durch Tür 1 oder Tür 2. Anschließend kehrte ich in das Zimmer zurück und kontrollierte die Voraussage. Dann wiederholten wir das Experiment mehrmals.

Unter diesen Bedingungen war die Versuchsperson fähig, richtig vorauszusagen, durch welche Tür ich gehen würde. Nachdem sie mehrmals die richtige Tür vorausgesagt hatte, beschloß ich, einen informellen Test zu machen, nur um zu sehen, was passieren würde, wenn ich einzugreifen versuchte. Ich beschloß also, ab sofort das Gegenteil dessen zu tun, was die Versuchsperson jeweils voraussagte: also durch die andere Tür hinauszugehen. Dazu mußte ich natürlich die Voraussage kennen.

Deshalb schlug ich eine Änderung des Experimentalverfahrens vor: Statt die Voraussage aufzuschreiben und den Zettel in einen Umschlag zu stecken, sollte die Versuchsperson sie einfach laut sagen. (Der Versuchsperson gab ich eine rationale Erklärung: Das Experiment würde auf diese Weise rascher ablaufen, und wir könnten ohne Zeitverlust eine größere Anzahl von Daten sammeln.) Anschließend sollte ich wieder die Münze werfen wie zuvor. Aber ich wußte, daß das für mich diesmal nur ein leeres Ritual sein würde, mit dem ich den Eindruck erwecken wollte, daß sich nichts geändert habe. In Wirklichkeit hatte ich vor, ohne Rücksicht darauf, welche Seite der Münze oben liegen würde, durch die von der Versuchsperson nichtvorhergesagte Tür hinauszugehen.

Ich erwartete, daß die Versuchsperson mich durch eine der Türen hinausgehen sehen würde, dann ihre Vorhersage machen würde, worauf ich die Münze werfen, durch die andere Tür hinausgehen, wiederkommen und zur Versuchsperson tröstend sagen würde, ein einziger Fehler in einer langen Erfolgsserie spiele keine sonderliche Rolle, und wir wollten das Experiment unter den gleichen Bedingungen wiederholen.

Doch J. K. war darin geschult, eine zuverlässige Leistung zu erbringen, und deshalb reagierte sie überraschend. Statt die von mir erwartete Vorhersage zu machen, bat J. K. plötzlich um eine Pause. Auf meine Frage nach dem Grund sagte sie verwirrt: »Es ist komisch ... in den vorherigen Experimenten habe ich immer versucht, Sie in die Zukunft zu schieben (so erlebte sie den Versuch, die Zukunft zu beobachten), und dann sah ich Sie durch die eine oder die andere Tür hinausgehen. Jetzt tue ich das gleiche, aber dann verschwinden Sie in einer Art dichtem Nebel, und *ich kann nicht sicher sagen*, durch welche Tür Sie gehen werden. Ich nehme an, daß ich müde sein muß.«

Ich warf eine Münze und verließ das Zimmer durch eine der Türen, nur um sicherzustellen, daß das Ereignis, das die Versuchsperson vorhersagen sollte, wirklich stattfand.

Das Ergebnis dieses Experiments führt, in Verbindung mit anderem Beweismaterial, zu einem wichtigen Schluß. Die Tatsache, daß es das Phänomen der Präkognition gibt, bedeutet nicht unbedingt, daß alle künftigen Ereignisse zuverlässig vorauserkannt werden können. Allem Anschein nach *können Ereignisse, die sich infolge der Kenntnis der Voraussage durch eine freie Entscheidung ändern ließen, nicht vorauserkannt werden.* Insbesondere handelt es sich dabei um Ereignisse, die von der Entscheidung einer einzigen Person abhängen.

Wohlgemerkt: Diese Ereignisse sind da, in der Zukunft, sie können lediglich nicht vorauserkannt oder vorhergesehen werden. Es ist, als würde die Möglichkeit, einzugreifen (die sich aus der Kenntnis des Vorausgesagten ergibt), einen undurchsichtigen Schirm erzeugen, durch welchen man die Zukunft nicht sieht.

Schade ist nur, daß die in diesem Experiment gewonnenen Daten, die zu Schlußfolgerungen von großer Tragweite anregten, nur mehr oder weniger anekdotisches Material abgaben, da sich das Experiment nicht wiederholen ließ. Noch bevor wir die Bedeutung des Materials ganz erkannt hatten, klärte ich die Versuchsperson über den wirklichen Zweck des Experiments auf. Um ihre ASW-Fähigkeit zu schützen, schien es notwendig, ihr zu erklären, daß der Grund für den Mißerfolg nicht in ihrer mangelnden Fähigkeit, sondern in den ihr aufgezwungenen äußeren Bedingungen gelegen hatte.

Als wir später andere Varianten dieses Experiments versuchten, rechnete die Versuchsperson bereits mit »Hintergedanken« meinerseits und las meine Absichten telepathisch. Ihr Wissen beeinträchtigte daher das Experiment. Statt Voraussagen zu machen, sagte mir die Versuchsperson auf den Kopf zu – oft halb scherzend –, worauf ich es in Wirklichkeit angelegt hatte.

Dessenungeachtet bleibt die Deutung der Resultate des ersten Experiments gültig. Damals hatte die Versuchsperson keinerlei telepathischen Einblick in die Gedanken des Versuchsleiters gehabt, da sie ansonsten einen entsprechenden Kommentar abgegeben und ihren »Fehler« nicht fälschlicherweise auf Müdigkeit zurückgeführt hätte. Der Fall veranschaulicht auch einmal mehr, mit welchen Schwierigkeiten parapsychologische Forschungsarbeit verbunden ist, nachdem selbst die geheimsten Gedanken des Experimentators das Ergebnis beeinflussen können.

Die gewonnenen Erkenntnisse lassen sich wie folgt zusammenfassen:

1. Was zuverlässig vorausgesagt wird, wird geschehen, auch wenn versucht wird, es zu verhindern.

2. Ereignisse, die infolge der Kenntnis der Voraussage geändert werden können, insbesondere Ereignisse, die nur von der Entscheidung eines einzigen Individuums abhängen, lassen sich nicht vorauserkennen.

Neben Streß sind die beiden im Vorhergehenden genannten Punkte auch Ursachen dafür, warum Versuchspersonen gewöhnlich Mühe haben, ihre eigene Zukunft vorauszusagen. Die Natur des »Schirms«, der ein zuverlässiges Vorauserkennen künftiger Ereignisse, die die eigene Person betreffen, verhindert, ist unbekannt; bekannt sind nur die Folgen.

Eine dieser Folgen ist das *Paradoxon der Telefonvermittlung*. Stellen Sie sich einmal vor, daß ein Hellseher an einem Telefon sitzt und Voraussagen macht, die eine ebenfalls an einem Telefon sitzende andere Person betreffen. Nehmen wir nun an, daß es in den Voraussagen um einzelne Ereignisse geht, die unangenehme Folgen für die andere Person haben, zum Beispiel um einen Autounfall. Wäre die andere Person gewarnt, würde sie versuchen, den Unfall zu vermeiden. Die Möglichkeit, solche Ereignisse vorauszuwissen, hängt in dem vorgestellten Fall also vom Zustandekommen der Telefonverbindung ab. Besteht eine Möglichkeit, den betreffenden Unfallkandidaten zu warnen, so ließe sich der Unfall nicht voraussagen; voraussagen ließe er sich jedoch, wenn infolge irgendeines Defektes die Telefonverbindung nicht zustande kommt und die betreffende Person nicht gewarnt werden kann. Das Paradoxon liegt nun darin begründet, daß die Funktionstüchtigkeit des Telefonnetzes ansonsten nichts mit den präkognitiven Fähigkeiten eines Hellsehers zu tun hat!

Eine weitere widersinnige Situation entsteht durch das *Paradoxon der Signalisierung*. In einem unter vielen anderen durchgeführten Experiment gelang es, eine Signalisierung erst in der Zukunft bekannt werdender Daten zu erreichen. Ein Assistent verpflichtete sich, die Lottotrefferzahlen nach der (erst später stattfindenden) Ziehung gemäß einem festgelegten Schlüssel in Symbole umzuwandeln und diese Symbole zu einer vereinbarten, in der Zukunft liegenden Zeit auf ein bestimmtes Blatt Papier zu schreiben. Die Versuchsperson wurde aufgefordert, diese Symbole vorauszusagen. Die von ihr vorausgesagten Symbole wurden gemäß dem mit dem Assistenten festgelegten Schlüssel in Zahlen umgesetzt. So empfingen wir eine Information, die erst in der Zukunft gesendet werden würde!

In diesem Experiment gelang es, aus der Zukunft eine Anzahl zutreffender Angaben signalisiert zu erhalten. Vier von den sechs Trefferzahlen waren richtig und waren auch von begrenztem praktischem Nutzen: wir gewannen eine, wenn auch nicht sehr große Summe.

Aufgrund dieses Erfolges läßt sich die folgende Situation vorstellen: Wir machen einen Plan, dem zufolge ein Assistent aus der Zukunft die Lottotrefferzahlen signalisieren wird. Wenn wir seine Informationen präkognitiv empfangen haben, spielen wir im Lotto und gewinnen. Nachdem wir gewonnen haben, hindern wir den Assistenten daran, die Signalisierung vorzunehmen. Dann hätten wir im Lotto gewonnen, indem wir – paradoxerweise – eine zutreffende Voraussage aufgrund einer Signalisierung machten, die gar nicht stattfand. Das wäre, als hörte man Worte, die gar nicht gesprochen wurden!

In unserem Experiment kam es zur Übermittlung nur einer begrenzten Menge an Informationen, und die Durchführung der Signalisierung war im voraus sichergestellt. Gegenteiligenfalls wäre es der Versuchsperson unmöglich gewesen, zutreffende Voraussagen zu machen, denn eine echte Möglichkeit, die künftige Signalisierung zu verhindern, hätte es unmöglich gemacht, die Signalisierung und somit das Resultat der Lottoziehung vorauszuerkennen.

Schließlich gibt es noch das *Paradoxon der Perfektion.* Wenn wir an die künftige Entwicklung der Menschheit denken, so dürfen wir mit Fug und Recht erwarten, daß sich die menschlichen Fähigkeiten, einschließlich ASW und PK, weiter vervollkommnen werden. Der Mensch wird immer größere Fähigkeiten zur Kommunikation und zur Beherrschung der Natur entfalten. Sein Einfluß auf seine Umwelt wird weiter wachsen, und es wird immer mehr Ereignisse geben, die er zu kontrollieren vermag. Parallel zum stetigen Anwachsen seiner Fähigkeiten und Kräfte wird jedoch – paradoxerweise – das Ausmaß jener künftigen Ereignisse, die sich vorhersagen lassen, stetig abnehmen. Im Extremfall, bei einer absoluten Herrschaft des Menschen über die Natur, wäre dann jede Präkognition unmöglich. Vielleicht ist es ein Glück, daß die Menschheit von solcher Perfektion noch sehr weit entfernt ist!

Ich möchte an dieser Stelle noch von einem *weiteren Experiment* berichten, dessen Resultat die wichtige Schlußfolgerung untermauert, daß für einen Erfolg in Präkognition das tatsächliche Eintreffen des vorauserkannten Ereignisses unerläßlich ist. Eine ausführliche Beschreibung dieses Experiments findet sich übrigens im Anhang 4 meines Buches *ASW-Experimente, die erfolgreich verlaufen.*[32]

In diesem Experiment wurden mit leeren Quadraten bedruckte Aufzeichnungsblätter benutzt. Die Quadrate auf diesen Blättern sollten im Laufe des Experiments mit Symbolen in zufälliger Reihenfolge ausgefüllt werden. Doch zuvor sollten die Versuchspersonen in der richtigen Reihenfolge die später in die Quadrate eingetragenen Symbole voraussagen.

Nachdem die Versuchspersonen ihre Voraussagen gemacht hatten, wurden in die eine Hälfte der Aufzeichnungsblätter tatsächlich Symbole eingetragen, deren Reihenfolge ein Zufallsverfahren bestimmte. Genauso wurde auch die Reihenfolge der Symbole für die andere Hälfte der Aufzeichnungsblätter bestimmt; aber diese Blätter vernichteten wir, ohne die Symbole einzutragen.

Die Voraussagen konnten also nur für die eine Hälfte der Blätter wirklich zutreffen, doch die Qualität der Präkognition ließ sich für beide Kategorien bestimmen, indem man die Voraussagen mit der vorher bestimmten Reihenfolge der Symbole verglich. Der einzige Unterschied zwischen den beiden Datengruppen bestand darin, daß die vorausgesagte Zukunft für die eine Hälfte der Blätter konkret eintreffen sollte, wogegen für die andere Kategorie das Eintreffen verhindert wurde. Die Versuchspersonen gelangten hinsichtlich der beiden verschiedenen Kategorien auch prompt zu gänzlich verschiedenen Resultaten. Die Präkognition hatte nur auf den Blättern »funktioniert«, in die später tatsächlich Symbole eingetragen worden waren, das heißt, hinsichtlich deren das Eintreffen des vorausgesagten künftigen Ereignisses nicht verhindert worden war.

Das zwingt geradezu zu der schon an anderer Stelle getroffenen *Schlußfolgerung, daß das zukünftig wirklich stattfindende Ereignis die Quelle der präkognitiven Information ist.*

Die im Vorstehenden vorgebrachten Untersuchungsergebnisse bestätigen *weitere Schlußfolgerungen:*

1. Die Zukunft ist eine feststehende Realität.
2. Es gibt nur eine Zukunft, nicht eine Reihe aufeinanderfolgender »Zukünfte« mit verschiedenen Verwirklichungsmöglichkeiten.
3. Präkognition ist eine direkte Beobachtung dieser – zukünftigen – Realität, das heißt die unmittelbare Wahrnehmung in der Zukunft liegender Ereignisse.
4. Wenn im determinierten Ablauf allen Geschehens ein Ereignis durch eine freie, auf der Kenntnis der Voraussage beruhende Entscheidung geändert werden kann, so läßt sich dieses Ereignis nicht vorauserkennen.

Der Lauf der Ereignisse ist dem Lauf eines Flusses und seiner Nebenflüsse vergleichbar; sie stellen gleichsam jene Kausalketten dar, die das Endresultat eines Prozesses bestimmen (siehe Abbildung A). Ein präkognitiv begabter Mensch kann nun an Punkt »a« (Abbildung B) eine Voraussage über den weiteren Verlauf des Flusses machen. Er sagt einen bestimmten Verlauf des Flusses voraus (gestrichelte Linie), übersieht aber einen Berg (Abbildung C), der dem Fluß eine andere Richtung gibt (= Fehler in der Voraussage). Es gibt jedoch Zonen, in denen das vorausgesagte Ereignis infolge der Kenntnis der Vorhersage durch einen freien Entschluß abgewendet werden könnte, Zonen also, die sich nicht vorauserkennen lassen (die beiden Kreise in Abbildung D).

Auf unserer Abbildung könnte man die Kreise mit Nebelwolken über bestimmten Flußabschnitten gleichsetzen, die es uns unmöglich machen, den Flußverlauf von oben zu sehen. Doch der Fluß ist dennoch da, unter dem Nebel; und die künftigen Ereignisse sind ebenfalls da, in der Zukunft.

ABBILDUNG 3

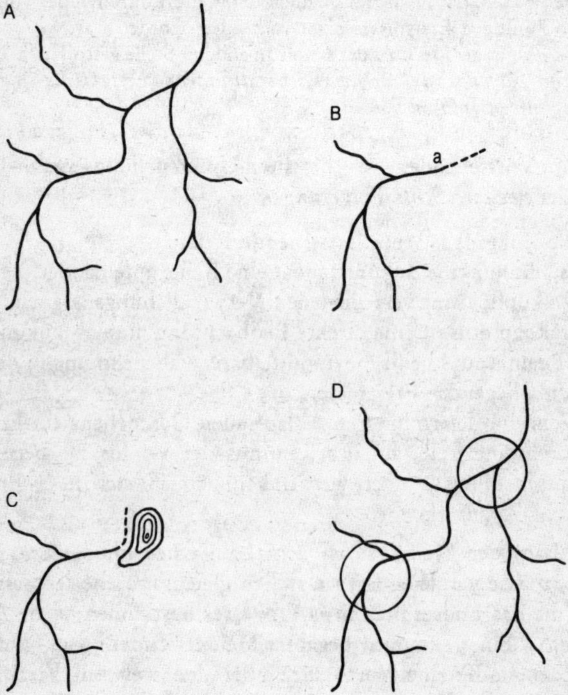

In diesem Zusammenhang muß auch das *Phänomen der retroaktiven Psychokinese* erwähnt werden. Es handelt sich dabei um PK-Wirkung in die Vergangenheit. Sie hat ihre verwirrenden Implikationen und ist von der Funktion her mit der Präkognition verwandt. Beide basieren wahrscheinlich auf Psi-Signalen, die in Richtung Vergangenheit wirken. Wir dürfen deshalb einige Ähnlichkeiten zwischen retroaktiver Psychokinese und Präkognition erwarten.

Wenn wir an Psychokinese denken, so stellen wir uns darunter gewöhnlich eine Einwirkung auf unsere Umwelt im gegebenen

Augenblick vor (PK in der Gegenwart). Nachdem jedoch die ASW auch in der Zeit wandern kann (Präkognition und Retrokognition), dürfen wir das gleiche für die PK vermuten. Während der in die Zukunft wirkende PK-Effekt (gleich der Retrokognition) keine besonderen Verständnisschwierigkeiten bereitet und wahrscheinlich noch nie experimentell untersucht wurde, ergeben sich hinsichtlich der in die Vergangenheit wirkenden PK ähnliche Paradoxien wie jene, mit denen wir uns auch im Zusammenhang mit der Präkognition und der Intervention in vorhergesagte Ereignisverkettungen konfrontiert sahen.*

Ist aber eine PK-Wirkung in die Vergangenheit überhaupt möglich? Ist es möglich, »in der Zeit zurückzureisen« und Ereignisse, die bereits stattgefunden haben (!) zu ändern und in die sich aus ihnen ergebende Kausalkette einzugreifen? Das folgende Beispiel verdeutlicht die Implikationen dieser Frage: Was geschieht, wenn ich in der Zeit zurückgehe und meine Eltern umbringe, bevor ich überhaupt die Chance hatte, auf die Welt zu kommen? Werde ich dann noch geboren?

Im Zusammenhang mit dieser Frage gibt es nur wenige, aber doch wenigstens einige gesicherte Anhaltspunkte:

Zunächst einmal müßten wir, wenn es so einfach wäre, in der Zeit zurückzureisen und bereits vergangene Ereignisse zu beeinflussen, doch erwarten, daß Besucher »aus der Zukunft« unter uns weilen würden. Auch wenn sie nicht in fleischlicher Gestalt erschienen, müßten solche Besucher dennoch in Unterbrechungen der Kausalkette von Ereignissen »sichtbar« werden: in physikalischen Geschehnissen, die gleich »Wundern« gegen den gewohnten kausalen Ablauf allen Geschehens in der Natur verstoßen. Dies ist jedoch nicht der Fall, und deshalb dürfen wir zumindest folgern, daß der in die Vergangenheit wirkende PK-Effekt makroskopisch** kaum zur Geltung kommt.

---

* In die Zukunft gerichtete PK entspricht der Retrokognition. In beiden Fällen reisen die Psi-Signale in Richtung des Zeitpfeils. Retroaktive PK hingegen entspricht der Präkognition. Die Psi-Signale reisen entgegen der Zeit zurück.

**Mit »makroskopisch« sind in unserer Erscheinungswelt stattfindende Ereignisse gemeint – im Gegensatz zu Prozessen des atomaren Mikrokosmos, die den von der Quantenmechanik beschriebenen Gesetzen unterliegen.

Im übrigen wurde nur wenig experimentelle Forschungsarbeit zur Klärung dieses Problems geleistet. Zur Zeit der Abfassung des vorliegenden Buches gibt es nur zwei veröffentlichte Experimentalstudien, die in dieser Hinsicht relevant sind: eine von PIERRE JANIN und eine umfassendere von HELMUT SCHMIDT. Zur Durchführung seines Experimentes baute H. Schmidt mehrere ähnliche Geräte, in denen – durch einen radioaktiven Prozeß erzeugte – Zufallssignale so verstärkt wurden, daß sie makroskopische Effekte produzierten. Aufgabe der Versuchspersonen war es, die Effekte mittels PK zu beeinflussen.

In einem solchen Experiment bestand die Anlage zur Sichtbarmachung der makroskopischen Effekte aus einer runden Scheibe mit einem Kranz von Glühbirnen. Eine Birne wurde eingeschaltet, und die in der Folge einsetzenden »Plus«- oder »Minus«-Signale bewegten das Licht immer um einen Schritt weiter im oder entgegen dem Uhrzeigersinn. Die Versuchspersonen sollten nun mittels PK das Licht entweder im oder entgegen dem Uhrzeigersinn weiterbewegen, und dies gelang ihnen auch; somit erzeugten sie einen sichtbaren PK-Effekt, vermutlich auf den bei der Erzeugung von Zufallssignalen ablaufenden Quantenprozeß.

In einem abgewandelten Test trug eine Versuchsperson Kopfhörer, und die Signale wurden ihr akustisch zugespielt: »Plus«-Signale erzeugten im linken, »Minus«-Signale im rechten Ohr Klicktöne. Die Versuchsperson bemühte sich dann, möglichst viele Klicks in ihr linkes beziehungsweise rechtes Ohr zu leiten.

In allen diesen Testvarianten wurde die Versuchsperson aufgefordert, nur auf den äußeren Effekt (Klicktöne oder Lichtbewegungen) zu achten. Das Ergebnis zeigte ganz klar, daß es schon genügte, wenn die Versuchsperson den Wunsch hatte, das Licht oder den Ton in der einen oder anderen Richtung zu bewegen. Es war jedoch nicht notwendig, daß die Versuchsperson die Konstruktion des Apparats verstand oder an die radioaktive Erzeugung der Zufallssignale dachte. Auch die Qualität des Zufallsprozesses (seine Geschwindigkeit, die Komplexität der Aufgabe, die Zahl der für eine Wahl erforderlichen Schritte oder auch Bedingungen, die darüber bestimmten, wie die Daten erzeugt wurden) spielte für das Ergebnis keine Rolle.

Bei einer anderen Variante erzeugte der Generator eine Folge von Zufallsdaten mit einer Trefferwahrscheinlichkeit von 1 : 64. Jede Experimentalserie endete, wenn ein »Treffer« erzielt wurde, was die Versuchsperson durch ein hörbares »Klick« vernahm. Auf Zufallsbasis hätte dies durchschnittlich nach jeweils vierundsechzig Versuchen geschehen müssen. Die Aufgabe der Versuchsperson bestand nun darin, die Experimentalserie abzukürzen, das heißt, dafür zu sorgen, daß der (mit einem Klick verbundene) Treffer möglichst früher erfolgte. In einem Fall konnte auf diese Weise die durchschnittliche Länge einer Experimentalserie auf 54 bis 56 Einzelversuche reduziert werden.

Später entwickelte H. Schmidt seine Experimentalvorrichtung weiter und richtete sie für eine automatische Verarbeitung der Daten durch einen Komputer ein. Dies führte zu einem Forschungsprojekt, das wichtige Aufschlüsse über die retroaktive PK vermittelte.

Die Serien der einzelnen Zufallsdaten wurden permanent auf Tonband oder Lochstreifen aufgezeichnet. Diese Aufzeichnungen stellten ein objektives Ereignis dar. Mehrere Tage später wurden der Versuchsperson die vorher aufgenommenen Daten vorgelegt, und zwar zusammen mit Kontrolldaten, die während des Experiments aufgezeichnet worden waren. Die Versuchsanordnung stellte sicher, daß die Versuchsperson nicht wußte, welche der vorgelegten Daten die vorher aufgezeichneten und welche die Kontrolldaten waren. Eine spätere Komputeranalyse bestätigte das Wirken der PK: Das Datenmuster unterschied sich nach der PK-Einwirkung signifikant von der mittleren Zufallserwartung. Dem PK-Einfluß gelang es offensichtlich, ein Ereignis zu beeinflussen, das in der Vergangenheit stattgefunden hatte und *aufgezeichnet* worden war.[38]

In seinen jüngsten Untersuchungen arbeitet H. Schmidt mit einem »bewußten Beobachter«, der sich vor dem Versuch einer psychokinetischen Beeinflussung das Datenmaterial als Zeuge ansieht. Zu der Studie wurde Schmidt durch theoretische Überlegungen in der modernen Physik inspiriert, in denen die Bedeutung eines »bewußten Beobachters« als Bedingung der Wirklichkeit von Ereignissen hervorgehoben wird (siehe auch Seite 123 f.). Einige Interpreten der Quantentheorie behaupten, daß ein Ereignis, solange es nicht von einem Zeugen beobachtet wird, buchstäblich nicht als wirkliches Ereignis existiert; es ist dann nur ein potentielles Ereignis, eine »verschwommene« statistische Mischung aller möglichen Zustände, in welchen sich ein System befinden kann. Erst die Beobachtung des »Ereignisses« durch einen »bewußten Beobachter« beziehungsweise Zeugen läßt es zu einer bestimmten Form »erstarren« und somit »manifest« werden.[39]

Schmidts im folgenden skizziertes Experiment zeichnete sich durch einige geniale Merkmale aus, die daher einer ausführlichen Erklärung bedürfen.

In seinen früheren Experimenten war jedes der zu beeinflussenden Zielobjektereignisse einzeln nach einem Zufallsverfahren gewählt worden. In seiner neuen Versuchsanordnung nun behandelte er die ganze Serie von Zielobjekten als eine einzige Einheit. Dabei wurde zunächst eine Reihe von Zahlen durch einen Zufallsprozeß – der auf radioaktivem Zerfall basierte – erzeugt. Schmidt nennt sie »Keimzahlen«. Von jeder dieser Keimzahlen leitete er eine komplexe, mittels Komputer durchgeführte Berechnung einer Folge binärer Zielobjekte ab (plus oder minus beispielsweise oder das Licht auf der mit Glühbirnen eingefaßten Scheibe bewegt sich beziehungsweise bewegt sich nicht). Diese Folge von Zielobjekten hatte auch Zufallseigenschaften, hing jedoch kausal von der ursprünglichen Zahl ab. Stets wurden die Zielobjekte für die ganze Serie derart aus einer einzigen Keimzahl berechnet.

Sinn des Ganzen war es, daß die PK-Wirkung, die normalerweise auf jedes Zielobjekt einzeln ausgeübt wurde, dieses Mal in nur einem einzigen Schritt auf die gesamte Serie ausgeübt werden und unter allen möglichen Zielobjekten jenes auswählen sollte, das dem geforderten Effekt entsprach – beispielsweise mehr Pluswerte zu erzielen.

Der PK-Effekt stellte sich auch unter diesen Bedingungen ein – das heißt, er wirkte in der Zeit zurück und wählte die »richtigen« Keimzahlen für die Erzeugung von Zielobjekten mit den gewünschten Merkmalen aus. H. Schmidt ließ dann vor dem Experiment einige der Keimzahlen von einem »bewußten Zeugen« beobachten. Danach verglich er die Ereignisse für solche Zahlen, die erzeugt und nur im Gedächtnis des Komputers aufgezeichnet waren, mit den Ergebnissen für jene Zahlen, die auch »beobachtet« (bezeugt) worden waren.

Die retroaktive PK funktionierte unter beiden Bedingungen ungefähr gleich.   .

Das Experiment bewies:

1. Psychokinese kann sogar funktionieren, wenn sie auf den kausalen Ursprung der zu beeinflussenden Ereignisse gerichtet wird. Dies stellte eine zusätzliche Bestätigung von H. Schmidts früher gemachter Feststellung dar, daß der PK-Effekt nicht von der Komplexität der Aufgabe abhängt.
2. Für die retroaktive PK-Leistung spielt es keine Rolle, ob die Ursachen der Zielobjekte (Schmidts »Keimzahlen«) nur im Komputergedächtnis oder ebenfalls im Gedächtnis eines sie »beobachtenden« bewußten Zeugen gespeichert sind.

In beiden Fällen wurde die Ursache, die unzweideutig die Zielobjekte bestimmte, makroskopisch sichtbar gemacht und dabei ein schwacher statistischer Effekt verzeichnet. Die Beobachtung durch einen bewußten Zeugen hatte keinerlei Einfluß auf die Wirkung der PK. Dieses Ergebnis steht im Widerspruch zu jenen Interpretationen der Quantentheorie, die der Rolle des bewußten Beobachters (Zeugen) eine besondere Bedeutung beimessen. Wie dem auch sei, die retroaktive PK wirkte auf makroskopisch sichtbar gemachte Ereignisse – zumindest in der Form eines schwachen statistischen Effekts.

Natürlich ist es noch verfrüht, aus diesen Ergebnissen endgültige Schlüsse ziehen zu wollen; die Experimente müssen zuvor wiederholt und die Resultate bestätigt werden. Der beobachtete Effekt war – wie gesagt – relativ schwach, und einige Punkte bleiben auch unklar.

Außerdem sind auch andere Erklärungen möglich. Statt der retroaktiven PK lassen sich alternativ mindestens drei Prozesse vorstellen:

1. Der Experimentator oder jemand anderer konnte normale unbewußte ASW einsetzen, um herauszufinden, welche Datensegmente Treffer erbringen würden, die über der Zufallserwartung oder unter der Zufallserwartung lagen, und dann unbewußte PK einsetzen, um die Auswahl von Segmenten in »Plus«-, »Minus«- und »Kontroll«-Gruppen zu steuern.

2. Der Experimentator oder jemand anderer konnte (zu der Zeit, da die Daten erzeugt und aufgezeichnet wurden) Präkognition eingesetzt haben, um herauszufinden, welche Rolle jedem Segment übertragen würde, und dann unbewußte PK in der Gegenwart einsetzen, um die Verteilung von »Plus«- oder »Minus«-Signalen zu beeinflussen.

3. Der Experimentator oder jemand anderer konnte (zu der Zeit, da die Daten erzeugt und aufgezeichnet wurden) PK in der Gegenwart einsetzen, um die Daten zu beeinflussen, und dann erneut PK einsetzen, damit der spätere »Wunsch« (die Datenzuweisung) dem zuvor ausgeübten Einfluß entsprachen.

Die heute zur Verfügung stehenden spärlichen Daten zeigen an:

1. Retroaktive PK findet bei makroskopischen Ereignissen nicht statt.

2. Sie findet möglicherweise nur im Hinblick auf Ereignisse statt, die nicht auf makroskopischer Ebene ablaufen (wie die Quantenprozesse). Sie kann auch in Form eines ziemlich schwachen statistischen Effekts vorkommen, wenn es sich um triviale Ereignisse handelt, die *in ihren Konsequenzen keine Auswirkung auf die Kausalkette nachfolgender Geschehnisse haben.*

In der Physik wirft das *Unbestimmtheitsprinzip* die Frage auf, ob die Unbestimmtheit in Messungen auf fehlende Kenntnis der internen Variablen zurückzuführen ist – oder ob sie der eigentlichen Natur physikalischer Gegenstände innewohnt. Diesem Dilemma entspricht hinsichtlich der der Präkognition anhaftenden Problematik die Unmöglichkeit, gewisse künftige Ereignisse vorauszusagen. Ist dies auf den erwähnten »Schirm« zurückzuführen, der von der Möglichkeit erzeugt wird, den Lauf des Geschehens infolge Kenntnis der Voraussage zu ändern (obwohl die Entscheidungen und mit ihnen auch die künftigen Ereignisse determiniert sind); oder ist die Zukunft »verschwommen«, noch nicht festgefügt, unbestimmt in einer Vielfalt möglicher Entwicklungskanäle auf Sichtbarwerdung wartend? Aus der Untersuchung der Psi-Phänomene muß nach dem heutigen Stand der Wissenschaft *gefolgert werden, daß die Zukunft als Realität feststeht – ebenso wie die Gegenwart und die Vergangenheit.*

Wenn anhand des erörterten Beweismaterials überhaupt ein derart gewichtiges Urteil gefällt werden darf, so lautet die sowohl in der Physik als auch für das Phänomen der Präkognition gültige Antwort: Die Realität der Zukunft ist wie auch die der Vergangenheit und Gegenwart determiniert. Es zeichnet sich keine »Verschwommenheit« im Lauf der Dinge ab. Bestimmtheit ist das dominierende Merkmal im Universum.

Es zeigt sich außerdem, daß Urteile und Schlußfolgerungen, die auf parapsychologischem Beweismaterial basieren, auch für grundsätzliche Fragen der Physik relevant sind.

4
Was ist Psi?

Jenseits von Raum und Zeit

Die nichtphysikalische Qualität der Psi-Energie führt uns zu dem zwangsläufigen Schluß, daß es jenseits der physikalischen Welt der Materie eine Realität anderer Gesetzmäßigkeiten gibt. Unsere materielle Erscheinungswelt ist nur *Teil einer vom Raum, Zeit und Stofflichkeit unabhängigen »höheren« Welt, einer transzendenten Welt.*

Diese aufgrund wissenschaftlicher Methoden gewonnene Erkenntnis bestätigt interessanterweise in entscheidenden Punkten die Glaubenswahrheiten der großen Weltreligionen und unseres esoterisch-mystischen Erbes, so daß diese gleichsam »rehabilitiert« erscheinen. Aufgrund dieser Traditionen wird dieses geistige Universum höherer multidimensionaler Realität Gott oder dem unendlichen kosmischen Geist gleichgesetzt, und nur vom Standpunkt dieser höheren Realität aus kann unsere Welt verstanden werden.

Nun erhebt sich die Frage, welcher Natur diese transzendente Welt ist. Natürlich dürfen wir beim derzeitigen Stand unseres Wissens nicht etwa hoffen, diese Frage erschöpfend beantworten zu können. Ich bin allerdings davon überzeugt, daß es heute möglich ist, brauchbare Arbeitshypothesen aufzustellen und einen begehbaren Weg aufzuzeigen, auf dem man die Parapsychologie und die Naturwissenschaften in Einklang bringen und die Fakten über die uns heute bekannten Psi-Phänomene ins wissenschaftliche Gesamtbild unserer Welt integrieren kann.

Die moderne Physik beschreibt das physikalische Universum als vierdimensionales Raumzeitkontinuum, das sich über drei Raumdimensionen (Länge, Breite, Höhe) sowie eine Zeitdimension erstreckt und – der allgemeinen Relativitätstheorie zufolge, welche die Schwerkraft als Raumkrümmung darstellt – in die fünfte Dimension »gekrümmt« ist. *In diesem Universum koexistieren Vergangenheit, Gegenwart und Zukunft.* Unser subjektives Erleben zeitlicher Veränderungen reflektiert somit die Bewegung unserer dreidimensionalen Körper in unserer dreidimensionalen Umgebung und in der Zeit, und zwar in Richtung Zukunft.

Dieses Bild, das für die Erklärung der ASW so nützlich ist und in krassem Widerspruch zum üblichen sensorisch wahrgenommenen Erscheinungsbild der Welt steht, ist übrigens keine Erfindung der Parapsychologen: es wurde von Physikern entwickelt und gilt heute als gesichertes Wissensgut.

Wir müssen uns daher die materielle Welt gleichsam als in der multidimensionalen transzendenten Welt enthalten – oder »schwimmend« – vorstellen. Sie ist in ihr enthalten, einschließlich des aus Raum und Zeit etablierten künstlichen Gerüstes, diesem ebenfalls nur zum physikalischen Universum gehörenden Merkmal.

Schon der heilige AUGUSTINUS sagte: »Non in tempore, sed cum tempore creavit Deus mundum.« Gott erschuf die Welt *mit* der Zeit, nicht *in* der Zeit. In diesem Weltbild *stellen Raum und Zeit Elemente dar, die lediglich zum materiellen physikalischen Universum gehören und außerhalb desselben zu existieren aufhören.* Deshalb müssen wir hinsichtlich zeit- und raumbezogener Fragen umdenken. Wo endet das Universum? Was war vor dem Urknall? Wie wird es enden? Solche Fragen sind falsch formuliert, denn »vor«, »nach« oder »außerhalb von« unserem Universum gibt es keinen Raum und keine Zeit.

Aber wie sollen Sie sich besagte transzendente Welt vorstellen? Nehmen wir Zuflucht bei einem geometrischen Modell, bei dem wir uns nur dazudenken müssen, daß sich »unsere Welt« noch in eine weitere Dimension erstreckt (in die sechste). In diesem Bild stellt dann unsere materielle Welt gleichsam einen Schnitt durch eine multidimensionale höhere Welt dar. Die Realitäten des physikalischen Universums – Materie, Energie und so fort – wären dann nur noch so etwas wie »flache« Projektionen (»Schatten«, »Schnitte«) multidimensionaler Realitäten der transzendenten Welt.

Die Bescheidenheit gebietet freilich zuzugeben, daß dieses Bild nur ein Modell ist. Denkbar wären auch andere Modelle, von denen einige attraktiver, einige weniger attraktiv sind.

Als Variante des geometrischen Modells kann ein Mathematiker »imaginäre« Dimensionen in Betracht ziehen (»imaginär« im Sinne des mathematischen Formalismus imaginärer Zahlen, charakterisiert durch die Einheit $i = \sqrt{-1}$).

Man könnte sich ferner raumlose Modelle vorstellen (in ähnlichem Sinn, wie sich in der Physik Skalare von Vektoren unterscheiden) – sagen wir ein Modell, in dem die »Komplexität der Organisation« oder »Information« oder verschiedene »Sinnbedeutungen« eine entscheidende Rolle spielen und durch eine Vielzahl sinnvoller Zusammenhänge verbunden sind.

Es gäbe noch weitere Modelle. Doch würde deren theoretisch bleibende Erörterung zu weit führen.

Wie steht es nun mit den *Wechselwirkungen zwischen der physikalischen Welt und dem transzendenten Universum?* Sind solche überhaupt möglich? Und falls Sie das geometrische Modell akzeptieren, wie sollen Sie sich dann die Wechselwirkung zwischen den Dimensionen vorstellen?

Ein zweidimensionaler Schatten kann einen dreidimensionalen Gegenstand nicht beeinflussen. Das Modell für eine mögliche Wechselwirkung zwischen den Dimensionen liefert wiederum die Physik in der elektromagnetischen Induktion. Veränderungen in der Intensität des elektrostatischen Feldes erzeugen das Magnetfeld und umgekehrt. Ebenso können wir uns induzierte Veränderungen im »Psi-Feld« oder in der Psi-Dimension vorstellen!

Oder wir können annehmen, daß jedes Elementarteilchen zusätzlich zu seinen materiellen Charakteristika auch einen Psi-Aspekt in der Psi-Sphäre hat und daß die physikalische Wechselwirkungen eine Parallele in der Psi-Sphäre haben. Natürlich gibt es keine Beobachtungsdaten zur Stützung dieser Behauptung, und diese Theorie hat auch noch eine andere Schwäche: Falls sie stimmt, würde das bedeuten, daß jedes Atom, jedes Elementarteilchen ein dem Bewußtsein verwandtes Element in sich trägt.

Auf der Basis des Komplexitätsmodells könnten wir uns auch Wechselwirkungen denken, die sich zwischen Einheiten ähnlicher

Organisation herstellen – vielleicht als »Resonanz« – oder »Entsprechungs«-Modelle, die an anderer Stelle noch erörtert werden (siehe Seite 167 ff.).

Eine weitere interessante und für die moderne Physik jederzeit akzeptable Vorstellung von der Wechselwirkung zwischen den Dimensionen basiert auf dem *Unbestimmtheitsprinzip*. Wir können uns beispielsweise vorstellen, daß Psi bei ASW das Gehirn beeinflußt, indem es den Strom von Nervenimpulsen an solche Synapsen lenkt, die klein genug sind, um dem Unbestimmtheitsprinzip die Ausübung eines Einflusses zu gestatten. Diese Theorie einer Interaktion zwischen Gehirn und Geist vertrat der Neurophysiologe JOHN C. ECCLES.

Zur Erklärung der Psychokinese können wir uns auch vorstellen, daß Psi die Position von Elementarteilchen geringfügig zu verändern und auf diese Weise makroskopisch wahrnehmbare Effekte zu erzeugen vermag.

Psi-Substanz und geistige Imprägnation

Nun sind wir entsprechend vorbereitet, daß wir versuchen können, Psi zu erklären. Es wäre allerdings verfrüht und auch anmaßend, eine umfassende und erschöpfende Psi-Theorie aufstellen zu wollen. Die nachstehende Theorie enthält zwangsläufig einige unerklärte Punkte, hat jedoch, wie ich schon an anderer Stelle begründet habe[35], gegenüber allen anderen bisher aufgestellten Erklärungsversuchen einen Vorteil: sie liefert die besten Begründungen für die immer wieder beobachteten und daher heute feststehenden Charakteristika der Psi-Phänomene.

Das Wirken von Psi ist eng mit dem Bewußtsein verknüpft: Bewußte Aktivität eines Menschen erzeugt eine »Psi-Substanz«. Dabei läuft ein (bis jetzt unbekannter) neurochemischer und neurophysiologischer Prozeß im Gehirn des Menschen ab. Die Psi-Substanz ist eine eng mit der Aktivität des lebenden Gehirns verbundene nichtphysikalische Energie. Wegen ihrer nichtphysikalischen Natur kann sie mit Hilfe physikalischer Mittel nicht aufgespürt werden, doch die ASW setzt sie frei. Das »Funktionieren« dieser

Energie hängt von der Intensität und Qualität des sie erzeugenden, einem bestimmten Geistes- und Gefühlszustand erfließenden »Gedankens« ab. »Intensität« ist jedoch, wie gesagt, nicht mit intensiver Konzentration gleichzusetzen; angestrengte Konzentration ist sogar eher gegenproduktiv. Förderlich sind vielmehr begeisterte Hingerissenheit, überwältigendes spontanes Interesse oder tiefes Gefühlsengagement.

Eine Psi-Substanz wurde auf theoretischer Grundlage von dem Philosophen C. D. Broad postuliert – der den Terminus »psychischer Faktor«[4] und später »Psi-Komponente«[5] benutzte – und experimentell als »mentale« oder *»geistige Imprägnation«* nachgewiesen.[32] Sie manifestierte sich indirekt in Experimenten, die der Untersuchung der ASW-Qualität verschiedener Versuchspersonen galten. Diese mußten die Farbe von in verschlossenen Umschlägen verwahrten Karten angeben. Legte man dabei einer Versuchsperson wiederholt das gleiche Zielobjekt vor, so neigte sie dazu, ihre vorher gemachten Aussagen zu wiederholen, selbst wenn diese falsch waren. Natürlich waren die Karten so verdeckt, daß jede visuelle Wahrnehmung oder Erinnerung vollkommen ausgeschlossen war.

Der holländische Parapsychologe Willem H. C. Tenhaeff beobachtete einen ähnlichen Effekt in Experimenten mit Hellsehern, die – wie beispielsweise Gerard Croiset – der Polizei bei der Verbrechensaufklärung helfen sollten. Seine Versuchspersonen neigten dazu, Fehler in den Aussagen früher eingesetzter Versuchspersonen zu wiederholen.

In der parapsychologischen Literatur unserer Zeit beobachtete und beschrieb eine ganze Reihe von Autoren Phänomene geistiger Imprägnation, jedoch häufig ohne sie ausdrücklich als solche zu bezeichnen. Graham und Anita Watkins beispielsweise nannten sie »Verweileffekt«. Die beiden Wissenschaftler berichteten von einer speziellen Leistung der Versuchsperson Felicia Parise, der es gelang, eine Kompaßnadel mittels PK soweit abzulenken, daß sie in eine falsche Richtung zeigte. Wurde der Kompaß hingegen im Experimentalraum an einen anderen Platz gestellt, so hörte die Ablenkung auf. Brachte man ihn jedoch an seinen ursprünglichen Platz zurück, so wich die Nadel erneut ab.[49,50]

In einem anderen Experiment bestand die PK-Aufgabe darin, betäubte Mäuse aufzuwecken. Wie sich herausstellte, hing der Erfolg von der Plazierung der betäubten Tiere ab. Wurde der Versuch einmal mit der rechts, dann mit der links plazierten Maus durchgeführt, also der Zielplatz bei jedem Versuch gewechselt, so blieb der Erfolg aus. Positive Ergebnisse stellten sich nur ein, wenn ständig derselbe Platz das Zielobjekt bildete. Bestimmte man die rechts plazierte Maus als Zielobjekt und ging dann nach

mehreren Versuchen auf die links plazierte Maus über, so wachte trotzdem weiterhin die rechts plazierte Maus als erste auf.[48]

Einen ähnlichen Effekt beobachtete man bereits früher bei Würfelexpe-
rimenten: Wenn die Versuchspersonen eine Zeitlang eine bestimmte Zahl
zu würfeln versucht hatten und der Experimentator dann das Zielobjekt
wechselte, erschien gleichwohl das alte Zielobjekt weiterhin mit überzufälliger Häufigkeit.

Im täglichen Leben hat die geistige Imprägnation spürbare Folgen.
So haften manchen Gegenständen oder Örtlichkeiten mentale Prä-
gungen an, die unerwünschte Verhaltensweisen auslösen. Wenn Sie
beispielsweise einen Bittbrief schreiben, aber Zweifel an seiner
Wirksamkeit oder negative Gedanken haben, so können die dem
Brief anhaftenden mentalen Prägungen dazu beitragen, beim Leser
Ihres Briefes eine negative Reaktion auszulösen. Oder stellen Sie
sich ein Fließband in einer Fabrik vor: Ein Arbeiter, der frustriert,
unglücklich oder anfällig für Unfälle war, vielleicht sogar Selbstmord begangen hat, wird durch einen anderen Arbeiter ersetzt.
Der neue Arbeiter ist an diesem Arbeitsplatz den alten negativen
mentalen Prägungen ausgesetzt und kann ähnliche Probleme bekommen wie sein Vorgänger.

Die Psi-Substanz hat neben ihrer faktischen Wirksamkeit auch
noch einen semantischen Inhalt, der ihr Wirken auf Psi-Ebene bestimmt. Wegen ihrer Verbindung zum Gehirn kann sie dieses
rückbeeinflussen und gewisse semantische Inhalte ins Bewußtsein
zurückbringen. Daher scheint sie auch für einige Formen der Erinnerung verantwortlich zu sein. Sie enthält Spuren aller bewußten
Erfahrungen, die ein Mensch während seines Lebens gesammelt
hat.

Der ASW-Prozeß findet in folgenden Schritten statt:

1. Ein einem bestimmten Geistes- und Gefühlszustand erfließen-
   der intensiver, fragender Gedanke erzeugt Psi-Energie, eine
   »Psi-Substanz«, die sich als geistige Imprägnation niederschlägt.
   Diese Psi-Energie dient als »ASW-Organ«.
2. Das ASW-Organ reist zur Informationsquelle, die sich anderswo im Raum und beziehungsweise oder anderswo in der
   Zeit befindet. Die Informationsquelle kann entweder ein Gegenstand aus der Erscheinungswelt sein oder aber ein Gedanke –

der möglicherweise bereits als von einem anderen Gehirn erzeugte Psi-Energie existiert.

3. Aufgrund der Wechselverbindung mit der Informationsquelle erhält das ASW-Organ Informationen über die beobachtete Realität.

4. Die Informationen wirken in Form von Psi-Energie auf das Gehirn zurück – vermutlich aufgrund eines der aktiven Erinnerung ähnlichen Prozesses.

5. Die Psi-Energie beeinflußt die im Gehirn ablaufenden Prozesse – und wird dann bewußt in einer Form erfahren, die von der augenblicklichen psychischen Verfassung des Wahrnehmenden abhängt.

Der PK-Prozeß läuft entsprechend in den folgenden Schritten ab:

1. Ein intensiver Wunschgedanke erzeugt Psi-Energie, die als PK-Organ dient.

2. Dieser Vorgang wird an jenen Ort und beziehungsweise oder in jene Zeit übertragen, wo der Effekt stattfinden soll.

3. Die PK-Wirkung findet statt.

4. und 5. Diese Schritte umfassen das Feedback, also die Rückkoppelung. Kraft ASW wird die Information über die erfolgte PK-Wirkung ins Bewußtsein des PK-Agenten zurückgebracht.

In beiden Prozessen stellen die Schritte 1 und 5 die Wechselwirkung zwischen Gehirn und Psi-Sphäre dar (das Körper-Geist-Problem). Die Psi-Energie scheint eine Art »Relaisstation« für Informationen zu sein. Sie wird allem Anschein nach mittels vergangener bewußter Erfahrungen des Individuums gebildet und kann ihrerseits rückwirkenden Einfluß auf das Gehirn ausüben – auch wenn die Einzelheiten dieser Vorgänge noch nicht klar sind.

Psi-Energie und Erinnerung

Wenn der fragende Gedanke das ASW-Organ erzeugt, kann dieses Organ offensichtlich von außerhalb nur jene Informationen erhalten, die bereits irgendwo in der Psi-Energie des Wahrnehmenden als entsprechende Spuren vorhanden sind. Es sieht so aus, als müßten solche Informationen in irgendeiner Form in der Energie enthalten sein, damit eine sinnvolle Beziehung zum Zielobjekt möglich wird (siehe die »Entsprechung«, Seite 169 ff.). Daraus folgt, daß wahrscheinlich *nur die Informationen mittels ASW empfangen werden können, die schon zu irgendeiner Zeit im Bewußtsein der wahrnehmenden Person waren.*

CHARLES RICHETS Präkognitionsfall, von dem schon an anderer Stelle (Seite 135 f.) berichtet wurde, veranschaulicht dies sehr gut: Die Hellseherin konnte keine Vorstellung von Flugzeugen haben; denn damals gab es noch keine. Was die Hellseherin effektiv empfing, war: »Er wird durch ein fliegendes Transportmittel getötet.« Damals bildeten Pferdewagen das übliche Transportmittel, daher kam ihr die Vision vom »fliegenden Pferdewagen«.

Es ist, wie gesagt, *anzunehmen, daß Psi-Energie eine Rolle auch für die Funktion der Erinnerung spielt.* Folglich müßte der mit Schritt 5 verbundene Prozeß subjektiver Erfahrung – der Empfang der gewünschten Information – dem Akt des Erinnerns ähnlich sein; und das ist tatsächlich der Fall.

Damit der ASW-Prozeß in Gang kommen kann, muß sich die wahrnehmende Person in einem aufnahmebereiten Geisteszustand befinden und alle überflüssigen Gedanken ausschalten. Dieser Zustand »geistiger Leere« ähnelt jenem, in dem man sich an etwas zu erinnern versucht. Es ist ein Zustand, in dem der Wahrnehmende nicht auf die normalerweise stärkeren Sinnesreize achtet, sondern bereit ist, sich dem schwächeren Einfluß der Psi-Energie zu öffnen. Allem Anschein nach vermag Psi-Energie, wenn sie durch eine Entsprechungsbeziehung »aktiviert« wird, Denkprozesse im Gehirn besonders erfolgreich zu beeinflussen.

Die Gehirn-Geist-Wechselwirkung in den Schritten 1 und 5 ist durch ein weiteres wichtiges Merkmal charakterisiert: *die Umwandlung raumzeitlicher Nervenprozesse in eine nichträumliche und nichtzeitliche Bedeutung.* Die Aktivität des lebenden Gehirns besteht aus einem komplexen raumzeitlichen Muster sich ständig verändernder Nervenprozesse. Dieser dynamische Vorgang spiegelt sich in der Psi-Sphäre eben als *Bedeutung,* die »statisch« oder, besser gesagt, nichträumlich und nichtzeitlich ist.

Die »Bedeutung« als Brücke zur transzendenten Realität

Die janusartige Doppeldeutigkeit der Realität, in der wir leben, findet einen verblüffenden neuen Ausdruck: Was vom Standpunkt der Naturwissenschaften aus gesehen elektrochemische Prozesse im komplexen neuralen Netzwerk der Großhirnrinde sind, erscheint unter einem anderen Gesichtspunkt als Bedeutung. Unsere bewußte Wahrnehmung dieser Bedeutungsinhalte wäre irgendwo im Schnittpunkt dieser beiden »Dimensionen« anzusiedeln.

Im Laufe des Evolutionsprozesses hat sich die Hirntätigkeit, einschließlich des ganzen sensorischen Rüstzeugs, über das wir verfügen, zu einem ganz bestimmten Zweck entwickelt: uns dabei zu helfen, mit Situationen fertig zu werden, die uns im täglichen Leben begegnen, und uns auf diese Weise zu *befähigen, in der uns unmittelbar umgebenden Welt zu überleben*. Wir analysieren die von unseren Sinnen gelieferten Daten auf dem Hintergrund vergangener Erfahrungen und Erlebnisse, schaffen uns so eine »geistige Landkarte der Realität« und entwickeln dann Verhaltensmuster, die uns die Bewältigung unserer Lebensaufgaben ermöglichen.

Die Wissenschaft ist der zum System erhobene Versuch dieser Umweltbewältigung. Mittels der Beobachtung der Natur, der Konstruktion von Instrumenten, die unsere Wahrnehmungsmöglichkeiten ausweiten, und mit Hilfe des Experiments sammeln wir Informationen über unsere Umwelt und schaffen uns eine »geistige Landkarte« des Territoriums, in dem wir leben. Die Gesetzmäßigkeiten, die wir dabei entdecken, nennen wir »Naturgesetze«. So vervollständigen wir nach und nach unsere Landkarte durch die Korrektur von Fehlern und die Aufnahme neuer Details.

Unsere *Sprache, ebenfalls ein elementares Mittel der Lebensbewältigung,* funktioniert in der Weise, daß alles, was wir mitteilen möchten, in zeitabhängiger - »linearer« - Form verschlüsselt wird: Die Buchstaben und Silben werden zu Wörtern geordnet, und die Wörter werden grammatikalischen Regeln zufolge zu Sätzen zusammengefügt. Das alles geschieht in einer bestimmten zeitlichen Abfolge. Diese reflektiert sich in der Gehirntätigkeit, das heißt, sie nimmt die Form raumzeitlicher Nervenimpulse an, welche die Bedeutung verschlüsselt enthalten.

In Schritt 1 des geschilderten Ablaufs des ASW- beziehungsweise PK-Prozesses werden nun die raumzeitlichen Nervenimpulse in »reine« Bedeutung umgewandelt. Während des umgekehrten Vorgangs, in Schritt 5, wird die reine Bedeutung zurückverschlüsselt in zeitabhängige, »linear« in der Zeit verlaufende Nervenimpulse und bewußtgemacht und schließlich mit Hilfe der Sprache mitgeteilt.

In dieser Phase *kann die Bedeutung infolge semantischer Schwierigkeiten verzerrt werden:* Wir beschreiben unsere Erfahrungen mit Worten, die ihnen nach unserer jeweiligen Ansicht der Bedeutung nach am nächsten kommen (ihnen aber oft nicht genau entsprechen). Die Worte, deren wir uns bedienen, werden außerdem nicht von allen Menschen gleich verstanden. Die unterschiedlichen Erfahrungen, Assoziationen, kulturellen und sozialen Lebensbedingungen der Menschen bewirken, daß jedem Inhalt einer Mitteilung unterschiedliche Bedeutungsnuancen unterstellt werden. Sehr anschaulich tritt dies in den Schwierigkeiten zutage, die beim Übersetzen eines jeden fremdsprachigen Textes auftreten.

Besonders auffällig werden die Mißverständnisse, die aus semantischen Verzerrungen entstehen, wenn wir unsere Vorstellungen über die transzendente Welt mitzuteilen versuchen. Die höherdimensionalen Realitäten sind unseren Sinnen nicht zugänglich und uns daher zwangsläufig weniger vertraut als Ereignisse aus dem täglichen Leben. Wir haben weder adäquate Begriffe für sie, noch ist unsere Sprache zureichend, um sie darzustellen.

Hier liegt zweifellos die Ursache vieler Mißverständnisse, zu denen es zwischen verschiedenen religiösen und metaphysischen Lehren fast zwangsläufig kommen muß, weil eben Menschen ihre bruchstückhaften Vorstellungen von der transzendenten Welt anderen Menschen nur schwer vermitteln können. Die Vorstellungen selbst mögen richtig sein und vielleicht sogar mit denen des Gesprächspartners übereinstimmen; dennoch können Schwierigkeiten entstehen, wenn für ein und dieselbe Vorstellung unterschiedliche Bezeichnungen oder für unterschiedliche Vorstellungen gleiche Bezeichnungen gebraucht werden. Es kommt dann leider oft zu

Diskussionen und Querelen über oberflächliche Unterschiedlichkeiten der Formulierungen, selbst wenn der tiefere Bedeutungsinhalt allen Beteiligten klar ist.

Bei dem Versuch, mittels ASW Elemente der transzendenten Welt wahrzunehmen, begegnen uns Schwierigkeiten auf allen Ebenen: Der Informationsempfang im ASW-Organ krankt an instrumentaler Unzulänglichkeit, und die Vermittlung der entsprechenden Informationen krankt an sprachlicher Unzulänglichkeit. Deshalb dürfen wir *bestenfalls hoffen, daß wir uns der absoluten Wahrheit asymptotisch nähern,* Schritt für Schritt.

Will man transzendente Realitäten verstehen und mitteilen, so befindet man sich in einer ähnlichen Situation wie die Vertreter der modernen Physik, die zur Beschreibung subatomarer Phänomene die Sprache der Mathematik benutzen müssen. Vielleicht wird eines Tages ein geeignetes Kommunikationsmittel die Telepathie sein.

Das Prinzip der Synchronizität oder der Entsprechung von »Bedeutungen«

Die Schritte 2 und 4 des geschilderten Ablaufs der Psi-Prozesse umfassen die Übertragung von Signalen von einem Punkt in der Raumzeit zu einem anderen Punkt in der Raumzeit. Bis jetzt haben wir über diese Prozesse in der Sprache der Kausalität gesprochen, so als handle es sich dabei um die Übertragung konkreter Signale (die energetischer Natur sind, wobei sie aber nicht auf einer der bekannten physikalischen Energien basieren). Wir sind auch davon ausgegangen, daß die Signale Informationen über die wahrgenommene Realität oder Einflüsse gegenüber der beeinflußten Realität übertragen. Dieses Bild ist vollkommen in Ordnung, solange man das Geschehen vom Standpunkt eines in die Welt der Raumzeit eingebundenen Beobachters aus betrachtet.

Postuliert wird jedoch, daß Psi eine Komponente der transzendenten Welt ist, die sich jenseits von Raum und Zeit befindet. Auf dieser Ebene, die Raum und Zeit enthoben ist, haben wir kein Recht, von einer »Übertragung« der Signale zu sprechen. Vom

Standpunkt der Realität jenseits von Raum und Zeit aus betrachtet sollte man den ASW-Vorgang eher als eine *gemeinsame Teilhabe an bestimmten Informationen* beschreiben. Natürlich schließt dies die Möglichkeit nicht aus, daß eine Seite – oder besser Komponente – dieser Teilhabe, das heißt zum Beispiel der »Sender« einer telepathischen Botschaft, gelegentlich aktiver sein kann als die andere Komponente, der »Empfänger«.

Es gibt noch weitere Punkte, die das Abgehen vom Raumzeitkonzept als notwendig erweisen und eine radikale Umorientierung unseres Denkens verlangen. Es zeigt sich immer, daß das Prinzip der Kausalität, das im gesamten wissenschaftlichen Denken eine Hauptrolle spielt, nicht ausreicht, um alle Vorgänge im Universum zufriedenstellend zu erklären. In einem Augenblick tiefer Einsicht erkannte CARL GUSTAV JUNG diesen Mangel: als er den Begriff der *Synchronizität für die Beziehung von Elementen prägte, die durch eine akausale, aber trotzdem sinnvolle Verbindung zusammenhängen.*[17]

Der Begriff der Kausalität reflektiert unsere Erfahrung im Hinblick auf die Gesetzmäßigkeiten des Raumzeitmusters, in dem alles Geschehen in der uns vertrauten Realität abläuft. Wir beobachten die Ordnung der Ereignisse in der Welt und registrieren, wie auf ein Ereignis regelmäßig ein anderes folgt; wir beobachten energetische Beziehungen zwischen Ereignissen und sind gewohnt, sie als kausale Zusammenhänge der betreffenden Ereignisse zu interpretieren – also dahingehend, daß das vorausgehende Ereignis durch irgendeine energetische Wirkung das nachfolgende verursacht. Auf diese Weise können wir die Welt als geordnet verstehen.

Doch die *Kausalität kann nur ein Teilaspekt einer alles umfassenden Gesetzmäßigkeit höherer Ordnung sein.* In dem postulierten multidimensionalen Weltbild (siehe Seiten 69 ff. und 119 ff.) können wir uns die Kausalität als »Schatten« dieser Gesetzmäßigkeit höherer Ordnung vorstellen; verstehen aber können wir von unserem physikalischen Standpunkt aus nur diesen Schatten.

Wenn wir auch die transzendente Realität verstehen wollen und wenn wir in diesem Bestreben die Raumzeitstruktur der physikalischen Welt der Materie hinter uns lassen, so müssen wir konsequenterweise auch alles hinter uns lassen, was zu ihr gehört: Energie, Übertragung von Signalen, Kraftfelder, physikalische Gesetze sowie den Begriff der Kausalität.

Der Begriff der Synchronizität hilft uns, die Gesetzmäßigkeiten der »transzendenten Welt« transparent zu machen. Die Elemente dieser Welt sind offensichtlich weder durch im physikalischen Sinn energetische Wechselwirkungen noch durch Raumzeitzusammenhänge verbunden, sondern durch *Wechselwirkungen von Informationsinhalten, das heißt durch Bedeutungen.* Bedeutung scheint also der grundlegende Baustein der transzendenten Welt zu sein. Vielleicht zielte darauf der Evangelist ab, als er verkündete: »Im Anfang war das Wort, und das Wort war bei Gott, und Gott war das Wort. Dasselbe war im Anfang bei Gott.«

Physikalische Energie sowie Raum und Zeit sind in jener Welt irrelevant; der »Zeitpfeil« hat dort keine Bedeutung. Dies alles gibt es »dort« nicht, sondern nur »anderswo« – das heißt nur in der physikalischen Welt der Materie.

Welcher Natur ist dann aber die Wechselwirkung zwischen synchronen, also durch Bedeutung verbundenen beziehungsweise zusammenhängenden Elementen? Den besten Vergleich bietet wiederum der aus der physikalischen Welt entlehnte Begriff der Resonanz. Allerdings basiert die Resonanz auf der Übertragung geringfügiger energetischer Impulse, wie man das durch zwei gekoppelte, in Resonanz schwingende Pendel demonstrieren kann. In der transzendenten Psi-Welt jedoch gibt es keine Übertragung energetischer Signale zwischen Bedeutungen. Darum erscheint es angebracht, anstatt von Resonanz, die hier nur als Modell zur Veranschaulichung des Prozesses diente, von *»Entsprechung«* zu reden – das heißt von einer *Resonanzbeziehung zwischen Elementen der Bedeutung in der Psi-Sphäre,* wobei allerdings keine energetischen Wechselwirkungen stattfinden. Von komplexen Begriffsinhalten können somit nur diejenigen ihrer Elemente in eine Entsprechungsbeziehung treten, deren Bedeutungen einander hinlänglich ähneln.

Aufgrund der Vorstellung einer Entsprechung als Zusammenhang zwischen Bedeutungen in der Psi-Sphäre lassen sich einige der paradoxesten Merkmale der ASW mühelos erklären. Tatsächlich sind sie unter dieser Voraussetzung geradezu unvermeidlich;

so beispielsweise das von jeder Abschwächung freie Wirken der ASW über große Entfernungen in Raum und Zeit; ihr »diametraler« Charakter*; ihr überlegenes Orientierungsvermögen.

Nehmen Sie beispielsweise einmal an, Sie sollten den für eine bestimmte Arbeit besten verfügbaren Fachmann oder den besten Partner für einen alleinstehenden Menschen suchen. Normalerweise müßten Sie zu diesem Zweck Hunderte, vielleicht Tausende von Personalakten lesen und die ungeeigneten Kandidaten ausscheiden. Mit Hilfe der ASW – deren Gesetzmäßigkeit, wie gesagt, auf einer Entsprechung von Bedeutungen beruht – könnten Sie hingegen den richtigen Menschen direkt in Ihrer ASW-Erfahrung auftauchen lassen. Der richtige Mensch würde zudem nicht nur aus einer beschränkten Zahl von Bewerbern ausgewählt, sondern aus der Masse aller in Frage kommenden Menschen.

Das gleiche gilt für jene Paradoxien, die wir im Zusammenhang mit der Präkognition und der retroaktiven PK erörterten, beispielsweise das »Paradoxon« der Telefonvermittlung« oder, generell gesagt, das Funktionieren respektive Nichtfunktionieren von Psi, je nachdem ob eine funktionale Verbindung mit dem Wissen der betreffenden Person besteht oder nicht (siehe Seite 146f.). Diese Paradoxien ergeben sich aus dem Entsprechungsprinzip als notwendige Konsequenzen.

Während die Wechselwirkung zwischen Bestandteilen der Psi-Sphäre akausal ist, müßte die Wechselwirkung von Psi-Energie mit der materiellen Sphäre, das heißt ihr Wirken in den Prozessen 1 und 5 natürlich Charakteristika enthalten, die zur materiellen Sphäre gehören. Tatsächlich kann man feststellen, daß diese Wechselwirkung gesetzmäßig abläuft, und das offenbart sich eben in Form jener Gesetzmäßigkeiten, denen das Gesamtwirken von Psi in der materiellen Welt unterliegt.

Schritt 3 des Psi-Prozesses – die Wechselwirkung zwischen Psi-Organ und Zielobjekt – entspricht jenem Vorgang, der bei der Wechselwirkung zwischen Gehirn und Geist abläuft (Schritt 1 und 5), denn er enthält ebenfalls zwei Aspekte: das *Einholen* von Informationen im Fall der ASW-Wirkung beziehungsweise die *Übermittlung* von Einflüssen im Fall der PK. Das Prinzip, auf dem diese beiden Aspekte der Wechselwirkung zwi-

---

* Damit ist die Tatsache bezeichnet, daß sie in mehreren Schritten genauso wirksam arbeitet wie in nur einem Schritt (siehe bezüglich ASW Seite 113 und bezüglich PK Seite 114).

schen Geist und Materie basieren, ist gänzlich unbekannt. Wie in den Schritten 2 und 4 impliziert, kann man in der Entsprechungsbeziehung zwischen Psi-Organ und der komplexen Struktur des Zielobjekts eine Art Informationsaustausch vermuten. Ein Physiker wird vielleicht vorziehen, an eine Wechselwirkung im Bereich des Unbestimmtheitsintervalls zu denken (siehe Seite 120ff.).

Experimente haben gezeigt, daß die an einem Gegenstand haftende geistige Imprägnation für die ASW ein interessanteres Zielobjekt darstellt als der materielle Gegenstand selbst. Deshalb sind materielle Zielobjekte, die nie mit einer bewußten Erfahrung anderer Menschen verbunden waren, schwerer mittels ASW auszumachen als Gegenstände, die beispielsweise beobachtet und angefaßt wurden. Diesen Gegenständen haften Erlebnisspuren an, mit denen die Gegenstände im Zuge des physischen Kontakts auf Psi-Ebene »infiziert« worden sind, und sie wirken deshalb auf die ASW besonders stimulierend. Die ASW ermittelt die gewünschte Information, ohne daß ein direkter Kontakt zum materiellen Gegenstand notwendig ist.

Psi und die Frage nach Sinn und Entwicklung der Menschheit

Wir erörtern hier die materielle Welt in ihrer Beziehung zu den für Psi geltenden Gesetzmäßigkeiten der Welt und ihrer Wechselwirkung mit dieser. In dem Zusammenhang tauchen zwangsläufig Fragen auf, die sich die Menschen immer wieder stellen: Welche Rolle spielt der Mensch im gesamtkosmischen Geschehen? Wohin führt die Entwicklung? Welches ist der letzte Zweck des Universums? Religionsstifter und zahlreiche geistige Führer der Menschheit haben ihr ganzes Leben der Suche nach Antworten auf diese Fragen gewidmet.

Es hätte keinen Sinn, sich im Zusammenhang mit diesen Fragen in Spekulationen zu verirren. Doch es besteht die Hoffnung, daß die Antwort sich eines Tages mittels ASW finden läßt. Überraschenderweise gibt uns aber auch die einfache Beobachtung der materiellen Welt, die die Physik beschreibt, bereits einige Hinweise darauf, wo wir nach der Antwort Ausschau halten müssen.

Im insgesamt symmetrisch organisierten materiellen Universum besteht eine *auffällige Asymmetrie in der Zeitrichtung:* dem »Zeitpfeil«. Die Entwicklung des Menschen sowie des gesamten Universums ist durch zwei Hauptmerkmale charakterisiert:

1. Die *Zunahme der Entropie* im Laufe der ganzen Geschichte des Universums.*
2. Die *Zunahme der Kenntnis der Naturgesetze,* verbunden mit zunehmender Kontrolle des Menschen über die Natur während der letzten Jahrtausende.

Vor dem Hintergrund des dominierenden Prozesses der ständig zunehmenden Entropie scheint ein Konkurrenzprozeß stattzufinden: eben der Kampf gegen diese zunehmende Entropie.

Das *Leben* ist ein Beispiel für diesen Kampf, der freilich nicht ganz erfolgreich verläuft. Lebende Organismen trachten danach, ihre Organisation und ihr höheres energetisches Niveau aufrechtzuerhalten, und das gelingt ihnen auch, zumindest vorübergehend. Dieser zeitweilige Erfolg wird jedoch nur auf Kosten von außen (in Form von Nahrung) zugeführter Energie erreicht, und in der Schlußbilanz nimmt die Gesamtentropie weiter zu. Der unausweichliche Tod bedeutet schließlich den »Endsieg« der zunehmenden Entropie.

Der *Verstand* stellt eine fortgeschrittenere Stufe in diesem Kampf dar. Er verstärkt den biologischen Erfolg des lebenden Or-

---

* In der Physik ist Entropie ein Maß für die Abnahme der Energie, die für eine Arbeitsleistung zur Verfügung steht; auch zu verstehen als Maß der abnehmenden Ordnung (Organisation) der Dinge. Dieser Vorgang läßt sich am besten an einigen Beispielen veranschaulichen. Zwar kann man leicht kaltes und heißes Wasser mischen; man kann aber den Prozeß nicht umkehren, also das lauwarme Wasser nicht wieder trennen und als kaltes und heißes Wasser in Behälter füllen. Oder: Alle Gegenstände nützen sich allmählich ab. Menschen werden irreversibel älter. Es ist leichter in einem Zimmer Unordnung zu machen als Ordnung zu schaffen. Mit der Zunahme der Entropie nimmt die freie Energie ab, was schließlich, wenn alle Temperaturunterschiede verschwänden, keine freie Energie mehr verfügbar wäre und nichts mehr geschähe, zum »Wärmetod des Universums« führen müßte. Dies entspräche völliger Unordnung, einer rein zufälligen Verteilung der Bestandteile des Ganzen.

ganismus und weitet seine Einflußmöglichkeiten ständig noch aus.
Dem Organismus gelingt es nicht nur, seine eigene Identität und
Organisation zu bewahren oder aufrechtzuerhalten, sondern er
ist auch fähig, seine Umgebung sinnvoll zu organisieren und auf
diese Weise die Entropiezunahme in seiner Umwelt zu bekämpfen.
Dies geschieht allerdings wiederum auf Kosten von außen (aus
Brennstoffen und anderen Energiequellen) zugeführter Energie.
Jedenfalls aber vergrößern die Entwicklung des menschlichen Ver-
standes und die mit ihr verbundene Schärfung der Intelligenz die
Durchsetzungskraft des menschlichen Organismus.

Psi schließlich scheint der Faktor zu sein, der dem Menschen
eine ungeheure Fülle der Macht über die Natur an die Hand gibt,
eine Macht, die den Entropieprozeß zu stoppen und sogar umzu-
kehren vermag. Das führt zu der einfachen Schlußfolgerung, daß
Bewußtsein, nämlich der besondere Faktor Psi, *hinter dem ganzen
Prozeß steht, der den Entropiemechanismus bekämpft*. Es ist ein
Faktor, der zur Steigerung der verfügbaren Energie beiträgt und
die Organisation in dem System vergrößern hilft, in dem er wirkt.

Ein Physiker würde den gleichen Gedanken ausdrücken, indem
er unterstreicht, daß die Gesetze der Thermodynamik – zu denen
das Gesetz der zunehmenden Entropie und das Gesetz der Erhal-
tung von Materie und Energie gehören – nur für physikalisch ge-
schlossene, nicht aber für offene Systeme gelten. Tatsächlich öffnen Psi-Effekte die physikalischen Systeme, und im Wirkungsbe-
reich von Psi verlieren daher die Gesetze der Thermodynamik ihre
universelle Gültigkeit.

Psi kann *zum Zweck zunehmender Organisation im System
möglicherweise sogar das Leben selbst benutzen*. Eine Reihe von
Biologen, zum Beispiel ALISTER HARDY, hält es für möglich, daß
Psi eine der Triebkräfte hinter der biologischen Evolution ist. Es
läßt sich durchaus vorstellen, daß psychokinetische Energie in Ge-
nen Mutationen bewirken und so die Entstehung neuer Gattungen
und Arten verursachen kann. Aber wenn dies so ist oder so wäre,
so erhebt sich die Frage: *Wessen* Psi-Energie vermag das zu bewirken?

Was die Schicksale der einzelnen Menschen anbelangt, so dürfen
wir annehmen, daß die dabei wirkende Führungskraft menschli-

ches Psi ist, das sich in meist unbewußter ASW, insbesondere in
einer Folge unendlich vieler Psi-vermittelter Instrumental-Reak-
tionen (siehe Seite 95 ff.), sowie auch in Form der Intuition (siehe
Seite 108 ff.) geltend macht. Doch zur Erklärung der evolutionären
Veränderungen lebender Organismen vor dem Auftauchen des
Menschen auf der Erde müßte zweifellos ein anderes Agens postuliert werden.

In diesem Zusammenhang ist noch anzumerken, daß »Organisation« gleichbedeutend ist mit dem Austausch von Informationen
und der Anwesenheit von Bedeutung. Und Bedeutung ist das
Grundelement jenes Entsprechungsprinzips, das als Basis der
Möglichkeit von Psi-Kontakten in Betracht gezogen wurde. Auf
biologischer Ebene, das heißt in den Organismen, schlägt sich die
Zunahme der Organisation als Verbesserung der Fähigkeit des einzelnen Organismus nieder, sich anzupassen, mit seiner Umgebung
fertig zu werden und zu überleben. Auf menschlich-geistiger
Ebene drückt sich die Zunahme der Organisation zusätzlich noch
als Zunahme des Wissens aus. Dies ist der zweite Aspekt des ein-
gangs dieser Erörterung erwähnten »Zeitpfeils«.

Auf der Grundlage dieser Feststellungen ergibt sich mit großer
Wahrscheinlichkeit die *Antwort, was letztendlich das auf dieser
Erde erreichbare Ziel der Menschheit sein dürfte:* die Welt – die
materielle sowie die transzendente – möglichst genau und ihrer inneren Wahrheit gemäß kennen- und verstehen zu lernen; größtmög-
liche Kontrolle über die materielle Welt zu erlangen; die Gesetze
der transzendenten Welt zu ermitteln und in Einklang mit ihnen zu
leben.

In diesem Plan kommt der durch die bewußte Kenntnisnahme
der komplexen Ganzheit der Welt herzustellenden Bewußtheit besondere Bedeutung zu. Das bringt uns wieder zu der Auffassung
mancher moderner Physiker zurück, die hinsichtlich der sich aus
den Prinzipien der Quantenmechanik ergebenden Konsequenzen
die Rolle des Beobachters unterstreichen. Die Richtigkeit ihrer
Theorie wurde zwar durch die erörterten Beobachtungen nicht bestätigt (siehe Seite 123 f.), und es scheint überhaupt zweifelhaft, ob
Wissenschaftler berechtigt sind, lediglich auf Analogien basierende
Zusammenhänge zu suchen. Aber die Frage bleibt offen: Ist es

nicht vielleicht dennoch möglich, daß auch hier irgendeine tiefere Verbindung besteht?

Man könnte nun im Hinblick auf diese Frage weitere Spekulationen anstellen – aber es ist ehrlicher, wenn ich als Wissenschaftler voll Bedauern einräume, daß die Menschheit trotz aller Wissenschaft die Antwort noch nicht kennt.

5
Die Rolle der ASW in der Gesellschaft von morgen

Möglichkeiten einer künftigen »Bewußtseinstechnologie«

Welchen Nutzen darf die Menschheit von den paranormalen Kräften erwarten? Bei dem Versuch, diese Frage zu beantworten, befinden sich die Wissenschaftler in einer ganz ähnlichen Lage wie vor einigen Jahrhunderten die Pioniere auf dem Gebiet der Elektrizität. Sie suchten nach den Grundgesetzen der elektrischen Phänomene und konnten sich dennoch in ihren kühnsten Träumen nicht vorstellen, daß die Elektrizität eines Tages einmal zu einer Kraft würde, die unsere ganze Zivilisation entscheidend umformen sollte.

Konnten sich die Menschen jener Zeit mit ihrem damals noch so beschränkten Wissen die Atomenergie vorstellen, das elektrische Licht, Röntgengeräte, Rundfunk, Fernsehen, elektrisch angetriebene Züge oder automatisierte Fließbänder? Konnten sie sich Computer, Laserstrahlen, Radargeräte ausmalen? Konnten sie bei aller Phantasie mit den vielen Möglichkeiten der Verwendung der Elektrizität in Steuervorrichtungen und zu anderen technischen Zwecken rechnen – von Polaroidkameras bis zu Raumfahrzeugen, von Teilchenbeschleunigern in der Atomforschung bis zu Apparaten in Intensivstationen moderner Krankenhäuser?

Unser derzeitiges Wissen über die Psychokinese (PK) erlaubt nur sehr allgemeine Spekulationen über mögliche neue Energiequellen, über eine direkte Einwirkung auf die Materie oder materielle Prozesse (wie beim Geistheilen) und eine etwaige Energieumsetzung, dank deren man Wärmeenergie unter Aufhebung der

Gültigkeit des zweiten Hauptsatzes der Thermodynamik nutzen könnte.

Sogar hinsichtlich der außersinnlichen Wahrnehmung (ASW), die wir bereits viel besser kennen und die in bescheidenem Umfang auch schon einer kontrollierten praktischen Anwendung zugänglich ist, erstreckt sich vor uns noch der weite Weg von der Entdeckung des Phänomens bis zu seiner technologischen Nutzung. Aber jede Kraft der Natur wird irgendwann einmal ihrer praktischen Anwendung zugeführt. Psi ist nichts anderes als eine Fähigkeit des lebenden Menschen. Deshalb besteht kein Zweifel, daß uns irgendwann, früher oder später, *eine Technologie zur Nutzung der paranormalen Kräfte* zur Verfügung stehen wird – die *Bewußtseinstechnologie*. Diese Technologie wird nicht auf Maschinen, sondern auf Menschen abgestellt sein, die fähig sind, spezielle Bewußtseinstechniken zu verstehen und anzuwenden.

Als Realisten dürfen wir allerdings das große Dilemma nicht ignorieren, vor dem wir stehen: Einerseits offenbart die ASW, wie sie sich derzeit darstellt, eine beklagenswerte Schwäche, Unvollkommenheit und Unzuverlässigkeit, andererseits bietet diese Fähigkeit ungeheure Möglichkeiten, wenn wir an ihr – in einzelnen Spitzenleistungen experimentell erreichtes – perfektes oder fast perfektes Funktionieren denken.

Es stimmt, daß die ASW heute noch unvollkommen arbeitet. Aber *man kann sie erwiesenermaßen trainieren*[33] und verbessern. Es ist durchaus möglich, daß sie eines Tages im Alltag den gleichen Zuverlässigkeitsgrad erreichen wird wie unsere anderen Sinne. Dann würden wir über einen Sinn verfügen, der durch materielle Abschirmungen nicht behindert, durch räumliche Entfernungen nicht beeinträchtigt wird – jedenfalls soweit, wie Testergebnisse beweisen, die Distanzen nicht über die Erde hinausgehen – und der schließlich nicht einmal durch die zeitliche Entfernung behindert wird, sondern fähig ist, die Zeitschranke zu überwinden und direkte Informationen über Ereignisse aus der Vergangenheit oder der Zukunft einzuholen.

Auch wenn es noch einige Zeit dauern wird, bis ein entsprechender Grad an Vollkommenheit erreicht ist, so können wir uns immerhin jetzt schon vorstellen, daß viele in der heutigen Gesellschaft mit Hilfe technischer Geräte ausgeführte Funktionen – von Ferngesprächen bis zur Röntgendiagnose – sich eines Tages schlicht mittels entsprechender geistiger Konzentration erledigen lassen.

Stellen wir uns beispielsweise einen Arzt in der Zukunft vor, der über eine gute ASW-Fähigkeit verfügt. Weil die ASW durch materielle Hindernisse nicht gestört wird, könnte er direkt in den Körper des Patienten sehen (statt Röntgenstrahlen zu benutzen) und die Krankheit unmittelbar diagnostizieren. Weil die ASW auch durch die Entfernung nicht behindert wird, bräuchte der Patient nicht einmal mehr in die Praxis eines Arztes zu kommen, sondern dieser könnte die Diagnose stellen, während der Patient zu Hause ist. Weil die ASW auch Informationen über künftige Ereignisse einzuholen vermag, könnte der Arzt zusätzlich zur Diagnose auch die Prognose über den Krankheitsverlauf stellen und, was noch wichtiger ist, im Fall einer drohenden schweren Krankheit den Patienten warnen beziehungsweise sofort entsprechende Vorbeugungs- oder Behandlungsmaßnahmen einleiten.

Das klingt geradezu utopisch. Doch haben einzelne besonders begabte Sensitive solche Leistungen schon erbracht. Als ein Beispiel sei hier der »schlafende Prophet« EDGAR CAYCE erwähnt, der in Trance Hunderten, oft weit entfernt wohnenden Patienten die, wie sich später erwies, richtige Diagnose zu stellen vermochte und manche Kranke durch Rezeptempfehlungen oder auch unmittelbar zu heilen verstand.[44]

Dieses Beispiel mag genügen, die revolutionären Möglichkeiten der praktischen ASW-Anwendung zu erkennen. Ein neuer und praktisch durch keinerlei physikalische Grenzen behinderter »Kanal« der Informationsübermittlung würde in Wissenschaft, Wirtschaft und im Alltagsleben *Hunderte von Anwendungsmöglichkeiten* eröffnen. Einige seien nachstehend genannt:

○ Die Verbesserung der Kommunikation durch Telepathie. Die ASW funktioniert schon, selbst wenn sie nicht besonders trainiert oder hochentwickelt ist, als Hilferuf- oder Notfallmeldung. In perfekter Form besäße dieser neue Kanal gewaltige Vorteile im Vergleich zur normalen verbalen Kommunikation, die durch das gesprochene oder geschriebene Wort zustande kommt. Verbale Kommunikation besteht aus mehreren Schritten, und bei jedem dieser Schritte gehen einige Informationen verloren. Schon wenn wir einen Inhalt, den wir mitteilen wollen, in Worte fassen, lassen wir einige Details weg, und es kann passieren, daß wir den Inhalt durch den Gebrauch falscher Worte verzerren. Dann kann jemand diese falschen Worte auch noch falsch hören oder uns mißverstehen. Eine perfekte telepathische Kommunikation würde hingegen all diese Informationsverluste ausschalten. Auch beim Übersetzen eines Textes gehen Einzelheiten und Nuancen verloren. (Das läßt sich leicht aufzeigen: Übersetzen Sie beispielsweise einen Text aus einer Fremdsprache und lassen ihn anschließend von jemand anderem rückübersetzen. Sie werden ganz bestimmt nicht die ursprüngliche Version erhalten.) Solche Probleme tauchen natürlich bei telepathischer Kommunikation, die keine Sprachhindernisse kennt, nicht auf.

○ Die Entwicklung einer telepathischen Lehrmethode. Sie würde es ermöglichen, in einem einzigen kognitiven Prozeß eine große Informationsmenge zu vermitteln – einschließlich der besonderen »Einsicht«, die zum Verständnis schwieriger Probleme notwendig ist.

○ Als Hilfsmittel medizinischer Diagnose und Prognose, auch der Krankheitsvorbeugung beziehungsweise der Gesundheitsvorsorge.

○ Die Aufklärung und Verhütung von Verbrechen.

○ Die Untersuchung von Materialien auf verborgene Mängel, Qualitätskontrolle im allgemeinen.

○ Die Suche nach Erzvorkommen und archäologischen Überresten.

○ Die Familienberatung, insbesondere richtige Partnerwahl.

○ Die Voraussage von Wirtschaftstrends, Investitionsberatung oder die Vermittlung schöpferischer Ideen zur Entwicklung erfolgreicher neuer Produkte oder Dienstleistungen.

○ Der Einsatz im Geschäftsleben ganz allgemein, beispielsweise zum Aufspüren der wirklichen Bedürfnisse eines Kunden oder der richtigen Art, mit ihm zu verhandeln.

○ Die Suche nach einem geeigneten Arbeitsplatz oder einem geeigneten Arbeitnehmer.

○ Die Unfallverhütung und die Frühwarnung vor Naturkatastrophen, zum Beispiel vor Erdbeben oder Dürreperioden.

Diese Aufzählung ist natürlich nicht erschöpfend, sie könnte beliebig fortgesetzt werden. *Sogar in gewöhnlichen Alltagssituationen wäre die ASW eine große Hilfe.* Einige Beispiele dafür:

○ Die Parkplatzsuche in überfüllten Stadtgebieten.

○ Die Wahl der richtigen Abteilung und schnellsten Bedienung in einem großen Kaufhaus.

○ Die Ermittlung der richtigen Zeit, um jemanden aufzusuchen.

○ Die rasche Einschätzung des Charakters und der Interessen eines Menschen, den man kennenlernt; Vertreter müssen daran besonders interessiert sein.

○ Die Auswahl eines Welpen oder anderen Jungtieres aus einem Wurf.

○ Die Wahl eines guten Restaurants in einer fremden Stadt.

○ Das Aufspüren günstiger Kaufangebote oder eines bestimmten, schwer zu findenden Artikels.

Natürlich ließen sich diesen Beispielen ebenfalls noch Hunderte anderer anfügen. Die ASW könnte uns in fast jeder Alltagssituation nützliche Dienste leisten.

Transzendentologie – oder die Überwindung des Körper-Geist-Dualismus

Die im Vorhergehenden angeführten Beispiele umreißen nur grob die ungeheuer vielfältigen praktischen Einsatzmöglichkeiten paranormaler Kräfte. Doch so vielfältig sie auch sein mögen, die praktische Bedeutung der ASW wird vermutlich von ihrer theoretischen Bedeutung noch in den Schatten gestellt; denn *die fortschreitende Erforschung der ASW wird zu einer neuen wissenschaftlichen Weltsicht führen.*

In Kapitel 4 wurde dargelegt, daß der für die Übermittlung von Psi-Signalen verantwortliche Faktor keiner bekannten physikalischen Energie gleicht. Dies zeigt sich auch in der Unempfindlichkeit der ASW gegenüber Veränderungen der physikalischen Bedingungen. Mit anderen Worten: Die ASW ist eine nichtphysikalische Funktion. Oder noch anders ausgedrückt: Die physikalische Realität, das heißt die materielle Welt der heutigen Physik, ist nicht die einzige Realität. Es zwingt sich somit die Schlußfolgerung auf, daß es jenseits der materiellen Welt der Physik noch eine andere Realität gibt.

Um Mißverständnisse zu vermeiden, muß klargestellt werden, was mit »materiell« genau gemeint ist. In der frühen griechischen Philosophie wurde unter Materie der »Stoff unserer Sinne« verstanden, womit man nur grobstoffliche, »massive« Gegenstände meinte, die gesehen und berührt werden konnten. Alles durch Gesichts- und Tastsinn nicht Wahrnehmbare galt als nichtmateriell. Die »Seele« wurde der Luft gleichgesetzt, die wir atmen. (Der griechische Terminus »Pneuma« bedeutet Hauch, Atem, luftartige Substanz, Seelenkraft.)

Die Physik war daher an ihrem Beginn nur Mechanik. Später wurden unsichtbare Gase entdeckt und seit EVANGELISTA TORRICELLI (1608–1647) und besonders ANTOINE LAURENT LAVOISIER (1743–1794) in die wissenschaftliche Vorstellung dessen, was »materiell« ist, aufgenommen. Die Entdeckung unsichtbarer Strahlungen um etwa 1890 bewirkte eine Ausweitung der Physik, die künftig auch für unsere Sinne nicht wahrnehmbare Phänomene umfaßte. Schließlich entdeckte die moderne Physik, *daß Materie gleichbedeutend ist mit Energie*. Daraufhin wurde die flüchtige Energie, welche die sichtbare Materie bewegt, zu einem weiteren Aspekt des »Materiellen«.

Für den heutigen Physiker stellen »massive Materie« und »Energie« Formen einer einzigen physikalischen Realität dar – der *Realität des Raumzeitkontinuums der Relativitätstheorie*. Doch im Gegensatz zum früheren mechanistischen Materieverständnis geht die Wissenschaft heute davon aus, daß unsere Sinne nur ein sehr unvollständiges Bild dieser physikalischen Realität liefern. Das verstanden jedoch die Physiker erst, als sie die gewohnte Vorstellung von Raum und Zeit aufgaben und die sensorische Weltsicht – den »naiven« Realismus des gesunden Menschenverstandes – durch die mathematische Beschreibung ersetzten. *Dieser »physikalischen Realität« steht nun die »nichtphysikalische Realität«, die in den Psi-Phänomenen zur Geltung kommt, gegenüber* – von der wir uns um einer gewissen Anschaulichkeit willen auch vorstellen können, daß sie sich in zusätzliche Raumdimensionen erstreckt (siehe Seite 69 ff.).

Es gibt Philosophen, die diese nichtphysikalische Realität mit der »spirituellen« Sphäre gleichsetzen. Das impliziert, daß das »Spirituelle« dem »Materiellen« überlegen ist, und zwar in dem Sinne, daß die materielle Welt Teil der höheren (spirituellen) Welt ist und nur vom Standpunkt dieser höheren Welt aus ganz verstanden werden kann. Diese Auffassung vertreten die meisten uns bekannten Religionen.

Die Philosophen neigten von jeher dazu, die Welt *so darzustellen, als seien das Materielle und das Spirituelle gegensätzliche Realitäten.* Wie jedoch die vorstehend kurz beschriebene Entwicklung der Auffassung vom Materiellen zeigt, enthüllten jedesmal, wenn das »Materielle« und das »Nichtmaterielle« als gegensätzliche Realitäten interpretiert wurden, spätere Entwicklungen, daß sie von einem höheren Standpunkt aus betrachtet als Teile oder *Aspekte einer einzigen Einheit* aufzufassen sind.

Es gibt im übrigen keinen zwingenden Grund, warum das »Physikalisch-Materielle« im Widerspruch zum »Nichtphysikalischen« stehen sollte. Beides bildet vielmehr zusammen eine einzige Weltrealität, ähnlich den beiden Seiten einer Münze. Jeder Streit zwischen »Materialismus« und »Spiritualismus« basiert letztlich auf ungeklärten, das heißt nicht gründlich genug hinterfragten Begriffen. Wichtig ist schließlich nicht der Name, sondern die Bedeutung der Benennungen, mit denen wir umgehen.

Als besonders fruchtbar wird sich daher wahrscheinlich jene Auffassung erweisen, welche die »Materie« und das »Spirituelle« als Bestandteile einer einzigen größeren Realität begreift. Selbst Wissenschaftler können heute unter anderen Vorzeichen wieder akzeptieren, daß es *eine allesumfassende große kosmische Einheit gibt, das heißt die totale Realität, die unabhängig vom bewußten Beobachter existiert* und auch unabhängig ist von demjenigen, der sich wissenschaftlich mit ihr auseinandersetzt. Der Beobachter ist ein Teil der totalen Realität und kann zugleich mit ihr in Wechselwirkung stehen.

Nur so gelingt es uns, jene Einschränkungen zu überwinden, die uns durch eine allzu enge Sicht aufgezwungen werden: einerseits von *unseren Sinnen* (die uns auf das sinnlich Erfahrbare beschränken) und andererseits von dem heute gültigen physikalischen Weltbild (das, wie dargelegt, besagt: Materie = die physikalische Realität in Raum und Zeit = massive Materie plus Energie). Haben wir diese Einschränkungen erst einmal überwunden, verstehen wir, warum die große kosmische Einheit vom Standpunkt des »gesunden Menschenverstandes« aus – der ja bloß der Summe der (von materiellen Sinnesorganen vermittelten) Sinneswahrnehmungen erwächst – schwer verständlich sein muß.

Von dieser »großen kosmischen Einheit« haben die meisten Wissenschaftler bisher nur den materiellen Aspekt wahrgenommen; jetzt entdeckt man ihren transzendenten Aspekt. *Das Materielle und das Transzendente – oder Körper und Geist – sind somit zwei sich gegenseitig ergänzende Aspekte der einen einzigen kosmischen Realität.* (Wie dargelegt [siehe Seite 121 f.] weist der materielle Aspekt ebenfalls zwei einander ergänzende oder komplementäre Merkmale auf: Korpuskeln und Wellen.)

Die objektive Weltrealität – der sowohl die »Materie« als auch das »Spirituelle« angehören und deren Bestandteil wir Menschen mit unserem Körper und unserem Bewußtsein sind – ist ein legitimer Gegenstand wissenschaftlicher Untersuchung. Den »materiellen« Aspekt dieser allesumfassenden Realität untersuchen die Physik und andere Naturwissenschaften; für die Wissenschaft, die zukünftig unter dem Gesichtspunkt ihrer Echtheit ihre »spirituellen« Aspekte untersuchen wird, habe ich an anderer Stelle[35] die Bezeichnung *Transzendentologie* vorgeschlagen.

Als Vorwegnahme dessen, was die Transzendentologie später über die transzendente Wirklichkeit einmal entdecken wird, kann heute schon mit an Sicherheit grenzender Wahrscheinlichkeit Folgendes gesagt werden: Die Kausalität ist offenbar der Grundaspekt der materiellen Realität in Raum und Zeit (siehe Seite 119ff.). *In der transzendenten Sphäre jedoch, die sich jenseits von Raum und Zeit befindet, hat die Kausalität keine Gültigkeit.*

Bemerkenswerterweise bezweifeln sogar für die physikalische Realität heute nicht wenige Physiker die universelle Gültigkeit der Kausalität; dies ist etwa aus der Erörterung des Unbestimmtheitsprinzips (siehe Seite 120ff.) zu ersehen. Das wiederum erinnert uns daran, daß es sich hier um ein Gebiet handelt, wo die Gesetze des physikalischen Universums mit den Gesetzmäßigkeiten von Psi in Berührung kommen.

Auf jeden Fall ergibt sich aus all diesen Überlegungen zwingend, daß wir auch den *Begriff der Wissenschaft generell neu definieren* müssen. Seit der Zeit GALILEO GALILEIS galt stets den kausalen Zusammenhängen von Ereignissen und ihren quantifizierbaren Merkmalen das Hauptinteresse der Wissenschaft. Jetzt, da Wissenschaftler ihre Forschungen in die transzendente Sphäre auszudehnen versuchen, muß eine neue Wissenschaft Methoden entwickeln, die es ermöglichen, objektives und systematisches Wissen über jene Elemente zu erlangen, aus denen die Realität der akausalen und wahrscheinlich nicht meßbaren transzendenten Zusammenhänge besteht.

Um es noch einmal zu betonen: Wenn ich »akausal« sage, meine ich nicht »ungesetzmäßig«. Die Transzendentologie versucht ja gerade im Gegenteil, *Gesetzmäßigkeiten und Gesetze in der »tran-*

szendenten« Sphäre zu entdecken, von der angenommen werden muß, daß in ihr die Kausalität keine Gültigkeit hat – was auch für die Struktur der in ihr herrschenden Gesetzmäßigkeiten erhebliche Konsequenzen haben dürfte.

Man kann diese Sphäre als »mystische Realität« bezeichnen, als »spirituelle Welt« oder, wenn man so will, als »höhere Welt«.

Die Religionen aller Zeiten haben beharrlich behauptet, unsere materielle Welt sei nur Teil einer »höheren Welt«: der Welt Gottes oder des kosmischen Geistes und früher oder dem Glauben von Naturvölkern zufolge der Welt von Göttern und übernatürlichen (nichtphysikalischen) Kräften. Die in diesem Buch beschriebenen Experimente sowie die vom heutigen Wissensstand der Physik und der Parapsychologie ausgehenden Überlegungen und Schlußfolgerungen bestätigen die Grundlehren aller Religionen, die von der Existenz einer nichtphysikalischen höheren Realität ausgehen. *Die ASW eröffnet als ein zu dieser nichtphysikalischen Realität gehörender Sinn den Weg zur direkten Beobachtung der Gesetzmäßigkeiten dieser höheren Welt.*

In alle großen Weltreligionen haben Aspekte dieser »höheren Welt« Eingang gefunden, die ihren Stiftern und erleuchteten Geistern in ASW-Erlebnissen offenbart worden war. Im Laufe der historischen Entwicklung der religiösen Lehren schlichen sich in diese Erkenntnisse natürlich Fehler und Verzerrungen ein. In dem Maße, wie sich die ASW vervollkommnet, wird sie auch dazu beitragen können, den Gehalt objektiver Wahrheiten, die hinter den verschiedenen religiösen Dogmen zu finden sind, zu enthüllen. Dies kann uns letztendlich helfen, die Gesetze der transzendenten Realität zu verstehen und in Einklang mit ihnen zu leben.

Besteht die Gefahr eines Mißbrauchs der ASW-Fähigkeit?

Wegen ihrer großen Möglichkeiten bietet die ASW auch Anlaß zu Besorgnissen im Hinblick auf die Gefahr ihres Einsatzes zu unerwünschten oder gar unmoralischen Zwecken. Aufgrund ihrer Eigenschaften bietet sich *die ASW natürlich für Spionagezwecke ge-*

radezu an. Falls man je versucht haben sollte, sie in dieser Weise einzusetzen (spekulative Buchveröffentlichungen, die solches behaupten, besagen da wenig), so wurde das selbstverständlich geheimgehalten. Doch von einem Fall hellseherischer Spionage auf regionaler Ebene wird in glaubwürdiger Literatur berichtet[14]:

Im Rahmen der Nachwirkungen des Ersten Weltkriegs fand 1919 eine lokale militärische Auseinandersetzung zwischen Ungarn und der Tschechoslowakei statt. In Ungarn hatte eine kommunistische Regierung vorübergehend die Macht ergriffen, und es kam zu einem Grenzkonflikt mit der benachbarten Tschechoslowakei. Im Zuge dieser Auseinandersetzung war eine Einheit der tschechoslowakischen Armee überraschend erfolgreich. Später stellte sich heraus, daß der Kommandeur der Einheit zwei Soldaten als ASW-Spione benutzt hatte. Sie waren von einem anderen Soldaten, KAREL HEJBALÎK, hypnotisiert worden und hatten dann mittels ASW taktische Informationen über den Feind geliefert, so daß die tschechische Einheit in einem günstigen Augenblick angreifen konnte. Bei dieser Aktion überwältigten hundertfünfzig tschechische Soldaten eine schwer bewaffnete, dreitausend Mann starke Feindtruppe in einem Überraschungsangriff.

Auch politische Einsatzmöglichkeiten der ASW sind denkbar. So erwog beispielsweise der russische Parapsychologe B. B. KASCHINSKIJ, die Telepathie zur »Umerziehung asozialer Elemente« einzusetzen, wie er sich ausdrückte. Eine solche Anwendung wäre zum Beispiel in der psychiatrischen Praxis sehr vorteilhaft. Telepathie wird nicht durch Sprachschranken behindert, und die Signale treffen direkt das Unbewußte, wodurch sich der bei nicht wenigen Patienten auftretende bewußte Widerstand umgehen läßt. Doch in einem totalitären System kann ein solcher Einsatz vom moralischen Standpunkt aus gesehen sehr fragwürdig sein. Beispielsweise könnte man politische Gegner einfach als geisteskrank oder asozial abstempeln und diese dann einer geeigneten telepathischen »Therapie« unterziehen.

Der russische Physiologe L. L. WASSILIEW führte eine Reihe von *Distanzexperimenten mit telepathisch induzierter Hypnose* durch. Er benutzte dazu besonders sensitive, eigens trainierte Versuchspersonen, die sich zur Teilnahme an den Experimenten bereit erklärt hatten. Trotzdem weckte der Erfolg des Experiments bei den Betroffenen Besorgnis: Es zeigte sich, daß es möglich ist, bestimmte Menschen durch einen telepathisch erteilten Befehl in den Hypnosezustand zu versetzen und ihr Verhalten zu beeinflussen.

Mittels einer höher entwickelten telepathischen Fähigkeit lassen sich daher vielleicht Menschen ohne ihr Wissen beeinflussen und dazu veranlassen, Dinge zu tun, die sie normalerweise nicht tun würden. Im Fall einer bewaffneten Auseinandersetzung könnte man so die feindlichen militärischen und politischen Verantwortlichen gegen ihren Willen dazu »zwingen«, falsche und möglicherweise sehr verhängnisvolle Entscheidungen zu treffen.

In den USA stellten die Physiker HAROLD PUTHOFF und RUSSELL TARG PK-Experimente an, in deren Rahmen es ausgewählten Versuchspersonen gelang, aus der Distanz die Anzeige eines Magnetometers zu verändern. Allem Anschein nach waren die Versuchspersonen fähig, über die Distanz hinweg *Magnetfelder zu erzeugen*. Diese Fähigkeit ließe sich militärisch dazu benutzen, in den Magnetspeichern der Komputer des Feindes Informationen zu löschen oder durch Umprogrammieren zu ändern.

Im privaten Bereich besteht theoretisch die Gefahr des Mißbrauchs der ASW zur Erlangung unfairer Vorteile gegenüber anderen Menschen. Jede Fähigkeit, Fertigkeit oder Entdeckung und jedes Wissen verleihen natürlich demjenigen, der darüber verfügt, gewisse Vorteile gegenüber anderen, die nicht darüber verfügen, und solche Vorteile lassen sich verantwortungsvoll nutzen oder mißbrauchen. (So können Sie beispielsweise ein Messer dazu benutzen, Brot zu schneiden, oder als Waffe, um Ihren Nachbarn umzubringen.) Die wirkliche Mißbrauchsmöglichkeit liegt jedoch selbstverständlich nicht in einer Fähigkeit, Fertigkeit oder Entdeckung selbst, sondern im *Charakter des Menschen, der sie praktisch einsetzt.*

Es ist ein natürlicher Zug unserer menschlichen Natur, daß wir unsere speziellen Fähigkeiten und Fertigkeiten ausnutzen. In einer Wettbewerbsgesellschaft ist dies eine durchaus normale Situation. Wir müssen damit rechnen, daß in Zukunft die ASW-Fähigkeit jene Menschen, die über sie verfügen, in eine äußerst vorteilhafte Position bringt. ASW-Begabte werden nicht nur für ihren Arbeitgeber von größerem Nutzen sein und deshalb ein höheres Entgelt verlangen können, sondern auch imstande sein, im Privatleben klügere Entscheidungen zu treffen. Ein jeder Mensch mit einer auch nur partiell funktionierenden ASW wird dann unter seinen Mitmenschen so etwas wie ein Sehender unter Blinden sein.

Zweifellos werden einige ASW-Begabte versucht sein, ihre Fähigkeit ohne Rücksicht auf andere zu ihrem Vorteil zu nutzen, vor allem in den Anfangsstadien der Verbreitung der ASW. Es steht jedoch zu erwarten, daß sich solcher Mißbrauch in Grenzen hält und nur so lange von Bedeutung ist, als die ASW noch nicht allgemein verbreitet und sozial noch nicht voll akzeptiert ist. Eine vollentwickelte ASW-Fähigkeit bringt an sich schon so große Vorteile, daß sich ein unlauterer oder mißbräuchlicher Einsatz dieser Fähigkeit nicht aufdrängt oder, könnte man auch sagen, kaum lohnt.

Im übrigen entsteht eine echte Gefahr des Mißbrauchs einer Fähigkeit oder Entdeckung auf breiter Basis immer nur dann, wenn eine nach Macht oder Reichtum strebende Einzelperson oder Personengruppe ein Monopol über diese erhalten. *Im Machtmonopol liegt die Gefahr.* Das zeigt auch das Beispiel der Atombombe: nur eine begrenzte Zahl mächtiger Länder hat neben den Supermächten Aufnahme in den exklusiven »Atomklub« gefunden.

Mit der ASW jedoch verhält es sich anders. Zur Entwicklung der ASW benötigt man weder große Finanzmittel noch außergewöhnliche technische Kenntnisse; im Grunde kann jeder Mensch die Fähigkeit selbst entwickeln, unter der Voraussetzung, daß er sich eine dafür günstige soziale und psychologische Atmosphäre zu schaffen versteht.

Schon jetzt wird in vielen Ländern ASW-Forschung betrieben, ohne daß irgendeine Gruppe einen größeren Vorsprung gegenüber der »Konkurrenz« für sich buchen könnte. Das gilt auch für den Stand der ASW-Forschung in den Ländern der Supermächte. Viele Menschen haben in Zentren, die es bereits in zahlreichen Ländern gibt, inzwischen begonnen, ihre ASW-Fähigkeit systematisch zu trainieren und zu perfektionieren. Wir haben guten Grund zu der Annahme, daß sich dieser Prozeß in einer parallellaufenden Entwicklung weltweit fortsetzen wird.

Es ist wahrscheinlich, daß die enormen Möglichkeiten der ASW immer mehr Menschen anziehen. Immer mehr Menschen werden sich ihrer ASW bedienen, und *daher werden auch die Möglichkeiten gegenseitiger Kontrolle zunehmen, die einen ASW-Mißbrauch auf breiter Basis geradezu ausschließen*. Es ist daher völlig unwahrscheinlich, daß jemals ein ASW-Monopol wird entstehen können.

Außerdem ist der Struktur der ASW von Natur aus eine Sicherung gegen jeden Mißbrauch zu destruktiven Zwecken immanent: das Psi-missing (Psi-bedingte Fehler). Wenn jemand paranormale Kräfte (ASW oder PK) benutzen möchte, um einem anderen Menschen zu schaden, so betrachtet er diesen anderen Menschen zwangsläufig als Feind, muß aber zugleich befürchten, der andere könnte stärker sein als er selbst und sich erfolgreich wehren. Es entstünde unter solchen Umständen eine von negativen Gefühlen – wie Haß, Angst, Streß und Unsicherheit über den Ausgang – geprägte Situation.

Eben diese Emotionen sind es jedoch, die *die ASW-Fähigkeit entweder zerstören oder Psi-bedingte Fehler verursachen* (siehe Seite 90ff.). Der Versuch, paranormale Fähigkeiten böswillig zu mißbrauchen, kann somit leicht dazu führen, daß Psi seine Wirksamkeit verliert oder »falsch« funktioniert, indem es sich gegen den Urheber selbst wendet und ihm schadet!

Es gibt auch die weitverbreitete Befürchtung, und zwar besonders im Hinblick auf totalitäre Regime, daß eine mächtige Regierung die ASW eines Tages zur Unterdrückung der Freiheit und sogar zur Beherrschung des Denkens der Menschen einsetzen könnte – etwa im Sinne von George Orwells alptraumhafter Vision des Jahres »1984«. Zum Glück besteht kein Anlaß zu Befürchtungen dieser Art. Die Menschheit ist vor dieser Gefahr ebenfalls aufgrund jener Gesetzmäßigkeiten geschützt, die das Wirken der ASW steuern.

Stellen Sie sich beispielsweise einen ehrgeizigen Diktator vor, der das Denken seiner Untertanen mittels ASW kontrollieren will. Normalerweise – wie das ja immer geschieht oder versucht wird – würde er die Massenmedien, also Presse, Rundfunk, Fernsehen, unter seine Kontrolle bringen und sich aller technologischen Errungenschaften bedienen, um eine möglichst große Verbreitung seiner Propaganda zu erzielen. So ist es möglich, eine Nachricht oder Meldung vielen Menschen gleichzeitig zu übermitteln. Die Struktur der ASW schließt hingegen den Bau einer Verstärker- und Verbreitungsanlage für ASW-Signale aus. Diese sind nichtphysikalischer Natur und mit der geistigen Aktivität des einzelnen lebenden Menschen zutiefst verbunden. Es gibt experimentell gesichertes Beweismaterial dafür, daß zum Beispiel eine telepathische Verbindung immer nur zwischen zwei, nicht mehreren Menschen zustande kommen kann.

Ein solches Experiment hat unter anderen der englische Parapsychologe S. G. Soal angestellt.[42] Er forderte mehrer telepathische »Sender« auf, zur gleichen Zeit einem »Empfänger« ihre Botschaften, die aber einander widersprachen, zu übermitteln. Das Resultat war, daß der Empfänger immer nur mit einem Sender in telepathische Verbindung treten konnte und die anderen Sender ignorierte.

»Unser« Diktator hätte also ein sehr hektisches Leben, wenn er seine Millionen Untertanen nacheinander einzeln beeinflussen wollte; er würde nicht lange genug leben, um das zu schaffen. Er müßte also versuchen, die Arbeit auf eine Schar von Gefolgsleuten abzuwälzen. Doch diese Menschen, die ja selbst über gute ASW-Fähigkeiten verfügen müßten, wären doch viel besser dran, wenn sie ihre ASW nach eigenem Gutdünken einsetzten. Der Diktator könnte sie nicht einmal zum Gehorsam zwingen, denn *in jeder Streßsituation müßte die ASW-Fähigkeit der unter Druck gesetzten Mitarbeiter versagen* und diese für den Diktator unbrauchbar machen!

Es ist klar: Die ASW wird zukünftig nicht als ein Instrument der Unterwerfung mißbraucht werden, aber sie wird als eine Möglichkeit der Kontrolle dienen können. Menschen, die über diese Fähigkeit verfügen, werden in der Lage sein, die Repräsentanten der Gesellschaft, insbesondere Politiker, zu kontrollieren und deren Ehrlichkeit und Pflichterfüllung zu prüfen.

Näher liegt die Gefahr, daß ASW-begabte Menschen selbst in Gefahr geraten. Sie könnten all jenen Instanzen der Autorität, die von einem Durchsickern geheimer Informationen eine Aushöhlung ihrer Macht befürchten müßten, ein Dorn im Auge sein. Die Geschichte liefert genügend Beispiele dafür, daß Menschen, die

man – unter anderen Bezeichnungen – paranormaler Kräfte ver-
dächtigte, zu Tode gesteinigt oder auf Scheiterhaufen verbrannt
wurden.

Heutzutage rühmen sich nicht wenige Frauen und Männer,
ASW-Fähigkeiten zu haben. Gewöhnlich sind es »Professionelle«,
die so ihr Geld verdienen. Die meisten überschätzen ihre ASW-
Fähigkeiten, einige sind reine Scharlatane. So nimmt es nicht wunder, daß sie im allgemeinen von der Gesellschaft nicht sehr ernst
genommen werden. Versuchspersonen, deren ASW ich trainiert
habe und die hervorragender Leistungen fähig waren, haben kaum
je professionell, also gegen Honorar, für Kunden gearbeitet. Mehr
oder weniger alle fürchteten sich jedoch vor negativen gesellschaftlichen Folgen für den Fall, daß ihr Talent bekannt würde. Diese
Befürchtungen reichten von der Sorge, ausgelacht zu werden oder
sich in Gegenwart anderer Menschen in unangenehmer Weise an-
dersartig vorzukommen, bis zu heftiger Angst um die persönliche
Sicherheit.

In der Geschichte der Menschheit bedeutete Wissen immer
Macht. Besonderes Wissen oder eine Entdeckung wurde oft wie
ein Schatz gehütet und anderen nicht preisgegeben. Schon die Py-
thagoreer wollten ihre Entdeckung des Dodekaeders geheimhal-
ten. Dem gleichen Ziel dienten die verschiedenen Initiationskulte
altägyptischer Priesterschaften sowie die Initiationsriten diverser
Geheimgesellschaften; die Geheimhaltung diente allerdings oft
auch als Schutz vor Verfolgung. In unserer Zeit erfüllen diese
Funktion die Gesetze zum Schutz vertraulicher oder im Interesse
der öffentlichen Sicherheit geheimzuhaltender Informationen in
Politik, Militärwesen, Industrie und Wirtschaft.

So betrachtet würde »unser« Diktator jedwede freie Erforschung
paranormaler Fähigkeiten und Kräfte unterdrücken. Er würde versuchen, die Forschung auf von ihm kontrollierte geheime Institutionen zu beschränken, in der Hoffnung, irgendwann von der
praktischen Nutzanwendung der Forschungsergebnisse für seine
Zwecke profitieren zu können. Müßte er jedoch befürchten, die
Kontrolle über die Forschungen zu verlieren, so würde er diese
lieber ganz unterbinden. Glücklicherweise ist das nicht möglich.
Der wissenschaftliche Fortschritt läßt sich nicht aufhalten; auf

Dauer hat er sich, wie Kultur- und Geistesgeschichte beweisen, nie unterdrücken lassen. Deshalb werden auch die Psi-Forschung und die Weiterentwicklung der paranormalen Fähigkeiten und Kräfte unaufhaltsam weitergehen.

ASW verbürgt den Weg in eine offene Gesellschaft

Stellen Sie sich einmal eine künftige Gesellschaft von Menschen vor, die über eine hochentwickelte ASW verfügen. Die Beschreibung einer solchen Gesellschaft nimmt sich vielleicht wie ein Hirngespinst der Science-fiction aus; aber wir alle wissen nur zu gut, daß viele solcher Hirngespinste der Vergangenheit heute alltägliche Realitäten sind.

Stellen Sie sich vor, Sie gingen zu einem Gebrauchtwagenhändler oder einem Versicherungsvertreter, könnten seine Gedanken lesen und so erfahren, ob er Ihnen ein ehrlich gutes Angebot macht. Oder Sie könnten die Gedanken eines Arztes lesen, der Ihnen zu einer Operation rät, und so kontrollieren, ob er diese wirklich für nötig hält. Stellen Sie sich vor, Sie könnten die Gedanken Ihres Geschäftspartners lesen, bevor Sie mit ihm einen Handel abschließen. Und schließlich – Sie könnten vor einer Wahl die Gedanken von Politikern lesen und so feststellen, welche Ziele sie wirklich verfolgen.

In einer solchen Gesellschaft gäbe es keine Geheimnisse mehr, weder auf persönlicher noch auf internationaler Ebene. Spionage wäre nicht nötig, weil Geheiminformationen und sogenannte Verschlußsachen allgemein bekannt wären. Überraschungsangriffe wären unmöglich, es bestünde kaum noch Kriegsgefahr. Wollte ein machtgieriger Potentat einen Krieg anfangen, so wäre dies im voraus bekannt, und entsprechende Maßnahmen zur Vereitelung könnten ergriffen werden. Es gäbe auch kaum noch Kriminalität, denn verbrecherische Aktivitäten könnten rasch aufgedeckt oder vielmehr vorauserkannt und von vornherein unterbunden werden.

Die verbreitete Anwendung der ASW – deren sich kommende Generationen erfreuen werden – wird *zu einem größeren Verständnis unter den Menschen und Völkern führen* und somit einen bisher nie dagewesenen unvergleichlichen Beitrag leisten, das ethische Niveau des Verhaltens der ganzen Menschheit zu heben.

In der Zukunft, wenn die ASW als selbstverständliche Funktion zu unserem Leben gehört, wird sich auch unser Bedürfnis nach Privatsphäre ändern. Die Menschen werden weniger zu verbergen haben. Heute führen sich die meisten Menschen »anständig« auf, weil sie gesellschaftliche Konsequenzen zu spüren bekommen, wenn sie beim Gegenteil ertappt werden. In der Zukunft, wenn Denken und Motivation des Handelns den Mitmenschen zugänglich sind, werden die Menschen *vermehrt trachten, Gutes zu denken und Gutes zu tun.* Das gemeinsame Wissen wird das Verständnis unter den Menschen zweifellos fördern, ja es könnte der Traum von einer wie eine Familie zusammenhaltenden Menschheit in Erfüllung gehen, wenn jeder Mensch die geheimsten Regungen, Wünsche und Sorgen seiner Mitmenschen kennen und voll Verständnis aufnehmen könnte!

Ist also die ASW erst einmal voll akzeptiert und zwanglos in das Leben der Menschheit integriert – psychologisch und emotional in das Leben jedes einzelnen, ethisch und rechtlich in das Leben der Gesellschaft –, so wird vieles anders sein: Es wird andere Verhaltensmaßstäbe geben, andere Werte, eine veränderte Moral. Das Konkurrenzdenken unserer heutigen Gesellschaft wird einer von Verständnis, Liebe und Zusammenarbeitswillen getragenen Grundhaltung der Menschen weichen.

Dieses endgültige Ziel wird die Menschheit natürlich nur schrittweise erreichen. Man kann den Weg dorthin mit der Entwicklung des Schreibens vergleichen: Diese vor sechstausend Jahren erfundene Fertigkeit oder Kunst wies anfänglich verständlicherweise große Mängel auf und vervollkommnete sich erst im Laufe vieler Jahrhunderte. Auch wurde sie lange Zeit nur von kleinen Gruppen besonders geschulter Schreiber beherrscht; doch sie verbreitete sich unaufhaltsam und ging in den Kulturbesitz der gesamten Menschheit über.

Die gleiche Entwicklung steht hinsichtlich der ASW zu erwarten, allerdings mit einem Unterschied: Der wissenschaftliche Fortschritt verläuft heute ungleich viel rascher als früher. Von der Zeit der Erfindung der Dampfmaschine bis zu unserer Zeit der Inbesitznahme des Weltraums liegt, kulturgeschichtlich gesehen, nur ein Atemzug!

Je deutlicher sich die Menschen der großen Vorteile der ASW-Fähigkeit bewußt werden, desto größer wird ihre Motivation sein, dieses Vermögen voll zu entwickeln. Trainingseinrichtungen werden entstehen, und *die Kinder werden in der Schule neben dem Schreiben auch die Anwendung der ASW lernen.*

Kinder eignen sich in der Tat gut für ein ASW-Training, weil sie aufgeschlossener, unvoreingenommener und weniger konditioniert sind als wir Erwachsenen. Zu den inneren Einstellungen, die Voraussetzung für das gute Funktionieren der ASW sind, zählt die Überzeugung, daß ASW möglich und erreichbar ist (siehe Seite 75 ff.). Der durchschnittliche Erwachsene von heute ist im Hinblick auf Psi-Phänomene zeitlebens immer wieder negativ beeinflußt worden. Als Kleinkinder lehrte man uns zuerst, zwischen Märchen und Wirklichkeit zu unterscheiden, Phantasien zu meiden und uns an die von den Sinnen vermittelte Realität zu halten. Später dann, in der Schule, erklärte man uns, daß wir uns auf das Leben in der materiellen Welt der Sinneserfahrung vorbereiten müßten, uns vor Intuition, Tagträumen und Phantasien hüten sollten und uns nur auf rationales Denken und die Sinne verlassen dürften.

Auch im Leben Erwachsener stößt das Interesse an Psi-Phänomenen noch oft auf Spott, und es gilt allgemein als töricht, sich auf die Intuition anstatt auf den Verstand zu verlassen – insofern übrigens zu Recht, als derzeit die ASW weit weniger zuverlässig arbeitet als unsere Sinne und Verstandesfähigkeiten.

Nicht zuletzt hat diese negative Konditionierung beziehungsweise die daraus resultierende Einstellung verhindert, daß die ASW zuverlässig arbeitet. Um diesem Teufelskreis zu entkommen, müssen wir dafür Sorge tragen, daß künftig die Kinder schon in der Schule ermutigt werden, zu meditieren und die Intuition zusammen mit den Sinnen und dem Verstand einzusetzen und sich auch behutsam möglichen ASW-Erfahrungen zu öffnen.

Am heutigen Stand der Kunst des Schreibens können Sie die mögliche Entwicklung der ASW ablesen. Es ist wahrscheinlich, daß nicht alle Menschen eine gleich ausgeprägte ASW zu entwickeln vermögen. Einige werden dabei erfolgreicher sein als andere, vielleicht wegen ihrer angeborenen Begabung oder wegen besonderer Lebensbedingungen; einigen wird sich beispielsweise die Chance zu einem ASW-Training bieten, andere werden in ihrem Interesse und ihren Bemühungen aufgrund beeindruckender ASW-Erlebnisse, die Freunde oder Verwandte gemacht haben, ermutigt werden. *Ein Spezialberuf wird sich entwickeln: der des ASW-Beraters.*

ASW-Berater werden von Regierungen zum Schutz des Menschen eingesetzt werden: zur Verbrechensaufklärung und -verhütung, zur Frühwarnung vor durch Naturkatastrophen drohenden Gefahren wie Erdbeben, Dürreperioden, Überschwemmungen und so weiter. In Gesundheitsinstitutionen werden sie bei der Diagnostizierung und Behandlung von Krankheiten helfen, und zwar entweder als mit ASW-Kräften begabte Ärzte oder als ASW-Laienberater, die mit Ärzten zusammenarbeiten. Es wird für ASW-Berater breitgefächerte Einsatzmöglichkeiten in Wirtschaft, Politik wie auch im Privatbereich geben.

Im Gegensatz zu den heutigen professionellen Hellsehern, die derzeit aus mehreren Gründen fast eher im dunkeln, um nicht zu sagen: im Untergrund der Gesellschaft arbeiten, werden die ASW-Berater einem geachteten Berufsstand angehören. Sie werden eine besondere Schulung durchlaufen, Leistungstests ablegen und sich Zulassungsprüfungen unterziehen müssen. Außerdem werden sie an Normen eines besonderen Berufsethos gebunden sein, genau wie Angehörige anderer Berufe, etwa Anwälte oder Ärzte.

Erkennt ein Berater zum Beispiel in der Zukunft eines Klienten ein verhängnisvolles Ereignis – sagen wir: dessen vorzeitigen Tod –, so erhebt sich für ihn die moralische Frage, ob oder wie er den Klienten darüber informieren soll. Derartige Situationen wird man wahrscheinlich individuell regeln müssen, ähnlich wie dies heute ein Arzt tun muß, der eine unheilbare Krankheit diagnostiziert; er entscheidet je nach den individuellen Gegebenheiten, ob er dem Patienten die Wahrheit sagt oder nicht.

Die Beherrschung und Anwendung der ASW wird sich auf diese Weise allmählich ausbreiten: Spezialisten in Wissenschaft und Technologie werden ASW-Fähigkeiten entwickeln und in ihrem Beruf nutzen. Es wird hellsehende Ärzte, Archäologen, Wirtschaftsberater, Geologen, Qualitätskontrolleure, Kriminalisten und viele andere mehr geben, und man wird sich ganz allgemein daran gewöhnen, die ASW im täglichen Leben gemeinsam mit den anderen Sinnen wie einen Sinn zu benutzen.

Nicht nur für praktische Zwecke werden die Menschen die ASW nutzen; sie werden darüber hinaus in der ASW einen neuen Sinn haben, der ihnen *zeigt, wie man objektiv zwischen Gut und Böse unterscheidet*. Dieses Vermögen wird nicht weniger gravierende Folgen für die Gesellschaft haben als der ASW-Einsatz zu praktischen Zwecken. Allmählich wird sich so eine Gesellschaft mit neuen wissenschaftlichen und philosophischen Ausblicken entwikkeln: einer neuen Religion, die nicht mehr ausschließlich auf der Offenbarungserfahrung ihres Begründers basiert, sondern auf individuellen persönlichen Offenbarungen, in denen *jeder Mensch in Form seiner eigenen ASW-Vision die höheren Gesetze des Universums unmittelbar wahrnehmen kann*.

Diese Gesetze werden mittels ASW genauso klar und deutlich wahrgenommen werden, wie wir mit unseren Sinnen heute die sensorische Realität unserer physikalisch-materiellen Welt wahrnehmen. Und wie bereits SOKRATES vor fast zweieinhalb Jahrtausenden wußte: Wenn wir diese ethischen Gesetze einmal kennen, wird es uns unmöglich sein, ihnen nicht Folge zu leisten.

Im übrigen werden in der zukünftigen Gesellschaft all jene, die über ASW verfügen, zwangsläufig auf der gesellschaftlichen Erfolgsleiter emporsteigen. Sie werden die »führenden Köpfe« der Gesellschaft sein und alle entscheidenden Positionen in der Wirtschaft und Politik einnehmen.

Die unaufhaltsame Ausweitung des Wissens und unserer Fähigkeiten

Leider lehrt die Geschichte, daß neue Ideen, Philosophien oder Religionen gewöhnlich mit Gewalt oder durch Intrigen durchgesetzt und verbreitet wurden. Es bedurfte machtvoller Organisationen, um sie zu fördern und ihnen Dauerhaftigkeit zu verleihen. Solche Machtgruppen waren – und sind – die Kirchen, politische

Parteien, geheime Gesellschaften, exklusive Klubs oder Cliquen von »Insidern«. Je besser und aggressiver die Organisation, desto größer war gewöhnlich der Erfolg einer Bewegung.

Doch jede zur Durchsetzung einer Idee gegründete Organisation, mag sie noch so effizient und leistungsfähig sein, verursacht auch negative Nebeneffekte, die in zunehmendem Maße sichtbar werden, wenn sich die Zeiten ändern und die Organisation unter neuen Bedingungen arbeiten muß. Das natürliche Bestreben, Kontinuität zu wahren und sich von konkurrierenden Bewegungen abzusetzen, die daraus resultierenden Abgrenzungsbemühungen und der Kampf gegen »Außenseiter« machen es unter diesen Bedingungen notwendig, die Ziele der Bewegung zu definieren und zu kodifizieren. Ist dies einmal geschehen, sind die Mitglieder der entsprechenden Organisation durch ein strenges Dogma und weitreichende Loyalitätsverpflichtungen gebunden.

Dabei geht jedoch die Flexibilität verloren, die Bewegung erstarrt und hat Mühe, auf veränderte, neue Bedingungen zu reagieren. Der Bestand der Organisation selbst hat dann den absoluten Vorrang, und sie wird um ihrer selbst willen weitergeführt. Die Form ist wichtiger als der Inhalt, und die Organisation strebt nach immer größerer äußerer Macht, während die ursprünglichen Ideen und inneren Werte verfälscht und vielleicht sogar ganz verlorengehen.

Im Laufe der Entwicklung der christlichen Religion beispielsweise wurden die esoterische Tradition des frühen Christentums und sein ASW-Hintergrund unterdrückt; beides fiel schließlich der Vergessenheit anheim. Doch *die biblischen »Wunder« erinnern uns auffallend an Psi-Phänomene.* Außerdem enthalten die Liturgie und andere Kirchenriten viele Elemente, die, wie ich in meinem Buch *ASW-Training* [33] aufgezeigt habe, günstig für die Entwicklung der ASW sind.

Wollten aber die frühen offiziellen Repräsentanten der neuen Lehre, daß das einfache Volk diese akzeptierte, so mußten sie diese Lehre natürlich als alleingültige Wahrheit ausgeben und in attraktiver Form präsentieren. Dabei brauchte die »profane« Öffentlichkeit nicht zu erfahren, *auf welche Weise der Religionsstifter zum Kerninhalt der schönen christlichen Lehre vorgedrungen war.* Die meisten Menschen der damaligen Zeit – und wohl auch die meisten Kirchenführer späterer Zeit – hätten es ohnehin nicht verstanden. Um der hierarchischen Machtentfaltung willen wurde daher der Zugang zu den grundlegenden Informationen zunächst auf einen kleinen Kreis eingeweihter geistlicher Führer beschränkt. Doch infolge dieser partiellen Geheimhaltung wichtigen Wissens, die zwangsläufig eine Veräußerlichung der Lehre nach sich zog, und vor dem Hintergrund veränderter politischer und sozialer Verhältnisse gingen schließlich wesentliche Elemente des inneren Gehalts der ursprünglichen religiösen Offenbarung verloren.

Im Laufe der Jahrhunderte *gelang es einzig der Wissenschaft, sich gewaltlos und ohne besondere »Protektion« zu behaupten* und durchzusetzen. Der Begriff »Wissenschaft« bezeichnet in diesem Zusammenhang die Suche des Menschen nach Wissen. Natürlich gibt es Universitäten und wissenschaftliche Institutionen verschiedener Disziplinen, die einander öffentliche Mittel oder Subventionen streitig zu machen versuchen, aber das sind nur Nebenerscheinungen im ansonsten überwiegend friedlich verlaufenden Entwicklungsgang wissenschaftlicher Forschung.

Allen Wissenschaften gemeinsam ist die Suche nach objektiver Wahrheit, und ein wichtiges Merkmal ist dabei das Festhalten an wissenschaftlich sauberen Methoden. Der natürliche menschliche Wissensdurst und die praktischen Erfolge besonders der Naturwissenschaften sind bis heute eine Triebkraft von solcher Stärke geblieben, daß sie des Rückgriffs auf eigensüchtige Werbung, Zwang oder Machtintrigen gar nicht bedürfen.

Das Vordringen der ASW wird sich mit großer Wahrscheinlichkeit ähnlich vollziehen wie die Entwicklung der Wissenschaft – das heißt *spontan und ohne Hilfe einer besonderen Organisation.* Zweifellos werden sich ASW-Forscher und ASW-Praktiker ähnlich wie auch Wissenschaftler in bestimmten Organisationen zusammenfinden, aber der Erfolg der praktischen Anwendung der ASW wird allein schon genügen, um die Entwicklung in der aufgezeigten Richtung voranzutreiben. Die wissenschaftliche Forschung läßt sich nicht aufhalten – es sei denn, die ganze Menschheit würde vernichtet. Ebensowenig läßt sich der Prozeß aufhalten, durch den ASW-begabte Menschen in führende Positionen der Gesellschaft gelangen werden. Die Vorteile, die ihnen ihre ASW-Fähigkeit gewährt, stellen dies sicher.

ASW-begabte Menschen werden in der neuen Gesellschaft bei all ihren Unternehmungen im Vorteil sein. Sie werden die Absichten und Ziele der anderen kennen, aber auch künftige Entwicklungen besser voraussehen, und sie werden schließlich mühelos gleichgesinnte Menschen finden und in wechselseitiger Hilfe mit diesen die Führungspositionen in der Gesellschaft einnehmen. Käme es zu einer solchen »Verschwörung« ASW-begabter Menschen, wäre das nur gut so. Eine Elite von hohen Idealen beseelter Menschen wäre ein Pfeiler echter internationaler Freundschaft.

Am Ende dieser Entwicklung werden die besten Menschen, das heißt die mit der besten Fähigkeit, Gut und Böse zu unterscheiden, die Gesellschaft führen. Und nach Jahrtausenden wird schließlich das Ideal verwirklicht sein, das schon PLATON vorschwebte: Die »Könige werden Philosophen« – oder in unserer heutigen Sprache »Wissenschaftler« – und »die Philosophen werden Könige sein«.

Angesichts dieses erst in ferner Zukunft zu erwartenden Idealzustands der Menschheit *lautet die Frage, was wir schon jetzt tun können,* trotz der in geistiger Hinsicht noch beschränkten Struktur unserer heutigen Gesellschaft, die erst begonnen hat, sich der phänomenalen Möglichkeiten des menschlichen Geistes bewußt zu werden. Die Antwort ist einfach:

○ Trainieren Sie sich selbst zuliebe Ihre ASW, damit Sie in den Genuß der aus ihrer Nutzung resultierenden Vorteile gelangen.

○ Helfen Sie Ihren Kindern, indem Sie ihre ASW-Fähigkeit bewußt fördern. Ermutigen Sie sie, aufgeschlossen zu sein für die innere Stimme der Intuition und auf ankommende ASW-Impressionen zu achten.

Wenn Sie dies tun, so geschieht es nur zu Ihrem eigenen Nutzen, zum Wohl Ihrer Kinder und letztendlich im Interesse der ganzen Menschheit.

SCHEMATISCHE DARSTELLUNG VON PSI

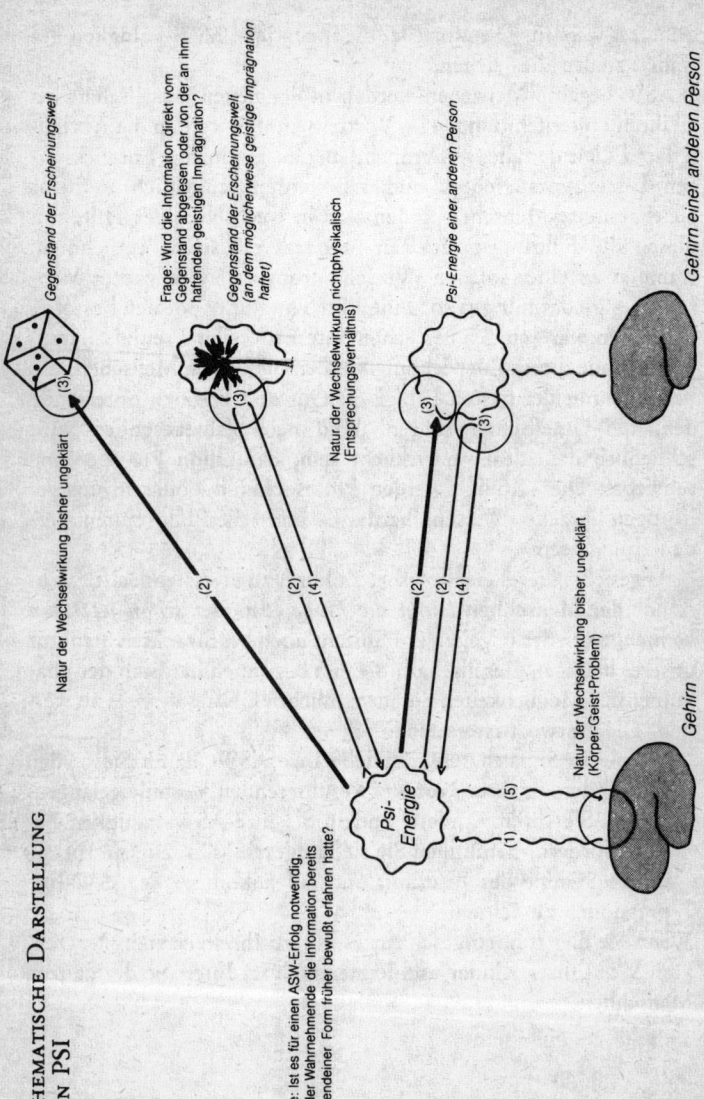

Gegenstand der Erscheinungswelt

Natur der Wechselwirkung bisher ungeklärt

Frage: Wird die Information direkt vom Gegenstand abgelesen oder von der an ihm haftenden geistigen Imprägnation?

Gegenstand der Erscheinungswelt (an dem möglicherweise geistige Imprägnation haftet)

Psi-Energie einer anderen Person

Natur der Wechselwirkung nichtphysikalisch (Entsprechungsverhältnis)

Gehirn einer anderen Person

Frage: Ist es für einen ASW-Erfolg notwendig, daß der Wahrnehmende die Information bereits in irgendeiner Form früher bewußt erfahren hatte?

Psi-Energie

Natur der Wechselwirkung bisher ungeklärt (Körper-Geist-Problem)

Gehirn

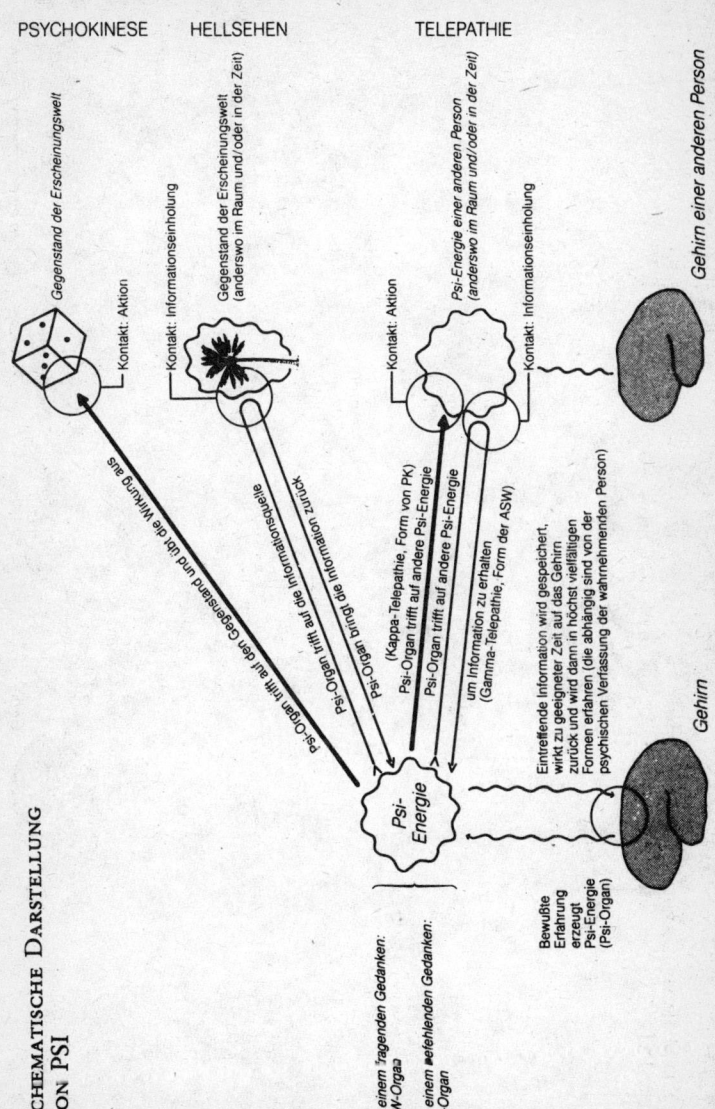

PSYCHOKINESE　　HELLSEHEN　　　　TELEPATHIE

Gegenstand der Erscheinungswelt

Kontakt: Aktion

Gegenstand der Erscheinungswelt (anderswo im Raum und/oder in der Zeit)

Kontakt: Informationseinholung

Kontakt: Aktion

Psi-Energie einer anderen Person (anderswo im Raum und/oder in der Zeit)

Kontakt: Informationseinholung

Gehirn einer anderen Person

psi-Organ trifft auf den Gegenstand und übt die Wirkung aus

Psi-Organ bringt die Information zurück

Psi-Organ trifft auf die Informationsquelle

(Kappa-Telepathie, Form von PK)
Psi-Organ trifft auf andere Psi-Energie

Psi-Organ trifft auf andere Psi-Energie

um Information zu erhalten
(Gamma-Telepathie, Form der ASW)

Eintreffende Information wird gespeichert, wirkt zu geeigneter Zeit auf das Gehirn zurück und wird dann in höchst vielfältigen Formen erfahren (die abhängig sind von der psychischen Verfassung der wahrnehmenden Person)

Psi-Energie

Gehirn

Bewußte Erfahrung erzeugt Psi-Energie (Psi-Organ)

Bei einem Tragenden Gedanken:
ASW-Organ

Bei einem wefehlenden Gedanken:
PK-Organ

SCHEMATISCHE DARSTELLUNG
VON PSI

Literaturverzeichnis

1 ALEXANDER, T.: New technology of the mind. In: Fortune, Januar 1980.
2 BARRY, J.: General and comparative study of psychokinetic effect on the fungus culture. In: Journal of Parapsychology, 32/1968. S. 237–243.
3 BONIN, W. F.: Lexikon der Parapsychologie. Scherz Verlag, Bern, München 1976.
4 BROAD, C. D.: Mind and its place in nature. New York 1925.
5 –: Lectures of psychical Research. New York 1962.
6 BROAD, W., und WADE, N.: Betrayers of the truth. New York 1982.
7 COX, W. E.: Precognition; an analysis. In: Journal of the American Society for Psychical Research, 50/1956, S. 99–109.
8 DYER, Wayne W.: The sky's the limit. New York 1980.
9 ECCLES, JOHN C.: The human mystery. Berlin 1979.
10 –, und ZEIER, Hans: Gehirn und Geist. München 1980.
11 FIGAR, S.: The application of plethysmography to the objective study of the so-called extra-sensory perception. In: Journal of the Society for Psychical Research, London 38 1959.
12 FORWALD, H.: A PK dice experiment with doubles as targets. In: Journal of Parapsychology, 26/1962, S. 112–122.
13 GRAD, B.: A telekinetic effect on plant growth. In: Journal of Parapsychology, 4/1964.
14 HEJBALIK, Karel: Jasnovidnost. Prag 1925. (Zitiert von Drabl, K., und Rejdák, Z.: Perspectivy telepatie. Prag 1970, S. 184.)
15 HILL, Napoleon: Denke nach und werde reich. Ariston Verlag, Genf 1969.
16 –, und STONE, W. Clement: Erfolg durch positives Denken. Ariston Verlag, Genf 1969.
17 JUNG, Carl Gustav, und PAULI, W.: Naturerklärung und Psyche. »Synchronizität als ein Prinzip akausaler Zusammenhänge«. Rascher Verlag. Zürich 1952.
18 KOPMEYER, M. R.: Lebenserfolg. Ariston Verlag, Genf 1982.
19 –: Persönlichkeitsbildung. Ariston Verlag, Genf 1982.
20 MALTZ, Maxwell: Psychokybernetik. Econ Verlag, Düsseldorf 1966.

21 McMahan, E. A., und Rhine, J. B.: A second Zagreb-Durham ESP experiment. In: Journal of Parapsychology, 11/1947, S. 244–253.

22 Murphy, Gardner: The discovery of gifted sensitives. In: Journal of the American Society for Psychical Research, 63/1969, S. 3–20.

23 Murphy, Joseph: Der Weg zu innerem und äußerem Reichtum. Ariston Verlag, Genf 1982.

24 –: Die Macht Ihres Unterbewußtseins. Ariston Verlag, Genf 1968 (34. Aufl. 1985).

25 –: Die Macht Ihres Unterbewußtseins. 3 Langspielkassetten in Box. Ariston Verlag, Genf 1985.

26 Nash, C. B.: Psychokinetic control of bacterial growth. In: Journal of the Society for Psychical Research/51, London 1982, S. 233–241.

27 Ostrander, S., und Schroeder, L.: PSI. Scherz 1970.

28 Pratt, J. G., und Woodruff, J. S.: An exploratory investigation of PK position effects. In: Journal of Parapsychology, 10/1946, S. 197–207.

29 Rhine, L. E.: Precognition and intervention. In: Journal of Parapsychology, 15/1955, S. 1–34.

30 Richet, Charles: L'avenir et la prémonition. (Zitiert von Winterstein, A. von: Telepathie und Hellsehen. Wien 1948, S. 133 f.)

31 Roll, W. G.: ESP and memory. In: International Journal of Parapsychology, 2/1966, S. 505–521.

32 Rýzl, Milan: ASW-Experimente, die erfolgreich verlaufen. Ariston Verlag, Genf 1979.

33 –: ASW-Training. Ariston Verlag, Genf 1975.

34 –: ASW-Training. 3 Langspielkassetten in Box. Ariston Verlag, Genf 1980.

35 –: Der Tod und was danach kommt. Ariston Verlag, Genf 1981. (Besonders das Kapitel »Theorie des Bewußtseins«.)

36 –: Hellsehen und andere parapsychische Phänomene in Hypnose. Ariston Verlag, Genf 1971.

37 –: Parapsychologie – Tatsachen und Ausblicke. Ariston Verlag, Genf 1970.

38 Schmidt, Helmut: PK effect on pre-recorded targets. In: Journal of the American Society for Psychical Research, 70/1976, S. 267–291.

39 –: PK tests with pre-recorded and pre-inspected seed numbers. In: Journal of Parapsychology 45/1981, S. 87–98.

40 Schuller, Robert H.: Harte Zeiten – Sie stehen sie durch! Ariston Verlag, Genf 1985.

41 Simonton, O. Carl: Wieder gesund werden. Rowohlt Verlag, Reinbek bei Hamburg o. J.

[42] SOAL, S. G. und BATEMAN, F.: Modern experiments in telepathy. London 1954.

[43] STANFORD, R. G., u. a.: Psychokinesis as psi-mediated instrumental response. In: Journal of the American Society for Psychical Research, 69/1975, S. 127–133.

[44] STEARN, Jess: Der schlafende Prophet. Ariston Verlag, Genf 1968 (20. Aufl. 1984).

[45] SWAN, I.: Kiss the earth goodby. New York 1975.

[46] TEPPERWEIN, Kurt: Die hohe Schule der Hypnose. Ariston Verlag, Genf 1977.

[47] VISINTAINER, M. A., VOLPICELLI, J. R., SELIGMAN, M. E.: Tumor rejection in rats after inescapable or escapable shock. In: Science, 216/1982, S. 437–439.

[48] WATKINS, Anita, und WATKINS, Graham: Possible PK influence on the resuscitation of anaesthetized mice. In: Journal of Parapsychology, 35/1971, S. 257–272.

[49] –: Bericht in »Research in Parapsychology 1973«. Metuchen, N. J., 1974.

[50] –: Bericht in »Research in Parapsychology 1974«. Metuchen, N. J., 1975.

[51] WOLLMANN, B.: Handbook of Parapsychology. New York 1977.

[52] YOUNG, E.: Forgotten patriot, Robert Morris. New York 1950.